守望者
The Catcher

州县官的银两

海外中国研究文库·一力馆

董建中 主编

The Magistrate's Tael

18世纪中国的合理化财政改革

Rationalizing Fiscal Reform in Eighteenth-Century Ch'ing China

[美] 曾小萍(Madeleine Zelin) 著
董建中 译

中国人民大学出版社
·北京·

《点石斋画报》，第 1 函第 3 册，第 27 页（局部）。

献给我的父亲母亲

默里·泽林　丽塔·泽林

中文版前言

《州县官的银两》出版至今已有整整二十年。我开始研究雍正朝历史的时候，能够帮助我了解 18 世纪的现代学术著作还很少。可喜的是，今天的情形已经完全不同。学者们越来越关注清朝盛世的成就和问题。我们发现，雍正朝和乾隆朝无论在统治思想、舆论的政治作用方面还是在市场对国计民生的重要性等方面都发生了变化，其中后者更是与中国塑造现代国家的过程一直息息相关。为了适应当时新的经济发展，各种新制度的建立以及对既有制度的实施方式，促进了当时市场经济的增长、信贷的扩张以及习惯法的发展。在所有这些方面，雍正朝的财政改革都发挥了重要作用。

历史研究的方法多种多样。我通常是从理解制度在社会、经济和政治领域的作用入手——探究现实中的人如何解决现实问题，什么样的文化引导人们进行选择，其他地方的人们面临相同的问题时又会有怎样不同的选择。雍正朝的财政改革为我们提供了十分有趣的制度改革研究个案。之所以如此，是因为 18 世纪 20 年代的改革引发了较大的争论——如何处理中央和地方的收入分配，应当赋予地方政府多大的自治权利，税收的合理水平是多少，哪些属于政府职责，哪些又应当留给社会去解决。二十年前完成本书的写作后，我将目光转向了早期近代中国的其他方面，进入经济和法律制度领域的研究，但对雍正君臣的改革事业及相关研究一直情有独钟。

《州县官的银两》中译本即将面世，我极为高兴。希望本书能为我提供机会，与中国的史学家以及仅仅对这段重要的中国历史抱有新奇之感的中国朋友共同分享我多年的研究心得。我要特别感谢中国人民大学董建中副教授，他为翻译本书付出了宝贵时间。我对清朝财政政策及实施环境的认识，对当时改革者遇到的问题以及皇帝、朝廷和官员的个人想法与动机等方面的理解，都建立在对北京和台北各种档案的广泛研究基础之上。本书的部分目的是重新建构当时的统治活动以及我笔下每个“游戏者”所诠释和发明的“游戏规则”。这些“游戏者”人数众多，用语含混，观点各异。所有这些对译者来说都是巨大的挑战，因为他不仅要再现我的思想，同时还要将每个术语、人名以及每条引文译回中文。我再次对译者深表谢意。

曾小萍（Madeleine Zelin）

2004 年 11 月 15 日于纽约

目　录 | contents

表格目录

前　言

不久前，美国所有的中国近代史课程都以鸦片战争第一声枪炮 xi
为开端。对于中国学者来说，在评价他们国家的历史时，1840 年早已成为古代与近代的分界线。由于仅仅关注中国对于西方帝国主义挑战之回应的失败，中国自身内在的演进进程反而模糊不清。最近关于人口增长、商业化、手工业发展以及农业专门化的研究将帝制晚期静态经济的说法彻底打破。然而在政治领域，腐败的清帝国的幽灵铭刻在 19 世纪历史的编纂者心中，至今挥之不去。尽管我们不再说“不变的中国”（unchanging China），然而理解中国早期近代（early-modern）经验的范式依然缺乏。腐败的帝国，由于陈旧的思想传统而与革新相睽违。结果，我们常常忽视这一历程的复杂性，并没有去探求中国在 19 世纪和 20 世纪衰落的真正根源。

这本书写的是“西方到来”之前的中国。它也探讨腐败，但更为重要的是关于变革问题。满族统治的第一个一百年不仅是野蛮人
接受中国统治模式之历史的一页，它更是一个生机勃勃的，对于潜 xii

在发展成为强大、近代的中国有重要意义的改革时期。

清初改革的主要领域是财政政策。建立在中国早已存在的官僚政治基础之上，新的满族王朝倾力于财政改革，强化君主专制并加强中央集权政府的各项制度建设。他们将皇帝内府与国库分开，反映了内廷与外朝有着明晰的划分。为了加强与民众的直接联系，清统治者削弱了士绅和地方豪强的势力，这些人在前朝起着调和作用，然而也弱化了国家统治的权威。为了增加税收，清朝简化了赋税编审，田赋和人丁税合二为一。同时，清政府清楚地划分了属于地方政府和中央政府的赋税，建立了一整套奏销制度，监控收入的征收、使用，保证中央政府对国家所有收入的监督。

总而言之，这些措施构成了中国行政机构演进过程中十分重要的内容。然而，它们无法与内在薄弱的帝制晚期财政相抗争。腐败与逃税一直威胁着清初国家财政的稳定。17、18 世纪中国的统治者与同时代的欧洲君主面临着同样的问题：薄弱的农业财政基础；个人与国家收入界限模糊不清；官僚体制内和体制外，激烈争夺有限的剩余产品。中国有着成熟的官僚体制，加之满族王朝创立者的革新，要求地方财政管理者恪尽职守，但却没有向他们提供足够的经费，使解决上述问题变得更加困难。18 世纪初中国改革家的伟大成就在于创建了一套不仅能够满足传统政治经济的需要，同时也有可能发展成为适用于一个强大中央集权国家所要求的财政制度。

清初财政改革事业的顶点是“耗羡归公”，这是在第三位皇帝即
xiii 雍正皇帝统治时期实施的。允准各省官员对所有向中央政府解送的地丁钱粮征收一定比例的额外费用（即火耗），而火耗存留在当地省份作为官员的“养廉”和“公费”。养廉银使得官员薪俸有了根本性

的增加，同时可以使用公费承担一定的管理责任，实施有益于当地的工程项目。

火耗归公的概念很简单，但它对中国财政管理结构的冲击是巨大的。在官僚体制内部，它为地方官员提供了足够的费用，消除了制度化的政府腐败。有了可靠的公共支出经费来源，官员能够对地方开支进行预算并致力于地方建设工程的长期规划。此外，有了收入的保障，地方政府能够把许多服务及公共事务作为自己的职责，而这些在帝国统治前数十年，或被忽视，或委托私人。

新财政制度所要解决的许多是前朝的遗存问题。明朝也曾多方努力消除腐败，但是除了“一条鞭法”的改革外，对重建国家财政机制没有什么建树。税收的货币化，这是“一条鞭法”的重要目标，是引发清初改革的危机的一个重要因素。然而，这两个王朝在政府运行方面的差异，大体可以解释清王朝为什么有能力在财政制度方面进行如此激烈的变革。

尽管明清两朝的官僚体制结构相同，但在明朝，意识形态的诉求在官员考核以及决策方面所起的作用要远为重要。而更为重要的因素是两个王朝皇帝的地位。明朝因废除丞相而闻名，此举普遍被认为是帝制晚期对自治抬头的致命一击，尽管如此，大多数晚明统治者几乎就是那些操纵着中央官僚机构上层的士人手中的傀儡。①
而另一方面，作为外族人，清初的统治者极少受传统君臣之礼束缚， xiv
给中国带来了新的帝王权威观念。与传统的儒学观念所强调的君主集权相比，在实际生活中，他们将皇帝置于权力更为集中的位置。

---

① 黄仁宇：《万历十五年》，20、86 页。黄仁宇总结万历朝突出特点之一，是 311
行政观念起着重要作用，几乎使得皇帝形同傀儡。

在政策形成过程中，清初的皇帝们所起的直接作用是引进统治的新观念及新手段。到 18 世纪初，皇帝这一作用通过新制度比如奏折制度的创立而得到强化，奏折制度既使皇帝得到了信息，也增强了他对行政事务的控制。最后一点，与明朝相比，清王朝官僚机器本身更为集权，这有利于在全国范围实施改革及保证皇帝对实施改革的指导。

这些条件使得 18 世纪二三十年代为解决中国财政危机所采取的合理方法成为可能，但它们不能确保如此大胆的措施能够得以贯彻执行。处于被称为盛清（High Ch'ing）的每一位皇帝，都是有才能及勤政的统治者。然而，他们个性的差异以及各自统治期间政治气候的不同，深刻影响着他们处理财政事务的方法。乾隆皇帝，盛清三皇帝的最后一位，在统治过于宽仁的乃祖康熙皇帝和过于严猛的乃父雍正皇帝间极力寻求平衡。② 宽仁和严猛不单是这两位伟大帝王的不同风格。康熙皇帝统治时期满族人还没有建立起真正的统治，众所周知他拒绝打击腐败，但这可能是出于安抚占优势地位但还未顺从清朝统治的汉人官僚的需要。③ 他的儿子雍正皇帝则不再担心

---

② 参见吴秀良：《通信与帝国控制：1693—1735 年清朝奏折制度的发展》，107～123 页。吴秀良认为，康熙皇帝注重和谐，避免剧烈的变动，在处理官员不法行径上，宽待官员，多说教少处罚。雍正皇帝对官员远为严苛，倡导大刀阔斧的改革，被认为是遵循他的行政首先重在效率的认识的结果。雍正皇帝令人关注的一个特点是，身为统治者的他尽心尽责，对政务不厌其细。他对于奏折的批答常达数页，这与康熙皇帝常常是一两个字的批答明显不同。有好几次，雍正皇帝描述自己埋首于这些外省的奏报，一手做批答，一手举着蜡烛，由于疲倦，手有些发抖。尽管我们知道所有的朱批内容并不是由他一人所写，但孜孜矻矻的君主形象，并不是装出来的。

③ 史景迁列举数个事例说明，康熙皇帝讨厌官僚内部的冲突，这导致了他拒绝采取严厉的措施打击腐败。史景迁：《曹寅和康熙皇帝：奴才和主子》，186、189、212 页。

来自官僚或士人的责难，他登极之时，中国统一，四海清平。满族近八十年的统治，已使精英阶层在现实中除了清廷外别无效忠对象，这些人的地位不但在于拥有地方上的财富和影响，也有赖于帝国赋予的官位与功名。雍正皇帝严刻，务实，但假如他统治的时期更早一些，那么他不大可能采取合理化管理、与腐败及士绅特权作斗争的措施。

盛清的和平与繁荣，部分要归功于火耗归公改革。不幸的是， xv
尽管火耗归公对中国早期近代的发展做出了贡献，但最终它还是失败了。19 世纪的中国的确是一个充斥腐败、被离心力量所破坏的国家，政府日益衰落，无力抵御内忧外患。尽管如此，当真正了解在西方上升的世纪似乎冥顽不变的“传统”中国君主政体的时候，我们所探求的中国近代历史的本质会发生剧烈的改变——中国不总是如此。我们必须学会将帝制晚期的中国视为有活力的国家，它在为自己设计合理与高效的官僚统治方案而奋斗。即便说火耗归公是失败的改革，那么我们也必须问个为什么。

19 世纪，中国知识分子视官僚腐败的根源在于中国官僚阶层的道德堕落。现代批评家们也往往赞同这一结论，面对政府严惩财政渎职官员的种种则例，学者们断言，清政府过于孱弱、懈怠而无法将之付诸实践，或是习惯势力过于强大，不论谁坐在皇帝的宝座之上都无法取胜。最终我们得出的是不能令人满意的解释：因为中国是腐败的，所以中国是腐败的（China was corrupt because China was corrupt）。这样的解释，不成其为解释，它没有向我们提供判断中国帝制晚期实际情况的基本方法。更为重要的是，这既不能给我们提供材料，也不能提供比较中国众王朝与其他前近代社会，以及与

20 世纪中国政府所面对问题的分析框架。

个性确实关乎火耗归公的失败，如同在火耗归公的实施上所起的作用一样。乾隆皇帝和他的先人相比，接受了更多的儒家教育熏陶，醉心于儒家的皇权神话。④ 被人视作仁义之君的愿望令他在处理雍正改革问题时犹豫不定。一方面，他担心支持火耗归公会被人视作有悖于古代圣人的行为。另一方面，他也不敢彻底否定他父亲苦心经营的政策。最终，乾隆皇帝两全其美的努力确实破坏了火耗
xvi 归公，但是它们不能对晚清再度出现的制度化腐败负全部责任。更为重要的原因在于强加在合理化财政管理之上的帝制晚期社会经济制度的桎梏，如果我们要正确理解中华帝国的衰败，那么我们必须考察这一制度对于帝国消除腐败的影响。火耗归公的一步步衰亡提供了帝制晚期改革局限性的极好例证，对此的分析将提醒我们，要注意政府用以评估保持足够收入水平的方法以及它常常运用的手段。如果政府确实试图消除腐败但以失败告终，那么对改革的研究能使我们更加充分地理解帝制晚期政治的紧张状态是如何导致 19 世纪乃至 20 世纪中国的衰败的。

---

④ 康无为对儒家的皇权思想如何塑造乾隆皇帝行为做了极为精彩的分析。有两
312 个给人印象深刻的例子，一是他过分渲染对其母亲的孝道，二是他近乎偏执地要做艺术和文学的支持者。参见康无为：《皇帝眼中的君主：乾隆朝的形象和现实》。

致　谢

许多人慷慨地拿出时间和精力，给这项研究提供了帮助。在本 xvii
书的写作过程以及我整个学术生涯中，最应感谢的是魏斐德（Frederic Wakeman）教授对我一贯的鼓励、批评和学术上的帮助。白彬菊（Beatrice Bartlett）、孔飞力（Philip Kuhn）、艾伦·韦尔（Alan Ware）、史景迁（Jonathan Spence）、吉德炜（David Keightley）、詹姆斯·波拉切克（James Polachek）、艾伯华（Wolfram Eberhard）阅读了全部或部分书稿，我希望眼前的这个版本很好地反映了他们的改进意见。

富布赖特基金会、社会科学研究理事会、国家人文科学捐赠基金会、哥伦比亚大学人文科学研究理事会为这个项目提供了经费。本书所使用的史料大部分来自中国的档案馆。我特别感谢台北“故宫博物院”的蒋复璁博士、昌彼得先生、庄吉发先生、李天民先生、王景鸿小姐，中国第一历史档案馆的黄啸曾先生、鞠德源先生、刘桂林先生，感谢他们的耐心和帮助。我也要感谢韦庆远教授、姜贵格教授、陈捷先教授在理解中文原文上给我的建议和帮助。

最后，我要感谢家人对我工作的一贯支持和保有兴趣。我的父
xviii 母从未对我失去信心，即便是我放弃了生物化学而改学奇异的中文。我的丈夫艾伦·韦尔（Alan Ware）分担了我的重担，是最能理解我的人和最友好的批评者。我的儿子艾恩（Iain），他同这本书一道来到了这个世界，他使我体味到一个人的工作时间是多么宝贵。

第一章

不稳定财政的根源

在中国帝制晚期的历史上，几乎没有皇帝能与清朝第二位统治者康熙皇帝（1661—1722 年在位）的英名相媲美。在六十多年的统治期间，作为统治者，他传奇般的宽厚仁慈史不绝书。尽管在最后十几年里，他的统治因中国悠久帝制史上最著名的皇位传承危机而有所玷污，但人们缅怀他，认为他是重建国家和平、文治武功全盛的皇帝。无人知道并探究康熙皇帝给帝国带来的负面遗产，但是，处理这份遗产却给清王朝的未来以及中国政府的发展带来了巨大影响。 1

1722 年康熙皇帝去世，当时国库存银只有 800 万两。① 这一数字大约相当于中央政府每年税收的 27%②，18 世纪同时代的欧洲君

① 稻叶君山：《清朝全史》，124 页。两是中国白银的单位。除一些地方官员允许缴纳实物或代收铜钱外，中国所有的赋税都以散碎的白银缴纳。两以下的单位是钱（0.1 两）、分（0.01 两）、厘（0.001 两）、毫（0.000 1 两）。

② 萧一山估计康熙末年来自盐、关、杂税的总收入约 637 万两，加上向中央解送的地丁钱粮约 2 300 万两，康熙末年中央政府的总收入约 2 937 万两。萧一山：《清代通史》，第 2 册，354 页；《大清会典》卷三二，《户部十·赋役二·起运》。

主们国库空虚或王室负债累累，实在不能与之相比。但是，从中国
2 帝制晚期的经济思想来看，这一数字仍是令人痛心的。这是一个崇尚收支平衡的国度，认为中央政府应有足够的储藏，以备不虞之灾。

国库匮乏对于中国来说不是什么新鲜事。事实上，这一现象普遍存在，在帝制时代政权崩溃的传统“王朝循环”解释中，它处于核心地位。当帝国人才短缺、道德沦丧，当官僚机构腐败不堪，当人口增长的压力开始造成土地资源与国家财力紧张的时候，人们自然会想到国库萎缩。此前的明王朝就出现过典型的财政危机，致使加派赋税，人民反抗，军费开支增加，最后，无力对付外族的入侵。然而，1722 年，清王朝并未行将就木，相反，自从 17 世纪 80 年代平定“三藩”和收复台湾以来，国内没有出现大的动荡。在康熙皇帝热情支持下，文化艺术再度繁荣，可与从前诸王朝相比肩。更为重要的是，满族几近八十年的统治，为这个少数民族征服者赢得了中原汉族人民的支持，尤其是起重要作用的士绅的信任和衷心拥护。为了刺激经济和恢复被近半个世纪叛乱和战争所蹂躏地区的发展，朝野上下都积极致力于大规模的招徕垦荒。政府管理和财政政策方面也进行了改革。清朝还有生命力，虽然发生了皇位传承危机，但帝国未受创伤，甚至还得到了强化。众皇子间的派系斗争局限在各自支持者的小圈子内部，并未扩散至将整个官僚体系卷入其中。雍正在竞争中脱颖而出成为皇帝，是一个我行我素、精力充沛、富有才干的统治者。他身为帝王所取得的成就远远超过了他登上皇位可能施用的伎俩。很显然，这不是一个帝国没落、官员道德败坏的时代。

事实上到了雍正时期，紧张的国家财政已得到了改善。而在清朝初年，即便是在帝国牢牢掌控的地区，人们继续反对新近强加在头上的蛮夷政权，抗粮和欠赋反映了大众的这种情绪。③ 等到整个中国安定下来并且能够依赖百姓向国库缴纳的正项赋税时，四十年 3
的时间过去了。在那些饱经战乱的地区，如四川，直到 18 世纪中叶，它们的生产力以及解缴的赋税，才达到明朝的水平。④ 然而，所有这些都比不上清初征服战争开始时的财政负担问题严峻。在满族统治的最初数十年间，军事开支消耗了国家的大部分收入。有人估算，在顺治（1644—1661）元年 1 570 万两的支出中，超过 1 300 万两用于军需供给和士兵的饷银。而且，全部支出比朝廷的全年收入多近 100 万两。⑤ 此种情形之下，政府极少顾及公共工程与社会福利事业。

国家财政收入在顺治末年增长显著，顺治十七年（1660）差不多达到了 3 000 万两⑥，当然部分新增收入不得不用于治理领土扩大所增加的开支。在这些开支中，重要的一项是资助“三藩”。“三藩”产生于满族征服帝国南方省份的过程中，派遣的汉人将领完成了这一任务，取而代之的是他们建立了半独立的区域，却继续要求中央政府保障供给和税收。在顺治朝，这笔费用逐年递增，已达五六百万两。至康熙朝这一数字已经翻番，大约占国家每年财政收入的三

---

③ 最著名的是 1661 年的江南奏销案，13 000 多名江南士绅受到牵连。对这一事件的讨论，参见安熙龙：《马上治天下：鳌拜辅政时期的满人统治（1661—1669）》，102～108 页。

④ 王业键：《1750—1911 年的清代田赋》，91 页。

⑤ 萧一山：《清代通史》，第 2 册，353 页。

⑥ 萧一山：《清代通史》，第 2 册，353 页。这一数目包括盐课，这在王朝最初统治的数年间很难征缴。

分之一。⑦ 至此，尽管王朝承认有必要制止官员腐败和逃税，但在满族王朝巩固期，财政稳定的主要障碍还是超支问题，尤其是军事开支。一旦国家重现和平，人们期望财政收支重新达到平衡，库帑能与王朝其他领域的繁荣相匹配。

1723 年雍正皇帝登极，一个充满活力、繁荣昌盛的帝国梦想似乎就在实现的边缘。那种重大军事开支加重国库负担的情形距此时已过去了一代人。⑧ 满族宫廷自身是出了名的节俭，不愿意重蹈前
4 朝宫廷挥霍无度的覆辙。⑨ 当这位新皇帝注视他父亲的国库时，不会因 800 万两的积蓄而沾沾自喜，他所关心的是，财政收入本应是那一数目的数倍，但事实上却没有。它们的缺失并不是王朝开支超出了计划，而是财政管理不善的结果，本应上缴中央政府的赋税，在其他方面被挥霍掉了。而且，户部银库并不是唯一出现短缺的地方。京师其他部院有各自独立的财政——这是沿袭明朝的做法——也存在着短缺的情况。即便是粗略的盘查，除中央政府账目有严重问题外，也会发现京师各处库藏的亏空。⑩

在某些方面，中央政府财政的问题就是各省及地方财政管理危机日益严重的反映。如果中央政府没有得到它每年大部分的税额，那就是因为官僚体系的基层机构并未将之上缴。对各省财政的调查显示普遍存在亏欠，一些可以上溯至十年前甚至更久。省里的藩库

---

⑦ 萧一山：《清代通史》，第 2 册，353 页。

⑧ 在这期间，征服蒙古部落和其他生活在中国西北边疆的非汉人的费用及支出都要少得多。

⑨ 通过建立与政府户部银库分离并拥有自己的经费来源的内务府银库，清朝也保护政府免受皇帝无休止的剥夺。参见张德昌：《清朝内务府的经济作用》。

⑩ 《大清世宗宪皇帝实录》卷三，雍正元年正月甲午。中央政府的亏空，部分是由于官吏收受贿赂无视各省提解的亏短所致。

和各地仓库亏空巨大。山东州县的亏空超过了 600 000 两。[11] 山西有同等数量的亏空，只是这些亏空年代久远，那些责任人已不在人世，或是腐败盘根错节，甚至不能判定谁是有罪之人。[12] 在江西，官员个人的欠债从 4 000 两到 1 万两不等，另外未找到责任人的亏空有 12 万两，这增加了该省的负债数目。在浙江，仅藩库就亏空白银 30 万两。[13] 仓谷储备也透露出地方财政的紊乱。簿册上的仓谷存量本可以应付饥荒，平抑米价，但实际上有半数的亏空。一些仓廒只有账目，根本就没有仓谷。[14]

清朝强盛国力和表面繁荣的背后是根基极为薄弱的财政制度。在这个当时最具有合理性的结构框架内，中央与地方政府之间，以及两者与代表着不同地方人口不同利益的代言人之间正在进行着一
场财政上的拉锯战。这一制度居然能够存在下去，是体制内各参与 5
方的适应性在起作用。中国财政以这种方式还能坚持多久，我们永远不可能知道了。因为在 1723 年，新登极的皇帝最先的举措之一，就是向亏空及导致亏空之人全面宣战。中国财政何以至此，回顾晚

---

⑪ 《宫中档》4623，怡亲王，无具文时间。这一奏折很显然是雍正元年所上，因为黄炳于雍正元年被任命为山东巡抚。

⑫ 《雍正朱批谕旨》，山西布政使高成龄，雍正三年十月初四日。

⑬ 《宫中档》14122，江西巡抚裴徫度，雍正三年九月二十六日；《宫中档》
15129，江西巡抚裴徫度，雍正二年十二月十八日；《宫中档雍正朝奏折》，浙江布政 313
使王朝恩，雍正二年正月二十五日。有亏空的省份名单很长。福建上报有 109 000 两的亏空是将正项钱粮挪作未被认可的用途，甘肃的赋税总额仅有 250 000 两，1725 年时仍欠中央政府 290 000 两。尽管证据还不完备，但可以说无省不亏空。《宫中档雍正朝奏折》，福建布政使黄叔琬，雍正元年十二月二十六日；《宫中档》15827，甘肃巡抚石文焯，雍正三年十一月十六日。

⑭ 参见《雍正朱批谕旨》，田文镜，雍正三年二月十二日；《雍正朱批谕旨》，田文镜，雍正六年七月十一日；《雍正朝内阁汉文题本·贪污》，第 556 盒，第 0007 号；《雍正朝内阁汉文题本·贪污》，第 568 盒，第 0107 号。

明与清初财政管理的发展情况，可增进我们的理解。

一、晚明财政改革的遗产

如同大多数前工业化社会一样，中国赋税收入的主要部分来自土地生产。因此，中国在编审和征收基本上来自以小农为课税基础的可靠收入时，遇到了许多其他政权所面对的同样问题，这不足为奇。中国与其他亚洲和欧洲国家的区别在于税收体制的官僚化程度不同。

英国是中国在 19 世纪主要的敌人，在 18 世纪以前，它的国王基本依赖经济中商业部门的间接税。和中国更有可比性的是法国和日本。在日本，土地上的直接税依旧是大名的主要收入来源，但征收大都以各藩府治所在地自行编制的社区赋税定额为基础。在法国，不仅是土地税，也包括商业税，主要是由包税人征收，他们在法国的财政体制中拥有合法地位。这两个国家政权的主要兴趣是收受属于自己的份额。在日本的例子中，村庄单位的团结以及乡村士绅基本上迁至市镇的事实，似乎都防止了编审中严重的不平等。这些因素，加之日本业已存在的高土地税率以及相对较小的行政单位，可能可以解释税收体制中为什么很少发生腐败。另一方面，在法国，王室连年经费短缺归于两个不可分离的因素：浪费和战争，这使得法国政府情愿向包税人抵押它的税收，而包税人受未来收入的激励，向朝廷预支经费。在这些国家都没有庞大的受雇的官僚人员，来厘定土地生产力的

高低，确认其归属，并向每个纳税人征收政府的赋税额。同样，在这三个国家中，那些统治着中央政府以下各层次的人， 6
在很大程度上有自己的税收来源并形成了一个与君主离心的权力基础。

中国政府也关心它的税收征收，但在这里，官僚体系早熟，世袭贵族衰亡，乡村公共机构相对弱小，这些与税收程序的日益合理化结合在一起，最终形成了清初高度中央集权的财政体制。地方、各省及京师间的利益关系自然很紧张，但至少在理论上，中国辽阔的疆域是由统一的文职系统管理着，由政府征收并为政府服务的赋税支撑着。在很大程度上，正是极为成熟的中国官僚制度和财政制度造就了它的衰败。

18 世纪以前，中国官僚机构的主要经费来源一直是地丁钱粮。赋税的大部分，包括地丁钱粮和其他的直接税是由县一级的州县官，在书吏、衙役的帮助下征收的；尽管书吏和衙役是基层官僚体系中的正式成员，但这些人除一部分衙役外都是没有薪俸的。从法律上讲，所有这些税收都是中央政府的财产。然而，如下文所述，这些税收的一部分将存留在各省，以支付官员的薪俸及地方和省级政府的固定开支。因此，至少从理论上讲，中国有着世界上最理性和最集权的财政管理。

情况并非总是这样。宋朝（960—1279）时地方政府的经费很大程度上来自官员任职期间获赐的官廨田的收入。到了明朝，这一制度已不存在，但是公与私在财务上的区别并不明晰，中央政府与地方政府的财政收入基本上模糊不清。尽管税收分为起运（解送中央政府的部分）和存留（保留在地方的部分），但这些术语常常被任意使用，其意义言人人殊。⑮ 地方存留部分甚至被指定购买土特产解送京师⑯，因为仓库所有的东西从根本上讲都被认为是皇帝的财产，没有皇帝的谕旨不得支用任何经费。⑰ 同时，中央各部院直接从遍
7 布各省的多种赋税分配渠道得到自己的收入。将这一财政制度从崩溃状态中拯救出来的似乎是实物赋税占优势地位以及对当地人口的力役之征，这些为地方提供了充足的物资和人力资源。

尽管政府自称要对赋税的使用实行中央集权控制，但明朝财政体系整体说来权力下放至基层。这一矛盾主要归因于王朝的缔造者，他视中国经济为永无差别的、永不发展的。这一看法，与他对官僚的戒心相结合，确定了明朝主要的税收和编审工具——里甲和粮长。⑱ 这些改进措施旨在保护农村人口免遭非法的财富索求，并确保赋税向中央政府的递解。这一目标将通过减轻地方政府在税收过程中的影响以及改进地方的自我管理方法实现。但最终一无所成，尽管二者作为正式的税收工具逐渐消失，但清朝税收中的许多问题都由它们演化而来。

在粮长制度下，粮食税的征解完全从州县官的控制中剥离出来，归入地方大户，他们的私人财产足以确保税收全额递解。然而，这一体制基本上独立于地方行政之外，因此它为税收的包揽提供了很多机会。使用自己的人员，建立一个独立的征税机构，本可以为专

---

⑮ 黄仁宇：《明朝的财政管理》，83页。

⑯ 河南北部安阳的地方志开列了30多种地方物产，用地方赋税购买并送往京师以填充帝国仓库。《安阳县志·田赋志》，7～8页。

⑰ 黄仁宇：《明朝的财政管理》，83页。

⑱ 数部用英文写成的关于这些制度的优秀著作，参见梁方仲：《明代地方税吏》；约翰·瓦特：《中国帝制晚期的县官》；萧公权：《中国乡村：十九世纪的帝国控制》。

门化的赋税管理提供基础，然而事实上，粮长的位置被认为是一种力役之征，并且从未并入正式的行政系统，这将其内在的合理化潜质剥夺殆尽。[19] 到了1421年，随着经济货币化程度的加深以及京师迁移到了北京——这里远离水稻生产的中心地带，粮长制度的重要性日见式微。它的税收功能逐渐由里甲替代，最终，赋税的征收和转送再一次成为州县官的职责。[20]

尽管一开始里甲在力役的分派上起着重要作用，但到了晚明，8
它主要是负责轮番催科。负责整个人为编制的“邻里”的税额成为轮流担当里甲的头人应尽的义务，普通人不想身居此位，因为邻里们不能全额缴税常常导致头人倾家荡产。然而，通过在个人与国家间插入一层非正式税收机构，里甲制度可以让那些视此为有利可图、肆无忌惮的士绅和普通人，霸占这种催科的权力。要达到这一目标，经常要得到州县官的默许，这些人唯一关心的是税收的足额征解，结果，时常发生伪造粮户印票及大规模的非法加派。[21]

16世纪最后的数十年间，全国各地分别有一些官员各自采取一系列措施，目的在于改进明朝税收体制中的一些薄弱环节。这些措施统称“一条鞭法”改革，要简化及合并向百姓所征收的名目繁多的赋税，并且将实物之征和力役之征折为征收白银。不幸的是，由于改革缺乏集中的指导和协作，赋税的折征常常混乱、任意，各地的比率差别很大。尽管赋税的征缴变为白银，但缴纳实物税时曾被分割成众多的类别仍然保留着。身为巡按的柳寅东，在新兴清王朝

---

⑲ 粮长偶尔会因服务得到赏赐而进入正式官僚体制，但这不能改变它处于官僚体制之外的本质。

⑳ 参见梁方仲：《明代地方税吏》。

㉑ 参见萧公权：《中国乡村：十九世纪的帝国控制》，113～124页。

的第一年，就指出："有一县正额三千余两，而起解分四十余项者；有一项钱粮止一两六七钱，而解费至二三十两者。"[22] 在合并数目众多、负责一定地方的税收机构上也没有任何作为。[23] 此外，处理人丁税内在不平等的失败，引发了一系列各地平均徭役的措施，这从 16 世纪一直延续至清朝统治时期。[24]

通过赋税改征折色，"一条鞭法"改革确实取得了成就，将地方财政置于被检查的地位，这在主要由实物和力役作为赋税形式的时
9 期是不方便进行的。如果说清朝和平时期的亏空比过去更令人吃惊或是更引人注意，部分原因在于它更招眼罢了。更为糟糕的是，这种可见性对地方政府的运作和财政的意义非同小可。"一条鞭法"改革之前，在地方衙门当差以及心红纸张、烛炭等，都是通过力役及征收实物解决的。只要这些物品和力役以实物的形式供给，那么地方财政管理就有相当大的灵活性，对于衙门之外的机构来说，要想弄清这些资源的范围或是试图占有一份，都极为困难。一旦它们转化为白银，霸占地方财政收入的逻辑上的障碍就被清除了。随之而来的是，中央政府、军队甚至是皇室成员都开始强占曾经用于维持地方上行政单位运转的财富。[25] 结果，留给地方政府听任支配、合法的经费来源几近于无。现在，地方和省级官员还要雇用衙门胥吏，进行必要的采买，就逐渐设计出一种新的经费体系，就是这种

㉒ 《皇朝食货志》卷二，《赋役一》，顺治元年。

㉓ 黄仁宇：《明朝的财政管理》，87～89 页。

㉔ 《安阳县志・田赋志》，9 页；北村敬直：《清代社会经济史研究》，50～87 页。清初，地方官员被力劝执行一项名为"丁随地"的政策，人丁税被取消，人丁税被摊派到土地税之中。

㉕ 黄仁宇：《十六世纪明代中国之财政与税收》，184～185 页。

体系造成了1723年困扰着官僚们的大部分亏空和腐败。

二、制度问题的官僚政治解决之道

直到18世纪，对帝国政策有影响的人极少认可或是愿意承认，是地方和省级官员的内在需求，促成了中国财政制度的无规则。许多年来，导致亏空的暂时的却是更为直接的原因，比如战乱，往往掩盖了制度自身的缺陷。此外，地方官僚成功地弥补了制度的困难，至少暂时地使得地方能利用经费的缺口看起来没有实际上需求的那样大。然而，最重要的是中国传统的政治经济。当赋税以实物形式征收的时候，当官员仍旧来自享有收入不受约束的特权阶层的时候，当非正式或是习惯上对力役以及百姓生产的占有被逐渐认可的时候，以及当政府不被寄予什么厚望的时候，在以上这些时候所公认的原则，现今却变成了与中国现实不再和谐的神话。

国计民生是中国帝制时代政治经济的箴言。翻译成现代的术语就
是财政管理和人民生计，作为双重的劝诫更容易理解些：既为政府的 10
运作提供充足的税收，同时又不剥夺人民的生存之道。因为人们将政府视作不仅要改变国家的物质面貌，更是要改变它道德面貌的现实存在，因此轻徭薄赋被视为善政的基本原则，这并非没有道理。[26] 利用

---

[26] 这一原则的起源大概可以追溯到孟子。他的仁政原则是帝制晚期正统理学的基础。以他的名字为名的经典多处论及作为宽仁统治标准之一的轻徭薄赋。可参见《孟子》第一章，第一节，第五段；第二章，第一节，第五段。孟子似乎对于赋役收入的用途论述不多，主要将它视作支持战争以及政治精英奢华生活的费用来源。

道德榜样进行统治是一种并不昂贵的统治形式。假若统治者乃至官场上他的代表们道德高尚的话，人们就会效仿。用于水利设施及抵御外侮的军队的少量开支是必需的，但从道义上讲，维持国内和平的庞大军队是不需要的，百姓会辛勤劳作，安居乐业，国家上下和谐。

当然，这种理想的状况很少存在，但它的确为评价财政事务创造了一个公式，这一公式被帝制晚期的大多数官僚所接受。有人认为中国实行的是轻徭薄赋，因此希望百姓足额缴纳赋税。百姓这样做了，那么官员所需要做的，仅仅是为了国家的繁荣、百姓的富足而厉行节约。如果繁荣、富足并未到来，而政府却面对不断增加的亏空，那么这只能归结为两个原因：或是赋税未能从百姓处征缴上来；或是虽征缴了赋税，随后却因管理不善或官员侵贪而浪费挥霍掉了。

诸如此类的信条无助于帝国税收和财政制度从根本上得以重建。而且，改革者倾向于以一种保持政府财政基本框架完整无缺的态度，逐一地解决出现的问题。考察清初所进行的改革，我们会明白这样讲并非轻视这种变革的重要性。

官员会并且确实经常以纳税人拖欠赋税的托词来掩盖他们自己的财政过失。然而，在中国帝制晚期，声称赋税根本就没有缴送州县衙门要受到严厉的惩处。在主要由小土地所有者组成的经济中——甚至拥有几百亩土地一般说来就极为富有了，在自然界的反复无常面前，纳税人显得特别脆弱。旱涝灾害很容易使整个州县无法全额完成税收。大多数王朝以蠲免赋税以及同意受灾较轻者以分
11 年带征的形式，来对付暂时的困难。这种带征的做法在清朝应付各

种各样的欠赋时极为普遍。[27] 自然灾害频仍以及由此必需的蠲免和赈济构成了中国各级政府要它们的仓库宁愿保持净盈余，而非仅仅做到收支平衡的一个原因。

不容易解决的是故意不纳税的情况。纳税则例的抗粮类，包括了从公开的政治抗议、拒绝纳税到暗地里行贿衙门人员以降低纳税额或抹去衙门簿册里的欠税等行为。然而，一旦发现了这些做法，处理的方式常常是惩罚并追缴所欠税款。有时也会错误地将真正无力缴税归为此类，并以同样的方法予以处置，尤其是当一个地区上报遭灾而未获批准时；当赋税簿册遭篡改，以致向当地更为软弱的百姓征收过高税率时；或是附加税和非法征收使得百姓不可能缴纳他们正式的赋税时。

上述两种情况都关乎赋税缴纳的失败。更为险恶的是，纳税人已向国家完税，但国家很少或根本没有得到所征收的钱款。这种情形常常会有中间人中饱私囊，可以归入“包揽”类。收税人是地方衙门胥吏，是士绅，或只是当地的无赖，他们与农民签约以征收和代缴他们的赋税。纯粹从形式上看，这意味着，农民拿出一点费用，作为回报，节省了时间以及节省了前往县城的花销。然而，农民经常被迫将他们的税款委托给包揽人员，或是豪强阻止他们上缴自己的税款，而这些豪强与地方衙门胥吏勾结，控制县里的征税点。[28] 上述两

㉗ 这些应与皇帝在生辰、登极或其他重大事件中所宣布的全体或部分人民的普 314
遍性的蠲免区别开。两种豁免都定期减轻处于生存边缘的乡村经济的压力，起着安全阀的作用。

㉘ 数部著作考察了传统中国税收包揽者的作用，可参见瞿同祖《清代地方政府》、萧公权《中国乡村：十九世纪的帝国控制》。目前有关“包揽”的最好研究是西村元照的《清初的包揽》。

种情形中，包揽人员通过盘剥政府的赋税额以及造成纳税人表面上仍然欠税，可以将全部或部分已征收的赋税据为己有。

即便政府确实收到了百姓的赋税，这也并不能保证全部税款都用在它们本应用在的政府职能之上。在征收与分配或是向中央政府
12 解送的过程中，这些财政收入会被大量损耗挥霍：官员或是属下管理不善、奢侈，或者干脆直接盗用。正是为了应付这些财政寄生虫的掠夺，在清初的赋税编审中引入了许多改革措施。

赋税奏销的中央集权

乍看起来，清朝的财政管理似乎与以前诸王朝的财政管理没有多少区别。明朝所征收的以及《赋役全书》中规定的赋税原封不动地被新政府采纳，并成为它自己财政的基础。赋税中起运与存留的划分，以及中央与地方政府的拨款份额也是毫不犹豫地继承了明朝的做法。在经历了近一个世纪的战乱后，满族统治者执行的最重要的措施是旨在提高生产力和恢复农业生产。这些措施无一涉及财政工具的任何根本性的重建问题，只是使用了传统的扩大课税基础的办法，同时减轻百姓的赋税负担而已。朝廷通过免除所垦土地的赋税，以及授予大量招徕百姓的人以品官的办法鼓励垦荒。[29] 朝廷对自身的开支也精打细算。频繁地蠲免赋税凸

㉙ 御史徐旭龄疏奏以前开垦新土地失败的原因，对此康熙皇帝发布两道谕旨，通过增加物质奖赏以鼓励垦荒，他将新近开垦田地起科的期限从三年提高到四年、六年，甚至是十年。另外，将动员垦荒作为走入仕途的途径。任何开垦20顷土地的人，试以文义，通过者授予县丞，未通过者可得百总。对于开垦100顷土地的人，试以文义，若通过，授予知县，未通过则授予守备。商鸿逵：《略论清初经济恢复和巩固的过程及其成就》，16页。

显了皇帝的仁慈。作为新王朝善意的最高标志以及遵循传统中国政治经济的内在要求，康熙皇帝在统治的最后十年里，将人丁税固定在1711年的水平，这造成中国人口的无限制繁衍以及有限疆域和土地生产力间的矛盾。[30] 然而，连锁反应的背后正发生着一些重要的变化，这为财政危机和雍正时期的改革提供了舞台。

如果明王朝的缔造者建立的财政制度是以分权及用非正式的机制代替正式的控制机制为特色的话，那么到了清初，这一体制的情况则恰恰相反。满族统治下的第一代中国人目睹了高度中央集权的赋税管理制度的逐步发展以及一个新的、在纳税人和政府间建立直接联系的演进过程。

第一步，清朝的建立者力图通过将《赋役全书》规定的所有赋 13
税都置于中央政府的直接控制之下，解决明朝赋税结构中固有的混乱。与中央政府各部院都从各省征收并使用各自的财政收入不同，如今所有中央政府的款项都由户部管辖。[31] 此外，在清朝第一位皇帝统治期间，停止明朝加派的多种赋税，大量赋税被合并，结果是它们带来的腐败与混乱也被消除。[32] 康熙皇帝采取了进一步的措施，简化《赋役全书》的编审[33]并取消了那些不再是清朝经济构成基础

---

[30] 萧公权：《中国乡村：十九世纪的帝国控制》，89～90页。

[31] 《皇朝食货志》卷二，《赋役六》，康熙五十一年；《皇朝食货志》卷二，《赋役五》，康熙三十年。只有指定为内务府银库的赋税可以免于监督，这些款项包括皇庄收入、关税盈余、某些罚金以及籍没的官员财产，它们不是正项收入的一部分，尽管其中一些在解往内务府之前先交户部。

[32] 《皇朝食货志》卷二，《赋役一》，顺治元年。

[33] 《皇朝食货志》卷二，《赋役四》，康熙二十四年。

的赋税种类。[34] 所有这些措施简化了征税并有利于消除赋税管理中中央政府几乎不可能监督的一些地方特有做法。

清初财政体制意义最为深远的改革大概应属“奏销制度”的建立。这也是清朝更为中央集权统治的最好例证。甚至是在入关之前，满人已经开始每年年终清查他们自己的财政。然而，最终孕育了名为奏销制度的综合财政审核制度，同样也是明末清初财政管理变化的产物。考虑到 18 世纪的技术条件，可以说只有一个主要以现款支付为基础、分类相对简单且标准化，并通过一个清晰、直接有上下等级关系的官僚体制进行征收和分配的赋税制度，才能够对这一类型的财政予以详尽的监督。

奏销的基本数据是顺治初年确定的。顺治三年（1646），皇帝命户部调查京师各个衙门所得的每一种赋税，特别关注明朝时原额的多少以及现在这一收入是如何征收并分配的。同时又令户部对各省作同样的调查，目的在于查明百姓仍然担负的明末为支付军费所加
14 派的数目，而且，在更普遍的意义上，是要弄清楚目前耕地数目、地方政府应征收赋税数目、起运和存留的数目。[35]

最重要的是，1646 年的这道上谕显示出政府对自己财政实际状况知之甚少。直到五年以后刑科左给事中魏象枢才上疏皇帝，请求户部的工作应正规化，每年审查各省的财政报告：

> 国家钱粮，部臣掌出，藩臣掌入，入数不清故出数不明。

㉞ 例如，取消了明朝对于匠班的征税，这是一种明朝初期依人口职业进行的赋税编审。《皇朝食货志》卷二，《赋役五》，康熙三十六年、康熙三十九年及康熙四十一年。

㉟ 佐伯富：《中国史研究》，427 页。参见《大清世祖章皇帝实录》卷二五，顺治三年四月壬寅。

> 请自八年为始，各省布政使司于每岁中会计通省钱粮，分别款项造册，呈送该督抚按查核；恭缮黄册一套，抚臣会题总数，随本进呈御览，仍造清册咨送在京各该衙门互相查考。既可杜藩臣之欺隐，又可核臣部之参差。㊱

顺治九年（1652），朝廷通过了向户部上缴已完和未完赋税奏销册的做法。㊲ 户部奏销原则一经确立，进一步的立法就集中在制定上报时限、应上报类别、账目查证责任以及对弄虚作假和拖延的惩处。

检视康熙皇帝的数道上谕，可以帮助我们了解这些改进的本质。康熙十一年（1672），康熙皇帝对官员未能查出账册上数字的不相符合表示关注。他下令此后每年的奏销册，上报的州县征缴总数必须与通知百姓应缴赋税的税单上的总数相符。此外，实际的税收数目、原额、布政使上报总数和州县上报的细目也必须吻合。㊳ 这种数据 *15*
似乎是对各省财政精确奏销的最低要求。皇帝适时颁布上谕详细规定它们的含义，这显示出户部要求的那些信息也是相当混乱。而且，通过要求每一管理层上缴奏销册，很明显，是努力建立一种避免任何层次上的侵贪和欺诈的检查制度。

这种监督体系在康熙二十八年（1689）得到了进一步明确。当时制定了督抚未能上报藩库亏空以及揭参有关责任官员的规定。同时也颁布了一道上谕，要求各省督抚每年奏销时要亲自盘查各省藩库。若不存在亏空，也将这一情况上报，并要求举荐那些完成征税

㊱ 佐伯富：《中国史研究》，428 页。参见《大清世祖章皇帝实录》卷五七，顺治八年六月辛酉。

㊲ 《大清会典事例》卷一七七，《户部·田赋·奏销》，顺治九年。

㊳ 《皇朝食货志》卷二，《赋役四》，康熙十一年。

任务的官员。另外，每年年终，知府要将辖区内州县已完和批准缓缴的各项目编制清册，并亲自对它们盘查。一经发现“征多报少”，知府有责任立即向上司报告。㊴ 也规定了盘查其他仓库收入的责任，保存在粮储道和驿传道仓库的赋税由布政使负责盘查，那些储存在各府仓库的赋税由管辖它们的道员分别负责盘查，若未发现亏欠，会向督抚荐举这些知府，予以嘉奖。㊵

这种监督责任的分配在清朝后来大规模清查亏欠时发挥了特别重要的作用。如果发生亏空且当时就被上司揭参，那么官员自己要承担弥补的责任。然而，对于那些亏空并未上报的情况，不论是由于疏忽还是有意掩盖，有监督之责的官员也要承担分赔责任，偶尔还要额外承担多达原亏空额十倍的赔偿。㊶

16 奏销制度主要关注的对象是地丁钱粮，这项赋税直接来自人丁税及私有土地上的税收，它不仅是中央政府最大宗的收入来源，而且数目是固定的，故而也更易于控制。㊷ 此外，它也是各省法定的、以存留为形式的收入的来源。奏销制度目的在于控制收入和支出，因此，自然会特别关注地丁钱粮。康熙七年（1668），对于一件题本的批答，清晰地勾勒出与奏销有关的地丁钱粮的特殊本质。㊸ 除地丁外的所有由州县征收的赋税，以改革之前的方式上报。这些赋税

㊴ 这在大面积垦荒的地区尤其是个问题。然而，改变地丁钱粮印票和簿册，使已缴纳的赋税看起来是欠赋，这种做法也很普遍。

㊵ 《皇朝食货志》卷二，《赋役四》，康熙二十八年；《皇朝食货志》卷二，《赋役五》，康熙三十九年，户部议准。

315 ㊶ “分赔”的实际例证，参见《宫中档》20245，董玉祥，无具文时间；《宫中档》4623，怡亲王，无具文时间。

㊷ 参见王业键：《1750—1911 年的清代田赋》，10 页。

㊸ 《大清会典事例》卷一七七，《户部·田赋·奏销》，康熙七年题准。

包括盐课、茶税、关税、芦课、漕粮、土供、杂税、当税、契税、牙税、牛骡税、赎锾等。㊹

每年年终，地方官编制已征以及未征赋税的清册，然后上缴布政使，有时是通过知府或是道员等中间官员呈递。布政使亲自填写全省的四柱清册，开列旧管、新收、开除、实在四项。接着，他向督抚呈缴文稿，督抚衙门人员誊抄“黄册”上呈皇帝，并誊抄“清册”上缴户部。这些报告包括地丁钱粮征收、开支、欠征、起运京师、省里存留、划拨军队费用、为京师购买土产等各数目，以及剩余的数目。㊺

这一新型的奏销制度不仅意味着各省官员必须每年年终为他们的簿册做解释，而且树立了户部在地方收入的日常支用问题上的权威。尽管在执行上存在困难，但现今法律上规定，未征得户部同意，任何地方存留经费都不可以支用，甚至是那些预算内的经费在拨款时，也要另外上报确切数目，否则不能支出。㊻ 每年年终，户部将 17

㊹　我们将会看到，对于中央政府来说，控制这些赋税的征收极为困难，因为没有采取固定税额这样一种承认货物量和交易量频繁波动的措施。参见第二章论述这些赋税的一部分在非正式地方收入增加过程中的作用。其中的一些后来纳入奏销制度，但征多报少依然继续存在。《皇朝食货志》卷二，《赋役四》。

㊺　《大清会典事例》卷一七七，《户部·田赋》，康熙七年题准。雍正皇帝对于提交奏销册的最后期限做了修订。直隶、山东、河南、陕西和山西是来年的四月，浙江、安徽、江西、江苏和湖广是来年的五月，福建、四川、广东、广西和贵州是来年的六月。这一变化是为了给地方大员以足够的时间核对地方簿册，这不需要在税收完成的当年提交。它也考虑到各地和京师间的距离远近，因为起运的部分是要解往京师的。奏销期限分散在三个月也使户部能完成审核。《大清会典事例》卷一七七，《户部·田赋·奏销》，雍正七年议准。

㊻　有一段时期，甚至要求地方官员在动用任何款项之前都要得到户部的批准。然而，到了康熙末年，这似乎已让位于一种官员动用常规开支的同时将开支数量报部的制度。《皇朝食货志》卷二，《赋役六》，康熙五十一年；《皇朝食货志》卷二，《赋役五》，康熙三十七年。

地方官员的奏销与京中的那些“收据”相比照，以确保所有收入与支出相等，并且所有的支出都是事先同意的。[47] 逐项审核后，户部或准或驳，并将清册发还督抚修订或是对问题进行解释。尽管证据查证和清册的编制工作由各省较低级的管理层完成，并由布政使汇总，但最终的校正和提交责任再一次落在督抚身上。如果一名州县官被发现有迟报奏销册或是胡编滥造、隐瞒欺诈等罪行，他会即刻遭督抚纠劾。如果督抚未上报属下所犯错误，或是疏于监督未能发现不法行径，若这些以后被揭参，他们也将负连带责任。

从雍正朝初年所暴露出的数量庞大的亏空案件看，这种中央集权制度的效能值得怀疑。正如我们将要看到的，通过贿赂户部的官吏就有可能逃避对清册的认真检查。而且，对迟交清册惩处较轻，惩罚的轻重与拖延时间的长短成正比。[48] 对于数字不符的处罚也很轻，州县官降一级或调任，布政使和道员罚俸一年，督抚则是罚俸半年。[49] 这不被视作困难之事，因为俸银本身不过是一个具有象征意义的数字罢了。[50] 此外，康熙朝的部分时期，官员的俸银因支付平叛费用而缓发。[51] 甚至发放俸银时，官员薪俸和衙门胥吏工食银也常被督抚全部或是部分剥夺，以偿付存留经费无法弥缝的开支，这种行为美其名曰“捐俸”[52]。

无论清初这一检查制度如何无效，但它确确实实为地方和各

---

[47] 《清朝文献通考》卷四一，《会计》，康熙十七年，户部议奏。

[48] 《大清会典事例》卷一七七，康熙十五年覆准。

[49] 《大清会典事例》卷一七七，康熙二十二年题准。

[50] 参见表2-7《清代官员的俸银》中地方和省级官员的俸银。

[51] 王业键：《清雍正时期（1723—1735）的财政改革》，50～53页。

[52] 参见第二章对于捐俸作为地方非正式收入例子的讨论。

省，为以后的皇帝们强化公共财政领域的责任制定了标准。特别是，它通过将监督征缴和支出的权力赋予一个机构，对明朝的制度做了进一步的改进。这种做法不但极大地有利于财政的中央集
权，而且增加了中央政府对改善税收和地方奏销程序的兴趣。奏 18
销册这种形式可以视作有助于地方预算的发展，而且，若没有这项制度，雍正时期对亏空的清查也是不可能的。最后一点是，将所有合法收入清楚地置于中央政府的控制之下，奏销制度也造成了地方筹措经费危机，这导致了 18 世纪初各省财政的重组。

税收的中央集权

奏销制度的目标是为防止官员浪费及腐败造成的财政损失。但是，清初政府也曾设计方案以矫正明朝妨碍赋税进入地方和各省仓库的财政机构的缺陷。明朝试图利用地方士绅作为执行政府政策的工具并以失败告终，而清朝在 19 世纪之前则一直坚持政府与百姓直接联系的原则。在赋税管理领域，就意味着发动一场无止境的反对官方与非官方的、充当税收包揽中间人的运动，使民众通晓情况，既可以不依赖这些中间人又可以对抗这些人控制税收的企图。

一经建立全国性政权，满族统治者就立刻朝着这个方向迈出了第一步。部分是因为清王朝还没有能力编制自己的《赋役全书》，因此新统治者转向使用“易知由单”来通知纳税人他们每年的税额。明朝未曾使用由单。然而，1644 年上疏请求使用易知由单者的重点在于强调，当《赋役全书》里的规定、数额以及税率出现紊乱时，由单的使用能消除这种混乱。这不仅仅是权宜之计，从长远看，它

是向官员和税户提供了简明易懂的实际应缴税额的通知单，从而改善了税收。[53]

19 不论最初制定者怀有怎样的希望，作为医治中国财政疾病万能药的易知由单制度还是失败了。康熙二十四年（1685），废止了易知由单，因为朝廷发现官员和衙役正以印制由单为由向百姓征收额外的费用。[54] 为代替废止的易知由单，皇帝下令所有县级管理机构在衙门前树立石碑，以告知邻近的百姓《赋役全书》所载的应缴税率。[55] 不幸的是，这种做法使农民再度成为中间人诡计的牺牲品，因为没有多少村民定期到县城去，而只有在那里他们才能看到石碑。即便是那些真的去了县城的人，也仍然必须算出他们个人的缴税数目，并且在面对冲突，常常是面对衙役和税收书吏的更多索求时，能够坚持那一数额。如此一来，政府面临的任务就是双重的——既要找到一种新的方法以通知百姓个人应缴的赋税，又要将纳税人从那些凌驾于他们之上的中间人所控制的为非作歹的机构中解放出来。

这种机构中最应受指责的是前明的“里甲”。到了清初，这种轮流负责递解赋税的制度已变成了地方豪劣奸棍控制地方税收的工具。第三方对征收过程的控制加重了强取豪夺。一些地方通过“里甲”征收额外费用的做法十分完备，以致所使用的方法被赋予了种种名目：如果一县之中所有的“里”每年分担这些费用，这叫作“软

---

[53] 《皇朝食货志》卷二，《赋役一》，顺治元年，巡抚方大猷和巡按宁承勋奏疏。

[54] 《皇朝食货志》卷二，《赋役四》，康熙二十六年上谕。“由单”仅在江苏继续使用，在那里一小笔印制费已作为地丁钱粮的一部分加以征收。

[55] 《皇朝食货志》卷二，《赋役五》，康熙三十年。

抬”；如果每个“里”或“甲”轮流担负费用，这叫作“硬驼”。[56]不论何种名目，结果都是相同的：加重了百姓的负担，减少了政府的收入。

克服这些不法行径的办法是“滚单”制度。不像易知由单，滚单不是简单地嫁接到里甲之上，而是要取而代之。在这种新的制度下，民户仍然组成被称为“里”的单位。然而，明代的做法是将民户每十户编入里中，而不考虑地域的远近或是社会关系的亲疏，这种做法被清朝摒弃。一县之内，一里或五户或十户[57]，建立这种新单位的基本考虑应是那些彼此关系亲近、超出税收关系的民 *20*
户的自然组合。滚单上所提供的信息也远比它取代的制度要广泛。一里之中的每一民户名字之下，都清晰地写着成员的土地数量，这些土地应缴的赋税，折色和本色的数目，春季和秋季应缴数目。这些缴纳又进一步分为十限，并详列每限应缴的数目。

滚单最重要的特点不在于它是什么，而在于它不是什么。它不是一种税收制度。它仅仅是告知纳税人数目的一种方法。发布使用滚单的上谕着重点放在告知百姓，每一个缴纳人要携带自己的税款并亲自将它们投进县里的银柜。在这点上，任何人都不许替代百姓，不论他是过去的里长、银匠、衙门胥吏还是任何其他的第三方。滚单将确保赋税的缴纳，不是通过每个人负责缴纳自己的赋役，而是通过滚单上名单依次轮催，每一户要完成它向政府应缴的赋役。这个包括上面提到的所有信息的滚单将发给单上第一个人，然后依次向下传递给其他的人。当滚单到达一户，该户缴纳自己的赋税。当

---

[56][57]　《皇朝食货志》卷二，《赋役五》，康熙三十九年户部议准。 *316*

一限结束后，第二限的缴纳开始，滚单再次依次下传。如果一个纳税人将滚单毁坏，或是未足额纳税，或是未能将滚单传向他的邻户，这个人将被调查、捉拿并受到严惩。[58]

如果纳税人自己负责携带和缴纳税款，他们就应受到保护，防止遭受不实的拖欠起诉。在这种源自明朝的制度之下，州县地方官在盖有地方官印、专用的印票上填写从每一个纳税人那里收到的银两数目。缴纳赋税有两份票据，一份由地方官保存，另一份给纳税人作为缴纳凭证。弊端普遍存在，最常见的是，当调查和追查欠赋
21 的缴纳时，衙役以需要第二联作证据为借口，这样就剥夺了纳税人自己的票据。接着不法的官吏将已完赋税作未完，或是将登记的数字少于实际收缴的数字。[59] 无助的纳税人无处求援，只能第二次缴税或是行贿以免遭衙役催征侵扰之苦。

为了解决这一问题，采用了“三联印票”。每张印票有三个部分。一联由地方官持有，一联交纳税人作为缴税凭证，一联交衙役保管，以便他们在追缴欠赋即“应比”时，与其他两联参看。[60] 朝廷希望，多出的一联不仅剥夺了地方官及属下收回纳税人凭证的任

---

[58] 《皇朝食货志》卷二，《赋役五》，康熙三十九年户部议准。康熙皇帝在将一些省份的纳税人划分为大户和小户的过程中，进一步强调了自封投柜。例如，在湖南的里甲制度下，大户约定向小户征收赋税并代之缴纳。登记为大户的土豪富户，时常将小户视作他们事实上的奴隶。康熙皇帝颁布措辞严厉的上谕禁止这种做法，并下令在赋税册上分别登记。另外，皇帝警告如果继续包揽、抗粮、勒索以及非法加派等做法，有关督抚将受到纠劾和惩处。《清朝文献通考》卷二，《赋役二》，康熙三十五年。

[59] 参见《雍正朝内阁汉文题本·贪污》，第570盒，第0131号。山东某县书吏承认，在他们所征收的一部分赋税中，每一两仅有十分之一登记在征收簿册上。通过这种方式，从康熙六十年到雍正六年，他们偷窃了差不多10 000两县里百姓缴纳的赋税。《雍正朝内阁汉文题本·贪污》，第569盒，第123号。

[60] 《皇朝食货志》卷二，《赋役四》，康熙二十八年；《皇朝食货志》卷二，《赋役五》，康熙四十三年。

何借口，而且也保证州县官的上司持有簿册，可以与州县官提解省城的赋税进行对比。

皇帝的宽仁和财政管理

滚单和三联印票是对明朝赋税编审和征收制度的重要改进。将重点置于个体粮户与政府直接征税的联系之上，这些清初的改革措施是官僚体制内奏销制度所体现的中央集权在地方上的做法而已。然而，如同奏销制度被侵蚀和操纵而遭受挫折一样，滚单和三联印票在清除贪婪衙役征税和欺压百姓问题上也以失败告终。

明白了他们所面对的，确切地说是逃税和官僚腐败问题，晚明和清初的改革者们自然而然地寻求通过改进帝国现存的财政制度以去除政府财政短缺的根源。与这些改进措施一样重要，它们都是对官僚制度所存在根本性问题的官僚政治的解决之道。这些措施的弱点在三联印票中有集中的体现。雍正时期，人们发现这种制度已不足以防止官员与胥吏们的腐败，遂以四联印票取而代之。但是，即便是十联印票对根本解决这一腐败问题也无济于事。

困难之一源于政府对违规者的处置软弱无力。我们已经看到， 22
奏销制度实行的惩罚，不足以劝诫大多数决心已下的官员不超过奏销期限及不篡改他们的财政簿册。我们将会看到，尽管改朝换代已过去了很长一段时间，但大多数赋税编审册的不完备推延了政府对财政的控制。[61] 这类阻碍的存在仅仅证明了作为统治者的康熙皇帝个人的宽仁，而他正是以宽仁著称。对康熙皇帝来说，得到地方士绅和占绝对优势的当地汉族官僚的支持和信任，与增加政府收入同

---

[61] 参见第六章。

样是当务之急。宽仁作为个人的品质，可能是皇帝天性使然，但在王朝的初期，它明显具有重要的政治意义。

在处理通常所认可的政府财政短缺的成因上，宽仁是常见的。当未完赋税过多时，康熙皇帝只是宣布豁免赋税就将此事了结。例如，康熙四十三年（1704）他取消了山西和陕西全省的欠赋。康熙五十年（1711）他又免掉了直隶、奉天、浙江、福建、广东、广西、四川、云南和贵州 8 377 100 两的地丁钱粮。同时，为了减轻人民的负担，康熙皇帝蠲免了超过 1 185 400 两的积欠。[62]

甚至对明显的官员腐败事件，康熙皇帝在应用严厉的惩治措施时也显得极为犹疑。1685 年，漕运总督疏奏漕粮运京过程中的腐败行为。九卿商议此事，建议弹劾并将涉案官员撤职，但皇帝对此所发的上谕却是轻描淡写地对有罪人员予以严厉的训诫，下不为例而已。因为他们被指控的这种渎职行为早已司空见惯，康熙皇帝感觉，仅将这些人挑出来加以惩处是不公平的。对于不断增多的亏空，皇帝表现出同样的宽仁。尽管规定要求官员偿还任职期间所有的亏空，但在 1702 年的一个案件中，这种追偿困难重重，皇帝要求内阁寻找解决问题的其他办法。[63]

23 在康熙时期对于违反税收制度者更为宽仁的一个极具代表性的例子就是对所谓“隐地”的处置。隐地是普遍流行的隐瞒新垦荒地逃避赋税编审的做法。隐瞒部分是因为农民个人开垦零星土地，故意或是对法律无知而未上报当局。然而，按照后来清查者的说法，这些土地的大部分已上报官员，这些官员自己征收赋税但并未将这

[62] 《皇朝食货志》卷二，《赋役六》，康熙四十九年。

[63] 王业键：《清雍正时期（1723—1735）的财政改革》，50～53 页。

些额外的税收上报中央政府。[64] 如此看来，隐地问题包括了清初财政管理的所有弊端：编审的不完备、逃税和官员侵贪。

康熙五十一年（1712），对隐地问题的讨论形成了相左的两派意见。[65] 这场争论是由四川省恢复赋税收入，欲达到明末的水平，但进程极为缓慢所引发。[66] 四川的原额是 1 616 600 两，可是，1710 年全省所能征缴的赋税只有 202 300 两。四川巡抚年羹尧惴惴不安，在清朝统治几近七十年后，四川全省的收入仅仅是应缴赋税的一成多一点。在某种程度上，他将此归咎于官员利用上报升科新辟土地即首粮为借口，向百姓勒索费用。从此，百姓经常不报已垦的土地。

年羹尧在此问题上采取了强硬政策，确保赋税增长的唯一途径是实行严格的奖惩。为此他建议，凡是赋税额征收达到明代数额四五成的州县地方官将得到擢升；不能达到明朝数额二成的官员将不得升迁；连明朝数额一成也不能完成的官员将降职或是调离；那些在现有数额上没有增加的官员将撤职。

温和的办法由御史段曦提出。段曦认为，四川低水平税收的主
要原因是晚明的动荡造成全省人口减少。巡抚勤勉如年羹尧者也只 *24*
是在赋税册上增加了 26 000 两赋税而已。尽管年羹尧声称，如果授予他行事权力，那么包括人口与已开垦土地在内的财富会被找出，但段曦却认为这样的政策只能助长腐败。廉吏们会发现这些数字是不可能达到的，他们将遭到弹劾。寻求升迁的不法官员会强令那些无辜者交代并不存在的隐地，以求达到他们要求的不可思议的数字。

---

[64] 《雍正朱批谕旨》，田文镜，雍正二年，卷四，卷六。

[65] 《皇朝食货志》卷二，《赋役六》，康熙五十一年。

[66] 清初赋税定额是以明万历年间（1573—1619）修订的《赋役全书》为基础。

尽管段曦的方案支持对隐漏[67]进行全面的清查，并对任何在上报新垦土地过程中有所侵贪的官员予以严惩，但是这一方案的重点主要还是道德上的劝诫。只有通过命令官员鼓励百姓如实上报他们的土地并惩罚那些逃税的人，才能增加四川的税额。但对于那些成功地使百姓公开他们的垦荒成果，而未能将因此增加的收入变成国家收入的官员的奖惩问题，却只字未提。

不消说，康熙皇帝首肯的正是段曦的温和劝说方法。虽然实施的还是宽仁的政策，但是隐漏与其他的挪用和侵蚀赋税一起，构成了后来长久存在的问题。然而，当雍正皇帝从他父亲那里继承了帝国时，并不只是松懈造成了他所揭开的亏空。若真是这种情况，雍正皇帝从他继位的第一天起所采取的严惩与强化官僚纪律就足以解决中国的财政问题，18 世纪 20 年代的改革也将永远不会发生。当雍正皇帝向他接手的遗产即混乱的财政发动进攻之时，心中肯定没有野心勃勃的现成方案。一旦这场运动开展起来，它暴露出的清朝财政制度薄弱之处，比传统的政治经济的程式所承认的任何东西都远为深刻，它所需要的是根本性变革，而不是过去那种广为采用的缝缝补补和道德的说教。

---

[67] “隐漏”是指那些已经征收但并未上报中央政府的赋税，同时在法律上指已经耕种但未编审纳税的隐匿土地。

第二章

非正式经费体系

自自由贸易主义者和传教士第一次置身于中国社会之日起，西 25
方人就对中国抱有这样的形象：由腐败的官僚机构统治，“敲榨”和贿赂是常用的达到目标的手段。雍正皇帝掌握权力之初，他也视腐败为政府财政困难的根源。这样的分析，有可能除去西方人对中国统治制度的诽谤。具有讽刺意味的是，对于中国人来说，司空见惯的官场腐败促成了对财政制度不加批判的接受，这种财政制度早已远离了它所要服务的行政制度。如果政府的亏欠都是由邪恶之人的邪恶之举所造成，那么需要做的就是强化道德劝诫以及严惩最可恶的犯法者。正是通过这些手段，中国历代的改革者企图恢复整个官僚体制的健康和纯洁。

没有人否认中国帝制晚期充斥着财政的不法行径，也没有人会否认这些邪恶行径的主要受害者是普通百姓。然而，如果全然从中
国社会统治阶层的见利忘义来看待腐败，我们将会错过理解它为什 26
么在中国公共生活中起如此重要作用的机会。损公利己的人存在于

任何社会，操纵法定的税收，完全是中国官僚体制生存的需要，这种情形则远为有害。一旦这种做法被认可，看到它们的表现方式层出不穷也就无足为怪了。

一、清初的收入分配

清初的统治者是中央集权主义者。从关外进入关内，他们对于当地的习惯及需求知之甚少。当实施政策时，他们的目标是逐步实现政策的划一。他们采纳明朝的制度，这样做是为了加强政权的权威，这在财政领域最为显著。我们已经看到了明末“一条鞭法”改革对于弱化政府财政基础的作用。满族人接管了改革后的财政框架并加以改进，意在加强中央对于帝国所有资源的进一步控制，结果造成了各省和地方行政部门没有自己足够的收入来源。通过考察赋税收入在清初的分配，我们能够理解该领域内官员所面临的进退两难的困境。

赋税的存留和起运

中国 18 世纪初期的财政危机从根上讲不是帝制晚期税源增加不充分所造成的。税收是适中的，但它含有各种各样的直接与间接的赋税征收。除了占优势地位、基本上以银两为缴纳形式的地丁钱粮外，其他许多种不太重要的实物赋税也还保留着。① 除此之外，一些省份以实物的形式缴纳一定数量的漕粮，沿大运河用船运

① 其中包括征收豆子和喂马的草料，它们可能产生于明代向地方衙门的供应。

至京师。② 各种各样的间接税即杂税没有定额，政府可以分享地方商业的一部分利润。政府向特定的商品征税，比如竹子、棉花、酒、 27 猪和其他家畜，也向在中转地卸货或是当地或地区市场售卖的商品征税。不动产的交易需登记在案并征收过户契税，零售摊铺、当铺以及牙行也要缴税并发放执照。③

最重要的商业收入来源是盐课、茶税和关税。除了地丁钱粮外，这些构成了中国政府每年收入的最大部分。④ 而且，与地丁钱粮、杂税等由固定的县级官僚机构征收不同，这种税收的每一类都由专门的管理机构负责。负责征收盐课、茶税和关税专门机构的存在强化了中央政府对这些税收的控制，当然依据王朝的法律，上面提到的所有税收都是中央政府的财产。在有关财政事务的公文中，这些税收一起被称为“正项”，以与其他更具地方性、零星的赋税或是土贡以及那些正项税收自身的附加税区别开来。

所有这些赋税中，只有一种是各省及地方政府可以依法享用的，这就是地丁钱粮。在每个省的《赋役全书》中，地丁钱粮额划分为供各省使用的存留部分和解送到帝国京师的起运部分。因此，正是在存留的地丁钱粮基础上，我们来判断清朝收入分配制度是否合理。表 2-1 表现的是康熙二十四年（1685）存留与起运的分配情况。河南、山西、山东、江西、湖北、湖南、浙江的存留额很高，因为它们包含直接运送以资助税收总额小的邻近省份的赋税额。同样，其他如四川和云南存留的高比例，是因为它们极低的田赋

② 瞿同祖：《清代地方政府》，140 页。这些向朝廷供应漕粮的省是山东、河南、湖北、江西、江苏、安徽、浙江。

③ 瞿同祖：《清代地方政府》，144 页。

④ 王业键：《田赋在清朝财政中的重要性》，832 页。

收入以及没有其他任何的重要收入以供行政之需。因为这些存留还要进一步进行分配，所以我们从这些数据能得出最可能的结论是，所有地丁钱粮平均21%留给各省以供地方使用。

这并不意味着存留额是不可改变的。当直接税总收入增加时，各省存留额也相应增加。⑤ 事实上，在各省督抚提供的俸银和军需的数字基础上，每年都要制定存留额。⑥ 如此一来，为满足预支开销的特别增加，比如一个省驻军的额外开销，或由于下属行政单位升级所引起的俸银增长，都要进行数目的调整。也要留有经费以备不虞。可以从邻省得到额外经费资助，如果这些经费还不足用，还可以得到盐课收入或是直接来自中央政府的资助。⑦

28 **表2-1　康熙二十四年（1685）地丁钱粮的起运与存留**

（所有数字四舍五入到两）

省份	起运额（两）	存留额（两）	赋税总额（两）	存留额占总额百分比
江苏	2 836 593	1 141 923	3 978 516	28.7
直隶	2 881 108	562 500	3 443 608	16.3
山东	2 504 209	687 206	3 191 415	21.5
山西	2 678 779	338 510	3 017 289	11.2
浙江	2 188 575	732 054	2 920 629	25.0

⑤ 《大清会典》卷三二，《户部十·赋役二·起运》。可以将康熙二十四年与雍正二年的起运额与存留额进行比较。

⑥ 《钦定户部则例》卷十一，《库藏·春秋额拨》。

317 ⑦ 《钦定户部则例》卷十一，《库藏·春秋额拨》。陕西、甘肃的邻近省是河南和山西，最近省是山东和直隶。四川、贵州、云南的邻近省是江西和湖广，而最近省是浙江。如此，我们就可以明白，哪些省被视作每年经费短缺省份，而哪些省是有盈余的省份。令人感兴趣的是，江苏在资助其他省份时并非位列前茅，尽管赋税额巨大，江苏却常年遭受着欠赋和亏空（参见第六章）。

续前表

省份	起运额（两）	存留额（两）	赋税总额（两）	存留额占总额百分比
河南	2 268 602	445 055	2 713 657	16.4
江西	1 525 637	434 918	1 960 555	22.2
安徽	1 153 291	536 567	1 689 858	31.7
陕西	1 277 096	298 656	1 575 752	18.9
广东	1 006 377	139 718	1 146 095	12.2
福建	866 448	203 405	1 069 853	19.0
湖北	821 754	213 073	1 034 827	20.6
湖南	487 419	150 575	637 994	23.6
广西	243 211	89 311	332 522	26.8
甘肃	105 969	105 123	211 092	49.7
云南		174 818	174 818	100.0
贵州	61 692	1 524	63 216	2.4
四川	12 461	29 535	41 996	70.3
总计	22 919 221	6 284 471	29 203 692	21.5

资料来源：雍正《大清会典》卷三二，《户部十·赋役二·起运》。

虽然如此，存留经费的弹性仍极其有限，紧急情况只限于重大灾荒和战争，对于地方政府面临的日常行政经费的紧缺，则丝毫无补。这种窘境常常发生，部分原因是留给各地方的经费份额太少。 29
同样重要的事实是，这些经费仅用于指定的用途，并且它们还要受到新近创立的奏销制度的严格监控。

地方行政经费匮乏

全部地丁钱粮有 21%拨给了地方，这一计算结果掩盖了有关存留额的令人吃惊的事实。实际上，这些经费的绝大部分根本不是用于地方开支。

清代存留钱粮用于三大类：军费、驿传体系和地方开支。直到不久前，还只是可能对每一种支出所占比例做出粗略的估计。但是，随着北京的明清档案向外国学者开放，我们可以考察现存的奏销册，弄清楚康熙晚期地方收入分配的准确情况。

我们寻找到的仅有的完整奏销册是报告康熙最后一年山西地丁钱粮的情况。这一奏销册特别有价值，它逐县记载了存留地丁钱粮划拨每一类开支的数额。山西的统计显示出军需开支占存留钱粮的比例之高出人意料，如果再加上维持驿站的开支——这是县里和省里都必须担当的责任⑧——我们会发现在所有供地方使用的地丁钱粮中，超过84%是用在了主要关乎中央政府利益的支出上。⑨

我们考察由“地方经费”担负的支出种类时，会看到对地方财政的约束更为明显。这些支出种类是十分确定的，除了官俸外，存留经费还包括役食、祭祀、廪膳以及孤贫的费用。⑩ 表2-3“地方开支”栏数字的变化幅度很小，很显然这些建立在行政单位类型之

---

⑧ 《大清会典事例》卷一六九，《户部·田赋·起运》；《钦定户部则例》卷九，《田赋三·护解钱粮》；《钦定户部则例》卷十，《库藏·库存款目》。尽管不一定能揭示清初的开支情况，但应注意的是在嘉庆二年（1797），直隶总督抱怨该省仅驿站一项每年的开支就超过610 000两。《宫中档》嘉庆3194，梁肯堂，嘉庆二年九月二十四日。

⑨ 军事开支的重要性对于中央政府来说不言而喻。各省满汉驻军的供应、薪俸以及兵饷几乎都是来自赋税的存留部分。维护驿站、喂养驿马，以及支付守卒、人夫、马夫，对于中央政府有着同样重要的意义。正是通过这些驿站，政府在它和各省代理人之间接收和传递所有的紧急信息。赋税沿驿路解运，巡视的官员以及典试各省的官员也由各驿站护送。

⑩ 《钦定户部则例》卷九，《田赋三·护解钱粮》。《奏销地丁钱粮事文册》，见《内阁大库现存清代汉文黄册》，第501号。

上的拨款是固定的。

表 2-2　　康熙六十一年（1722）山西存留地丁银 30

地丁总额（两）	存留额（两）	存留额占总额的百分比	存留额种类百分比			地方开支额占总额的百分比
			军需	驿站	地方开支	
2 792 578	848 947	30.4	65.63	18.54	15.83	4.8

资料来源：《奏销地丁钱粮事文册》，见《内阁大库现存清代汉文黄册》，第501号。

表 2-3　　康熙六十一年（1722）山西十五州县存留地丁银 31

州县	地丁总额（两）	存留额（两）	存留额占总额的百分比	存留额种类（两）			地方开支额占存留额的百分比
				军需	驿站	地方开支	
襄陵	48 825	14 745	30.2	10 768	2 450	1 527	10.4
平陆	18 792	7 218	38.4	3 920	2 011	1 287	17.8
河津	37 024	8 694	23.5	4 598	2 351	1 745	20.1
太古	40 163	5 477	13.6	1 775	2 143	1 559	28.5
稷山	51 232	11 120	21.7	7 491	2 375	1 254	11.3
定襄	18 200	7 454	41.0	5 229	1 095	1 130	15.2
解州	27 711	6 532	23.6	4 053	1 240	1 239	19.0
大宁	6 102	3 735	61.2	2 488	169	1 078	28.9
芮城	36 031	8 108	22.5	4 369	2 032	1 707	21.0
乡宁	11 412	3 094	27.1	1 043	846	1 205	38.9
沁州	16 260	6 324	38.9	3 787	1 120	1 417	22.4
兴县	12 786	3 883	30.4	2 145	581	1 157	29.8
武乡	14 769	5 246	35.5	4 470	—	776	14.3
保德	4 790	1 968	41.1	610	172	1 186	60.3
屯留	26 094	12 694	48.6	9 006	2 297	1 391	11.0

资料来源：《奏销地丁钱粮事文册》，见《内阁大库现存清代汉文黄册》，第501号。（限于篇幅，不能将该省所有州县一一开列，这里列出的是十五个随机选出的州县，平均存留钱粮稍低于全省平均数，这说明了用于地方开支的存留额比例略高一些。）

如果说一个行政单位的大小和公务的繁杂程度可以通过它的地
32 丁钱粮总额加以反映的话，所允许的存留比例（就是表2-3“存留额占总额的百分比”“地方开支额占存留额的百分比”），显示出划拨的经费与州县的行政需求几乎没有什么关系。大的州县有着更多的人口和更高的生产力，但在钱粮的总支出方面，与那些更为偏僻和落后的邻近州县相比，用于地方开支的比例反而更小。

作为合法的用于地方政府各部门的全部行政预算，这些数字已经很小了，但是，即便是这些数字也不见得全部用于地方。出于奏销的目的，全省的大部分存留钱粮已被州县扣减。[11] 也就是说，每一州县平均1 500两的地方经费也包括了所有上级部门的支出份额。在扣除了它们自己的配额后，大多数州县似乎将所在府的经费部分直接解送至该府的治所。[12] 接着，剩余的赋税款解送到省里的布政使，他将完成留存收入向更高政府部门的分配。

存留经费所包括的第三类款项也是含糊不清的，通常称为经费杂支。这些经费的大部分储存在藩库，用于紧急情况以及不太重要的支出。发生严重灾荒时，存留经费用于赈济，一个省有时用这些经费购买粮食以赈济邻省。[13] 清初，在向京师解送正项钱粮时，允许使用一定百分比数的正项钱粮，这称为脚价。康熙二年（1663），

---

⑪ 不清楚《大清会典》对此是如何编纂的，但当我们考察实际的奏销册时就会有所领悟。山西的情况是，将州县扣除的所有存留加在一起，正好等于该省在簿册里先前开列的存留总数。这也可以从河南布政使的奏折得到证实。该布政使声明，巡抚、布政使、按察使以及每个道员和知府衙门的衙役工食都是从拨付每个州县的存留银中扣除的。《朱批奏折·财政·经费》，河南布政使徐士林，乾隆元年八月初九日。令人遗憾的是，清初大部分奏销册已损坏无存，不可能对此进行核对。

⑫ 参见《安阳县志·田赋志》，15页。

⑬ 参见《雍正朱批谕旨》，田文镜，雍正二年十一月初二日。上谕下达户部，命河南使用藩库里的经费购买粮食运往苏州出售，以平抑那里的米价。

脚价也扩展包括了向外省解送军费的费用。⑭ 有时，正项钱粮也用于修理仓廒、开矿和其他特别的支出。⑮

正项钱粮的上述支出，总的来说对于省里显然有益。除去赈灾外，地方政府所受的影响不那么直接。不由中央正项钱粮支付的各省工程常常由每个州县的地方官捐助。反过来，他们常常通过对当 33
地百姓加征，以筹集所需的数额。故而存留的存在至少减轻了地方某些增税所带来的负担。但是，全省各级官僚依然要面对日常行政事务中所需的相当可观的开销。

山西当然不能视为整个帝国的缩微体，然而除了作为仅有的存留额完整地得以保留的省份外，它的钱粮额居于全国地丁钱粮额中间水平，这是作为考察对象的有利条件。存留额在地区间的分配的确存在着变化。表 2－1 显示出江苏不同寻常的正项钱粮的高存留比例，对康熙三十二年（1693）苏州府奏销册的考察则加强了这种印象（参见表 2－4）。江苏的州县不仅得到了用于水利的专项存留经费，而且分配供地方使用的数额在整个帝国中也是最高的。有些情况或许能解释这一问题，宫崎市定的研究显示，苏州府拥有一支在

---

⑭ 《大清会典》卷三二，《户部十・赋役二・起运》，康熙二年题准。称之为 318
"水脚"的运费在康熙二十八年（1689）拨付作为运输染料之用，以运输数目和距离京师远近而定。1725 年增加了大部分省份用于这些运输的经费额。《大清会典》卷三二，《户部十・赋役二・起运》，康熙二十八年覆准，雍正三年议准。

⑮ 《宫中档》12533，云南总督高其倬、云南巡抚杨名时，雍正元年十二月二十日；《雍正朱批谕旨》，田文镜，雍正六年三月初四日。1726 年，田文镜接到户部转发的上谕，令地方官向上司报告年久失修和坍塌的仓廒情况。上司派人检查仓廒并估算维修费用。这些数字报部，户部将拨付正项收入予以抢修。在那些仓廒极少或是将粮食在露天或寺庙院落存放的州县，州县官要上报，请求巡抚调查并向部上报建造新仓廒的数目。

编的、数目极为庞大的衙役队伍。⑯ 考虑到江苏在清初是经济与赋税征收中心，这就不足为奇了。而且，苏州的那些官俸、工食、祭祀、孤贫和其他杂支经费的数字很可能包括了属下机构向该地区的专门机构（著名的有帝国的盐政和织造衙门）的捐助款额。即使如此，苏州以及整个江苏的官员和中国其他地区的相比，财政上的压力确实要小一些。⑰

如果我们寻找一个南方省份与北方的山西做比较，江西则较有代表性。问题在于江西奏销册中没有将存留中的军需开支单独开列。然而，如果我们考察江西“地方经费”在全部地丁钱粮收入中的比例，得出的数字是6.8%，仅比山西的4.8%略高。当我们考察州县存留细目时，这种相似性则更为明显。以九江府为例，该府经济繁荣，它的存留部分应该比山西全省平均数要高，但实际上地方开支能得到的经费仅比山西的高100两。而且，从这里也可以看出，一个地方存留额的多少并不与该县自身的大小和公务的繁杂程度成正比。

34 **表2-4　康熙三十一年（1692）苏州部分州县存留地丁银**

州县	地丁总额（两）	存留额（两）	存留额种类（两）				地方开支额占总额的百分比
			水利	军需	驿站	地方开支	
太仓州	128 706	21 176	763	11 559	1 720	7 134	5.5
长洲县	205 113	32 968	1 521	16 069	4 592	10 786	5.2
吴县	87 741	22 246	657	9 353	4 197	8 039	9.1

⑯ 宫崎市定：《亚洲史概说》，389～390页。

⑰ 这可能解释了雍正皇帝为什么同意在这一地区推迟他的地方财政改革，直到有关地方赋税征收的更为紧急的问题得以矫正后才开始进行。参见第四章。

续前表

州县	地丁总额（两）	存留额（两）	存留额种类（两）				地方开支额占总额的百分比
			水利	军需	驿站	地方开支	
吴江县	205 136	39 212	1 275	21 921	7 532	8 484	4.1
常熟县	199 798	31 877	1 417	22 989	345	7 136	3.6
昆山县	180 514	30 390	1 275	20 062	1 166	7 887	4.4
嘉定县	269 766	27 813	1 302	18 014	437	8 060	3.0

资料来源：《苏州府属额征起存地丁本折钱粮督催经征各官职名完欠分数文册》，见《内阁大库现存清代汉文黄册》，第 572 号。

表 2-5　康熙六十一年（1722）江西存留地丁银 35

地丁总额（两）	地方开支（两）			驿站（两）	地方开支额（两）	地方开支额占总额的百分比
	衙门开支、官俸和工食银	学子膏火银	慈善事业			
1 979 410	124 194	4 197	7 566	108 171	135 957	6.8

资料来源：江西巡抚裴律度《户部项下地丁民屯起存钱粮并屯丁奏销文册》，见《内阁大库现存清代汉文黄册》，第 699 号。

表 2-6　雍正元年（1723）江西九江存留地丁银 36

县	地丁总额（两）	地方开支（两）			驿站（两）	地方开支额（两）	地方开支额占总额的百分比
		衙门开支、官吏俸工银	学子膏火银	慈善事业			
德化	14 515	1 748	120	144	6 528	2 012	13.9
德安	14 027	1 349	40	70	3 379	1 459	10.4
瑞昌	11 141	1 229	40	40	732	1 309	11.7
湖口	18 669	2 202	40	24	1 507	2 266	12.1
彭泽	18 323	1 677	40	18	2 100	1 735	9.5

资料来源：《大出黄册》，第 2876 号（封面缺）。（该黄册前面的部分，开列该省所有的收入，已遗失无存。不过，将这一黄册和上一年的比较［参见表 2-5］，可以得到 18 世纪 20 年代初江西赋税相当完整的情况。）

二、地方政府的财政需求

地方政府的开支

37 即便是最廉洁的地方官员也会发现，在这种收入分配制度下施政是很困难的。尽管全部存留经费中包括了官俸这一项，然而用于此的数目极小，既不敷生活之需，也不足行政之用。然而，如前文所述，再加上衙役工食银，这些差不多就是地方政府文职官员全部合法的、可以支配的仅有经费。

官员薪俸的多少取决于官品的大小。官员品级划分为 9 等，每一等包括两个级别（参见表 2 - 7）。衙役的工食银相当低，平均每年 6 两，尽管有专长的衙役一年可以有 12 两。⑱ 全国各级政府中的官员和胥吏的数目相当地一致，因此看到帝国各处用于地方开支的
38 存留数字几乎一样，也就不足为奇了。

地方经费过低使得所有的官员要厉行节约。然而，做官要讲排场，还需要资助许多亲戚，养活仆人以及伴随官员上任而来的长随等人，实际上不可能有真正的节俭。鄂尔泰，这位以廉洁闻名的杰出总督，他估计仅生活开支每年就需要 6 000 两。⑲ 甘肃巡抚许容计算他的生活开支是每年 5 000 两，再加 405 石粮食，后者从他的老家运来。⑳ 低品级官员的花销无疑要少些，但那些微薄的俸银还是远

⑱ 《安阳县志・田赋志》；宫崎市定：《亚洲史概说》，389 页。
⑲ 《雍正朱批谕旨》，两广总督高其倬，雍正九年十一月初九日，朱批。
⑳ 《雍正朱批谕旨》，甘肃巡抚许容，雍正七年三月十二日。

远不够的。

除了自己的生活开支外，每个地方官员都有一群数量可观的属员要养活。因为在设定衙役数额的时候，许多行政事务当时仍然是由当地百姓作为劳役来完成的，因此由政府提供工食银的衙役数目不能满足地方行政的需求。随着人口增长、行政事务成倍增加，大多数州县发现需要增加额外的人手。到了18世纪，河南安阳县仅衙役工食银一项就超过1 700两，其中仅有一部分是来自地方的存留拨款。㉑

表2-7　　清代官员的俸银　　单位：两

官品	俸银	职官（释例）
正一品	180	大学士
从一品	180	总督
正二品	155	河道总督
从二品	155	巡抚、布政使
正三品	130	按察使
从三品	130	盐运使
正四品	105	督粮道、盐法道、道员
从四品	105	知府、内阁侍读学士
正五品	80	同知、直隶州知州
从五品	80	各部院员外郎
正六品	60	内阁侍读
从六品	60	知州、州同
正七品	45	经历（按察司衙门）
从七品	45	知县
正八品	40	县丞、县学教谕
从八品	40	县学训导
正九品	33	县主簿
从九品	31	知事

㉑　《安阳县志·田赋志》；《雍正朝内阁汉文题本·贪污》，第558盒，第0026号。

至少有一些衙役从省里存留地丁银中得到工食银，但各级衙门雇用的数量庞大的书吏却没有经费来源。清初一个县可能拥有数百乃至上千的书吏。㉒ 书吏一般分为两组轮班，每次每班封锁在衙门内10天，为的是将他们与公众隔离，减少执行公务时腐败的发生。在封锁期间，不但须向他们提供心红纸张等业务上所需的文具，而且还要有食物、水、柴、灯油等生活必需品。㉓ 大多数官员也有一定数量的幕友，他们精通法律、钱粮以及行政管理，有很高的社会
39 地位，受过良好的教育，薪水常常多于政府给官员本人的俸银。州县官所聘请的一个幕友一年约得银100两，供职于大员的幕友的薪水会更高。㉔ 这自然会造成官员财政的紧张，但幕友被认为是官员行政班子不可或缺的部分。每个州县官至少有两个幕友，对于大员而言，他聘请十个幕友也不算稀奇。

工食银、心红纸张、柴薪、食物等是维持行政运作的“原料”，可以视作衙门“内部”的开支。然而，地方官员的职责与支出并不限于衙门内。一个官员甚至是在走马上任前，为支付他的家口和随员向遥远目的地迁移的巨大花销，可能就已负债累累。㉕ 除此之外，还有州县官或是他的代表在其辖区内、衙门以外出

㉒ 宫崎市定：《亚洲史概说》，324页。正是从这一点，我们开始看出帝国各县间管理支出的真正差异。赋税额高就要求雇用更多的书吏和衙役，但存留额并没有提供这些人的薪酬。

㉓ 参见《雍正朱批谕旨》，鄂尔泰，雍正五年十月初八日；《雍正朱批谕旨》，许容，雍正七年三月十二日；《雍正朱批谕旨》，陕西巡抚张保，雍正五年八月十六日。另外，必须给书吏固定的薪酬或是允许他们为完成任务而征收费用。

㉔ 宫崎市定：《亚洲史概说》，330～331页。宫崎市定的估算依据的是汪辉祖的《佐治药言》。对于清代幕友更为细致的讨论，见缪全吉：《清代幕府人事制度》。

㉕ 参见第七章对于在火耗归公改革实施后，向官员借贷以偿还赴任支出问题的讨论。

巡时的盘费、食宿费用。[26] 省内的赋税解送由征收它们的机构承担，也就是说由州县和各类专门商业税收机构承担。同样，省内大多数官员间的联络由负责递送信息的官员承担。[27] 由省内存留收入提供经费并配备人员的官方驿站，并不是为了方便地方官员间的联系。

所有这些费用在一省或一县的实际维护支出面前会“黯然失色”。皇帝会赏赐各省建造夫子庙、牌坊以及御书匾额，但是他将这些东西留给它们所在的地区进行维护。中央政府资助重大的水利工程，但是 17 世纪和 18 世纪初更小规模的堤坝及灌溉事业却是地方动员，运用地方经费与劳力来完成的。[28] 修葺衙门、城垣、仓廒以及那些并不在重要驿路之上的桥梁道路都不得不采取同样的方式。甚至赈灾也时常是地方官员设法办理之事，而他们的合法收入使他们很难帮助灾民或是防灾。[29]

户部的簿册充斥着收支失衡以及不太走运而被抓等待审讯的官
员名册。有时，自然灾害会打乱地方百姓“父母官”的精打细算。 40
41 岁的重庆举人何轼的情况并不少见。[30] 1715 年何轼被任命为浙江省宁波府鄞县知县，他在任将近 9 年，表面上并无不谨之处。然而

㉖ 法律要求官员自费巡视，当然在雍正改革以前大部分官员都将这些支出转嫁到下属或是出巡地区的百姓身上。参见《雍正朱批谕旨》，福建总督刘世明，雍正七年十一月初七日；广西巡抚金铁，雍正十年元月十二日。

㉗ 《雍正朱批谕旨》，许容，雍正七年三月十二日。

㉘ 参见《雍正朱批谕旨》，田文镜，雍正五年八月初四日和雍正三年六月初十日。 319

㉙ 《雍正朱批谕旨》，山东巡抚黄炳，雍正元年十二月十三日；《雍正朱批谕旨》，田文镜，雍正五年八月初四日。

㉚ 《雍正朝内阁汉文题本·贪污》，第 569 盒，第 0110 号。中国第一历史档案馆收藏着有价值的贪污弹劾案的内阁题本。尽管许多是残破的，但有一些案件有完整的细节过程，包括官员、属员和当地居民的问讯记录，不仅揭示了地方政府实际的运作情况，而且对于理解地方社会结构也是有用的资料。

1723 年，他被弹劾侵贪地丁钱粮银 7 882.6 两。由何鈇的陈述可知，他的问题源于管辖地区的贫困。该县沿海，农业落后，许多居民以捕鱼为生。要使他们以白银缴税过于困难，因此何鈇允许他们用地方上流行的交换媒介铜钱纳税。该县在经济上太落后，为了将这些赋税解往藩库，何鈇不得不将铜钱送往另一个县的市场换成白银。意想不到的是，宁波府知府前来盘查县库，发现少了那些正在兑换的 3 224.7 两白银。这是何鈇第一次遭到弹劾。

何鈇派出之人返回后，缺口经费立刻得到补苴，何鈇的审理者认可了他关于这些经费的解释。可是，当何知县开始赈济本地灾荒时，他的真正麻烦开始了。1721 年严重干旱，收成极坏，第二年是同样的干旱。这块沿海贫瘠的土地上从不产早稻，而 1722 年的晚稻又绝收。粮食奇缺，情急之下，何鈇将本应解往中央政府的 2 217.9 两税银拿出，从该县富户购买稻米以稳定物价。不幸的是，他管辖之下的许多民户太穷了，即便是降价的粮食也买不起。他下令每个遭灾地方逐一登记极贫困者，将这些稻米按成人 1 斗、小孩 5 升的标准直接赊给百姓。这些支出的稻米来年由接受赈济者偿还。

在该年随后时间里，河道干枯挫伤了外地商人向该县输入稻米的积极性，何鈇更加关心稻米的短缺问题。他请求上司敦促商人从
41 苏州带来更便宜的稻米，自己也拨出 2 380 两地丁钱粮银派人前往苏州直接购买 1 700 石稻米来县售卖。宁波知府的代表又一次不合时宜地盘查仓库，弹劾何鈇犯有侵贪罪，但是因为这些稻米最终售出并且银两返还了仓库，他的擅动之举得到了宽恕。事实上，如果两年的干旱后不是紧跟着 1723 年海潮的话——这次海潮使百姓已不可能补上 2 217.9 两往年所借的赈济稻米——何鈇还是有可能免于

被查办的。结果，何轼被迫变卖个人财产向中央政府偿还本应递解至京却已用于赈济的税收。[31]

何知县的故事仅仅是中央甚至未能提供最基本赈灾手段的诸多故事中的一个而已。尽管如此，如果何轼依最初计划处理正项钱粮，如果宁波知府发觉鄞县仓库暂时的亏短而未行揭参的话，何轼就可能免于审查。当我们关注到四川遂宁县知县庄承祚的例子时，就会发现更为紧迫的问题是，知县对于这种支出不报有偿还的希望。

庄知县大概还不是我们能看到的清初官僚中最不走运的人物，多项渎职指控是关于他非法加派的。[32] 庄承祚可以澄清部分指控，只要向人们展示说，在遂宁县流通的白银只有七八成的纯度，因此缴纳赋役时每两不得不额外征收一些。然而，他仍然必须对康熙五十九年十二月至雍正元年年中被弹劾时为止，解送到县里的所有赋税加征10%承担责任。庄承祚的辩词读起来犹如经费严重短缺的地方政府的一份冗长枯燥的支出清单：

> 通共得过加耗银二千一百六十七两一钱。这三年内，发过衙役工食银三百二十两四钱，修城楼城墙用去银二百三十八两四钱三分，修理监狱用银一百二十六两三分五厘，建造义学用银一百四十八两七钱八分，修盖文庙用银四百八十二两四钱九分五厘，修盖城隍庙用银一百四十九两九分五厘，建盖 42
> 养济院用银八十二两四钱七分，修盖县署用银二百一十两七钱

㉛　这份题本的结尾部分缺失，但何轼也似乎承担从其他地区购米以平抑鄞县米价的300两运费。为此雇用了15艘船，每艘付船工工钱4两。另外，需要3 000条麻袋以运送大米，每条的工钱和料钱为8分。

㉜　《雍正朝内阁汉文题本·贪污》，第558盒，第0026号。

三分，修盖常平仓用银五十二两五钱四分。[33]

除此之外，庄知县拨款210.7两在西眉镇建造一座新的石桥，63.27两维修县城南门外的大石桥，39.31两修缮忠良祠，24.6两建造下码头渡船一只，37.8两用于渡夫的工食银。总支出达2 169.66两，超出知县自己“加派”额1两多。当调查者再次指控他以这些修葺作为额外加派的借口时，庄知县指出，上面的所有这些事情是地方官员分内之责，即便没向他们提供经费：

> 若要犯官捐修，实没力量；若任其倒坏，又乖职守。故此，犯官加耗原是以公完公的意思，通县绅衿百姓都晓得的，犯官没有分毫入己。[34]

正式的收入分配制度不足以提供诸如小规模的赈灾、城市修建、县衙雇用足够的人手等基本的经费，这令地方官员除了谋求其他的手段外别无选择。当然，一旦这些方法付诸实施，就极易扩展到为个人牟取私利。地方官员离任而未受过任何处分，那是不可能的。如果他将开支局限于省内的存留预算，那么该县肯定会遭受苦难，知县也必定因疏于职守而被参劾。如果不囿于预算，他就会因腐败和侵吞而被参劾，并面临被流放到帝国边远地区的惩罚。即便是中央政府认可了他为公共目的而使用未经认可的经费，负有责任的官员还是要被迫变卖财物以弥补他使用不当的数额。[35] 中央政府自己

---

[33][34] 《雍正朝内阁汉文题本·贪污》，第558盒，第0026号。

[35] 户部在1714年和1720年发布法令，如果官员因挪或侵造成亏空，将处以流刑。如果亏短的款项在一年内补足，则得以开复。可见山西清源县知县李璠的例子，他挪用正项钱粮2 932两用于赈济，购进驮畜以及向微员支付薪水。《雍正朝内阁汉文题本·贪污》，第570盒，第0134号。

将非正式的需求置于各省可怜的存留钱粮之上，使得地方官员难以恪尽职守。 43

更高层次的需求

各省征收的全部地丁钱粮差不多80%归中央政府所有。然而，这并没有阻止京师甚至经常拒绝给予地方官员足额的存留额，有时采取直接没收的方式。在平定“三藩”期间，军费开支甚巨，以致各省正项钱粮的绝大部分有一段时间甚至包括官吏的俸工银都被朝廷征用。[36] 更为常见的是，地方官员在留出自己的存留额之前，必须向中央政府解送足额的起运数目，这样的规定造成了存留额的削减。[37] 因歉收、无效管理、包揽或是逃税，所有的州县都有赋税的亏短，没有官员能够逃脱经费的短缺。试图走出赋税拖欠境地的官员面临的困难是：全部或部分失去划拨给自己的经费，全部或部分失去他必须依赖的用于征税的衙门雇员。有一种情况，官员甚至负有向中央政府赔偿因征税的土地成为不毛之地以及居民逃亡而造成的不能征收的部分税额的责任。[38] 如此一来，当赈济、垦荒或是平息百姓骚乱需要额外经费时，朝廷就期盼官员扣除他们自己以及属下的薪俸以充实中央的银库。

㊱ 陈登原：《中国田赋史》，222页；王业键：《清雍正时期（1723—1735）的财政改革》，50～53页。陈登原所引出自《东华录》，康熙八四，也见《宫中档》4520，山东巡抚黄炳，雍正元年十二月十三日。黄炳说，康熙年间有人请求捐助俸工银以弥补山东亏空，但这从未实施过，因为俸工银已彻底停发。

㊲ 这一法令颁行于1662年。《大清会典事例》卷一七〇，《户部》，康熙元年。

㊳ 《大清会典事例》卷一七〇，《户部》，乾隆元年上谕。这一名为“扣荒”的做法，在乾隆时期成为争论的主题，它至少可上溯至康熙时期。乾隆皇帝并不反对这种做法本身，而是反对通过将知府及以下官吏俸工银充公以弥补亏空的惯例，他下令 320
应扣取省里所有官员的薪俸，除了那些报酬极低的杂职和教职官员。

对各省存留的直接蚕食并不是中央政府给地方财政带来的唯一问题。清朝创建的为保证中央对地方开支进行严格监督的奏销程序所带来的腐败和它要防止的一样多。奏销制度要求对专项支出有精确的拨款，因为很多行政经费都是许多年前的预算，因此该制度本身就有一定的僵化成分。当预算经费不足时，官员不得不从其他来源预支经费。[39] 因为这种预支不合法，所以官员会从另一处借款以
44 弥补短缺，如此形成连锁反应。在这种情况被发现前，一个官位上可能已换了数任官员，到时已不可能找出最初的责任人。

奏销制度给地方官员带来的另一个困难是部价问题。户部制定了价格，地方官使用正项钱粮依此购买货物运往京师，以及支付军队的物资与劳役、水利及道路工程，维持驿站运转。当市场价格低于部价时，官员可以从这种购买中净得利润，但是当部价被低估或是价格波动巨大时，官员的负担会是巨大的。在帝国的驿传体系中，喂养驿马和看马驿卒的费用各地差异巨大。弥补真实花销和这些支出预算间差价的职责就落在了各地方的官员身上。[40] 许多工程项目同样存在这一问题，一旦预算确定，原材料的开支可能会有变化，天气状况可能延缓工程进度，也可能发生不可预见的工程问题，但是最初的拨款常常保持不变。超支现象极为普遍，以致官员宁愿寻找理由通过捐献和非法加派使得经费宽裕些，也不愿将自己陷于因存留拨款管理不善而被纠参的境地。[41]

布政使要比地方官员拥有更多的存留额，但极少同意用以补充

---

[39] 《宫中档》2966，直隶霸昌道高淳，雍正六年十二月初七日。

[40] 《宫中档》2966，直隶霸昌道高淳，雍正六年十二月初七日；《安阳县志·田赋志》。

[41] 《雍正朱批谕旨》，田文镜，雍正二年十一月二十日和雍正三年三月初三日。

地方事业的开支。州县地方官在因自然灾害延迟赋税征收的情况下，可以从藩库借支经费。然而，这一名为“借给”的程序，仅适用于地方官员无力支付官员俸银、衙役工食银以及其他固定的存留支出款项，尤其是在祭祀经费短缺的场合。没有多少应急经费扩展至地方政府更为实际的用途，比如桥梁和道路的修建。此时甚至布政使也被相同的管理所有存留开支的规章所束缚。布政使不得不提交和修订开支估算数目，所有的拨款在支出之前都必须征得户部同意。[42] 45
户部经常拒绝这样的提议或是减少批准的开支。布政使对自己仓库即藩库存留银两几乎无处置权可言，他同巡抚一道，常常对户部认为是错支的任何款项负有弥补责任。

户部对于地方税收资源有着更进一步的需求。在向户部上报的过程中，帝国每个行政区存留银两都有一部分被户部不合法地截流。从表面上看，这一部费是自愿的捐助，用以弥补户部的办公和胥吏开支。事实上，离开了部费，任何官员都别指望能通过奏销；如果呈送了部费，许多情况可以蒙混过关。[43] 中央政府行政管理中不恰当的经费，就这样和地方脆弱的财政基础一道破坏了官员的操守以及朝廷采取的、精心设计的、用以防止在向京师解送赋税过程中发生腐败和亏短的防范措施。

官员捐俸的出现，是地方官员试图平衡各省行政需求和财政制度要求所面临两难境地的一个明证。最迟在康熙晚期，低级官员及衙役被督抚和布政使逼迫，将中央政府给予他们俸工银的全部或部

---

[42] 《钦定户部则例》卷十一，《库藏·藩库出纳》。

[43] 《大清世宗宪皇帝实录》，雍正元年正月甲午，上谕内阁。地方在与工部和刑部打交道时也缴送同样的费用。

分解送省城，这已经习以为常。[44] 各省的当权者将其中的一部分用于正式存留无法支付的专项工程的开支。河南巡抚田文镜上报说，1706 年开始疏浚贾鲁河的时候，地方官员和衙役的俸工银为该工程共筹措银 29 000 两。[45] 1719—1720 年，向山东三个府的灾民施舍米粥的事件稍有不同，当时从省内各仓拿出 117 000 余石粮食，这些全部由地方官吏的俸工银加以补苴。[46]

为剥夺俸工银辩护的最常见理由是为弥补省内的亏空，这种做
46 法之所以盛行可能是皇帝对此颇为赞同。因为州县要求在扣除他们自己的存留银前要先解送中央政府的份额，因此将出自存留部分的俸工银捐献出来在一定意义上说是财政制度的内在需求。1706 年当康熙皇帝斥责河南官员上报该年欠赋超过 400 000 两时，捐俸的做法得到了他的支持。很显然，皇帝并不将这些亏缺视为欠赋，他指责河南官员伪造簿册，希图能豁免大量赋税。相反，如果说河南的亏缺是河南官员无能所致，那么康熙皇帝认为这些官员用他们自己的俸银和属下的工食银承担弥补责任才是唯一正确的做法。[47]

对于督抚而言，捐俸是平衡省内账目不可或缺的一种手段，户部对于这种方法也很宽宏大量。巡抚张伯行获准使用 1710—1712 年的俸工银弥补江苏的 150 000 两亏空。[48] 在云南布政使任上，李卫上报说，未获得户部通过、相当大笔的军费现正用捐俸加以弥补。[49]

---

[44] 宫崎市定对捐扣俸工银做了详细的研究，见《雍正帝禁捐俸工银研究》。

[45] 《雍正朱批谕旨》，田文镜，雍正五年八月初四日。该工程总开支超过 200 000 两，其中大部分向当地百姓征收，还有来自当地富户的捐助。

[46] 《雍正朱批谕旨》，山东巡抚黄炳，雍正元年十二月十三日。

[47] 《皇朝食货志》卷二，《赋役五》，康熙四十三年。

[48] 《雍正朱批谕旨》，鄂尔泰，雍正元年十一月二十六日。

[49] 《雍正朱批谕旨》，李卫，雍正二年九月初六日。

捐俸减轻了各省大员赔补某些亏空的个人责任，同时这种做法克服了奏销制度内在的僵化。然而，它是以牺牲地方官员的利益为代价的，他们不得不承受又一个对于他们来说本已菲薄的合法收入的侵夺。

三、清初财政的非正式经费体系

短缺是中国帝制晚期每个地方官员生活的组成部分。然而，整个 17 世纪和 18 世纪的初期，河道在疏浚，城垣在修葺，桥梁在建造，道路在修缮，司法公正，秩序井然，穷人得到帮助，作为公共财政最大消费者的官僚集团，继续发挥积极作用。满族统治下的中国绝不是一个福利国家，也不是由一个特别积极主动出击的政权统治着。但即便如此，清初政府取得的成就，还是远远超出了正式税收和财政制度的支撑能力。

所有正项钱粮都是中央政府的财产，收入分配的规定总体上不 47
能够满足地方行政需求，因此地方官员不得不在别处寻求额外的经费。有来自有影响的富户的捐助，同时也有来自有地位的个人和家族的独立捐助，然而，这些总捐助额与每年地方政府的巨额支出相比仍很小。同时中国也没有发展出自己的支持公共财政的大型金融机构，无法从中获益。最后，中国地方官员只有两种选择：或是一点点地挪用中央政府本用于其他用途的款项或已确定解送中央政府的那一部分经费，或是在征税过程中或市场交易中从百姓那里榨取所需的经费。

到了18世纪，利用以上两种方式的中国地方政府已经演化出一种复杂的非正式经费体系（the informal system of funding）。与正式的财政管理相辅相成，它是非正式的，仅仅是因为它不是收入分配法定制度的组成部分。同样，进入这个体系的钱和物并不听命于任何上级机构的控制。获取它们的大多数方式是非法的，但是在全国规模来看，非正式经费体系并不是简单的、已经制度化的腐败，尽管参与这一体系的许多人无疑会从中牟取私利，但它的存在基本上是对中国帝制晚期的财政无法向官员提供履行职责手段的一个回应。至少一个世纪以来，非正式经费体系很好地填补了这一缺口，以至于政府里的许多人拒绝承认正式的财政制度所产生的种种问题。

州县官

作为最亲民的官员，州县官肩负的主要职责是将乡村的财富输入地方政府的仓库。是州县官征收了包括地丁钱粮在内的帝国大部分税收。州县官也是当地商业执照与文契的发行机构以及商业税的
48 征收者。他们编审赋税和人丁，收集地方富户的捐助，有的时候还监督盐、茶等政府专卖商品的销售。同样，被任命管理一州一县的官员处于独一无二的位置，可以操纵合法的赋税制度，创造超越法律、保证庞大中国官僚机构运作的收入。

少有州县官从百姓那里公开掠夺大笔的钱财，他们所使用的方法要远为精妙，从任何一个来源所得的数目常常都很小。取得额外税收的两种最常用的方法是加派（也称私派、科派）和“征多报少”。

加派并不总是偷偷摸摸的，当开展福利性公共事业，尤其是灌

溉或是疏浚工程时，常常会依当地百姓拥有的土地数量征收一部分经费。[50] 云南地丁钱粮收入很少，因此巡抚下令所有州县在正项钱粮的基础上加收固定额数以维持政府的运行。这一加派名为“公件”，刻在石头上，防止发生更多的勒索。[51] 大多数州县以耗羡的名义进行征派。这种耗羡，当征收漕米时称为耗米，当征收银两时称为火耗或耗银，从起源上可追溯到弥补谷物腐烂或是为解送京师而将银两熔为大块银锭过程中的损失。[52] 我们将会看到，至 17 世纪末，在一些省份，这些加派已达到了原来赋税额的 50%，甚至更多。

加派也有其他的很多手段，但在表面上看不出来。最有名的方法之一是在银钱比价上做手脚。[53] 为便于缴税，州县官同意百姓用铜钱代替白银，然而，所定铜钱对白银的比价要高于市场通行的比价，当他将铜钱换回白银时就可以赚得一些盈余。同样的方式也适用于漕粮的征收，同意百姓缴纳白银，数额要多于官员到市场上购买相同数量稻米所用的白银数。在遍布全县的征税点，通过使用超重砝码和超标准的容器也可以得到同样的效果。一种巧妙的组合做法用于江南部分地区的漕粮征收。康熙时期，州县官采用一种名为 49
“九扣”的做法：纳税人每缴纳 1 石稻米，州县官只开 9 斗的收据。除此之外，使用超重砝码意味着纳粮人最后被认为只缴纳了实际数目的 80%。当这种行径被揭发并定为非法后，朝廷允许的兑费是每

[50] 《雍正朱批谕旨》，田文镜，雍正五年八月初四日。

[51] 《雍正朱批谕旨》，鄂尔泰，雍正五年十月初八日和雍正六年六月十二日。

[52] 《宫中档》4748，掌福建道监察御史邹光涛，无具文时间（雍正时期）；萧一山：《清代通史》，第 2 册，355 页。

[53] 瞿同祖：《清代地方政府》，28 页。

石米折银6分。州县即刻将这一征缴，按银1两换1 000铜钱的标准，让百姓缴纳铜钱，当时江南钱贵，每千钱可换银一两二三钱。此外，当收成好、米价低时，百姓其实是继续以九扣的方式缴纳漕粮。[54]

在征收地丁钱粮的过程中，盛行着许多种加派方法。在征税之初，当州县官对每个纳税人应缴赋税进行编审时，他会偷偷地向每个纳税人应缴的赋税每两加收百分之一或千分之一，这种做法叫“飞洒”。如果百姓对税收标准知之不多——情况也常常确实如此——这种做法事实上不会被察觉。尽管摊派到每亩土地上的银数微不足道，但对全县而言，尤其是高赋税率和高生产力的地区，仅“飞洒”一项就能够获数千两之多。[55]

用白银缴税，这种做法在晚明及清初越来越多，纳税人不得不依靠银匠的服务。银匠将银两称重并将它熔成大块银锭，盖上他的花押作为银两纯度的证据。一些州县官要求百姓前往州县衙门附近建起店铺的“官匠”那里，以便从中谋利。如果纳税人缴纳的银两没有官匠的花押，就不允许将银两投入银柜。银匠常常将所称银两称重并捆包，依每两几分的标准收取费用。作为对州县官支持的回报，银匠会将他所得的一部分送给衙门。[56]

甚至是在纳税人回到家里，自信已经完成了政府所要求的赋税额时，他仍旧未能摆脱州县官的勒索。当打开纳税人的钱袋时，州县官
50 就以重量短少即短平为借口，有时会派一名心腹衙役或书吏下乡逼迫

---

[54] 《宫中档》4748，掌福建道监察御史邹光涛，无具文时间（雍正时期）。

[55] 《宫中档》5544，协理江南道事监察御史蒋炳，雍正十三年十月初十日。

[56] 《宫中档》5544，协理江南道事监察御史蒋炳，雍正十三年十月初十日。在江南，这一费用通常是每两收取6分。

纳税人将之补足。实际缴纳的银两被拿走，并且用红笔在空袋上标记每两短缺三分或四分。这些已缴银两被衙门与其他收到的银两混在了一起，纳税人不能要求当面重新称量他自己缴纳的部分，除了缴纳新增数目的银两外，他别无选择。这种做法称为空袋补平，也可给州县衙门增加数百上千两的额外收入。[57]

上述获取额外收入的伎俩主要是牺牲了纳税人的利益，而实施“征多报少”，是州县官将本应属于正项钱粮制度内的白银和米谷吸纳到了非正式经费体系中，尽管普通百姓也会从中受害，但主要的受害者还是中央政府。

要知道当缴纳田赋时，法律要求每一个纳税人将税银封袋，亲自投入立在县衙或州县内便于百姓地方的银柜中，即自封投柜，这些上锁的银柜防止税银在解送京师前遭侵吞。每天的税收登入流水红簿，并给纳税人已缴税银的收据，其他两联由衙门保存，为的是与流水红簿上的数字以及打开封柜后得到的实际银两数目相对照。当“盗取”赋税时，各省官员精心掩盖他们作案的痕迹，这证实了各省官员是怎样地在严肃执行这些多方核查的方法。州县官拿走部分已完赋税并向他的上级作为“未完”上报，这种做法很普遍，这或伴随着“飞洒”，或使用超重砝码，或使用特别设计的钩子将整个钱袋从银柜中取出。[58] 向百姓发放未盖官印的收据[59]或是在发给百姓加盖官印的

---

[57] 《宫中档》5008，大理寺少卿于广，无具文时间（雍正时期）；《宫中档》5544，协理江南道事监察御史蒋炳，雍正十三年十月初十日；《宫中档》20940，协理河南道事监察御史杨士鉴，无具文时间（雍正时期）。

[58] 《宫中档》20940，协理河南道事监察御史杨士鉴，无具文时间（雍正时期）；《宫中档》20970，阎纮玺，无具文时间（雍正时期）；《宫中档》8889，山东学政王世琛，无具文时间（雍正时期）。

[59] 《宫中档》8889，山东学政王世琛，无具文时间（雍正时期）。

收据上写一个数字，而在衙门保存的收据上写一个较小的数字[60]，通过这些做法掩盖不法行径。然后，这些盗取的赋税就以民欠的名
51 目上报。因为对官员上报欠赋的惩处远没有侵贪或是亏空严重，因此对州县官而言，非法挪用正项钱粮常常要比查出履行职责所需的经费短少更有利一些。

另外一种与之相近的、州县官用以掩盖开支亏空的方法是挪移，也就是以新掩旧。当官员发现经费亏缺时，可以推迟上报奏销册。因巡抚的奏销册送达户部不早于来年的四月份，而各省公文抵部，户部的意见再返回省里，常常已到了冬天。到那时，州县官可能已开始征收来年的赋税，就可以拿出一部分抵补上年短缺的部分。[61]这个过程年复一年，进行着无休止的亏空与掩饰的循环。中央政府极少得到足额赋税，而州县官在调离之前能够免于渎职的牵连。

若州县官真的将民欠上报，不论是真实的还是捏造的，他很容易从征收欠赋的做法上得到好处。中央政府关心的仅是将未完的全部赋税补足，它将谁拥有这些赋税的问题留给了每个州县官。为了不使纳税人缴纳拖欠的负担过重，防止他们不能缴纳新的应缴赋税，欠赋通常以带征的形式征收，时间十年、八年不等。尽管每年有固定的总数，但是州县官经常强迫百姓在特定的年份缴纳更多的带征额。接下来，州县官占有这个差额，并期盼在百姓开始抱怨说他们早已足额缴纳了赋税前离任了事。[62]

---

[60] 《宫中档》8889，山东学政王世琛，无具文时间（雍正时期）。《雍正朝内阁汉文题本·贪污》，第570盒，第0131号；第569盒，第0123号。

[61] 《宫中档》21301，翰林院庶吉士董俊，无具文时间（雍正时期）。

[62] 《宫中档》20970，阎纮玺，无具文时间（雍正时期）。

除地丁钱粮外，州县官也负责征收许多称为杂税的商业税。[63] 尽管它们应全额上缴中央政府，但大多数州县官依惯例解送一个固定额数，而保留其余的赋税。[64] 部分原因是防备市场交易量的波动，州县官担心，如果他们几年来都上缴一个很大的数额，那么当商业 52 不景气杂税减少时，他们有时会被指控为侵贪。但是，州县官所保留的数额常等于有时大于他们上缴的数额。例如，云贵总督高其倬上报说，云南固定上缴的杂税额约 147 000 两，然而仅一个府超出定额之外的盈余就在 2 000 两至 6 000 两，同样，一个州县的盈余常常是 40 两至 600 两不等。[65]

垦荒为州县官操纵税收、将正项钱粮从正式赋税体系转入他们手中提供了极好的机会。隐匿已垦土地为的是将它排除在《赋役全书》之外，这不是从经济恢复和发展中捞取好处的唯一手段。[66] 在一些事例中，州县官的确上报了所开垦的土地。依法律规定，开垦的土地从编审入册到实际缴纳赋税即升科之间，纳税人可以有 6 年至 10 年的时间，这要视种植的是旱田还是水田而定，这样做是承认了一个事实，即新近开垦的土地需要许多年才能完全发挥它的生产力。州县官钻了这一规定的空子，会立即征收赋税，将这些税收作

---

[63] “杂税”，参见前面“赋税的存留和起运”的内容。

[64] 例如，在山东当人们在泰山进香时需要征税。这是一种正项税收，应由知州全额递解。实际上却是收多报少，一部分被知州的各上司以“香规”的名目瓜分。 321 《宫中档》6727，田文镜，雍正六年九月初八日。

[65] 《雍正朱批谕旨》，云贵总督高其倬，雍正二年五月初八日；《宫中档》13726，署理广东巡抚石礼哈，雍正五年十一月二十二日；《雍正朱批谕旨》，四川巡抚法敏，雍正四年六月初四日。

[66] 隐匿土地的讨论，见第一章。《宫中档》15957，浙江总督程元章，无具文时间（雍正时期）；《宫中档》11847，怡亲王，雍正三年八月十六日；《宫中档》17855，王士俊，雍正七年九月十五日。

为他们的非法收入，直到向中央缴纳赋税的规定时间为止。[67]

州县官也利用国家延缓征税以及蠲免的时机为自己捞取好处。政府缓缴赋税一经宣布，州县有时会推迟将部文公之于众的时间，继续同以前一样征收赋税。[68] 一些州县官甚至捏报他们辖区内的灾情，期望能蠲免该年赋税，生产实际上未受影响，因此他们可以征收豁免的赋税额并将之用于其他的花销。

在一些征收芦课的地区，特别容易在税额上做手脚。[69] 在江苏、江西、湖广等省，沿河堤岸的沙地无法种植粮食，人们就种植芦
53 苇，缴纳的税率要低于其他的土地。这些土地毗邻河床，坍涨无常。为了平衡坍塌所损失的芦课额，州县官对新增的这种土地一般不予上报，新增土地所收的赋税就作为州县官可以支配的一种非正式收入来源。一些官员利用这一机会，从那些在同意免税前土地就已坍塌的人们以及那些开垦了新的土地而欲免予赋税编审的人们那里收受贿赂。

各级官僚，只要有经费的划拨或有采买任务，就会运用各种方法以“节省”到手的经费。这种方式创造不出真正的收入，但它却能使官员规避与正式收入分配制度相关联的僵化的奏销制度。对于向省级高层官员尤其是布政使提供非正式经费来说，这是最重要的渠道，而州县官在供应衙门和驿递采买过程中，通过“节省”可以盘剥当地百姓。一些州县官强行霸占这些供应，根本不向提供服务

---

[67] 《宫中档》11847，怡亲王，雍正三年八月十六日；《宫中档》11918，田文镜，雍正三年十月十三日。

[68] 《宫中档》5514，内阁学士、署都察院左副都御史索柱，雍正十三年十月二十七日。

[69] 《宫中档》5624，浙江道监察御史翁藻，无具文时间（雍正时期）。

的商人、工匠以及农民们支付任何钱款。[70] 在其他一些事例中，对于百姓的物品或服务以官价支付，而这要低于市价。[71] 州县官为中央政府购买土产，他们所得到的经费是依部价划拨的。与地方官员自己制定的官价不同，清初的部价常常高于州县官获得所需物品的支出。而且，因为市平通常要轻于由户部颁布、衙门使用的官平，这样就可以出现额外的盈余。[72] 以这种方式节余的经费也纳入了非正式经费体系。

州县官还有其他一些经费的非正式来源。所有州县都有一座或多座谷仓，遇到饥荒时向百姓提供赈济，以及向市场出粜以稳定米价。储存在这些仓廒里的稻米与官府仓库的相比更不容易核查，正因为这个原因，一些州县官将出粜所得银两据为己有，并没有用它在收获季节补充仓米。而有的州县官接受了买补米谷的赋税和捐献经费，但实际上从未购买粮食充实谷仓。[73] 54

在清朝，来自富户对政府工程的捐助是政府合法财政制度的正式组成部分。然而，为了一项特定的工程，官员过分地募捐并将剩余经费用于不相关的开销。甚至有州县官逼迫富户捐献，依据编审册中他们名下的土地数量分配应供给的数额。[74] 为购买监生资格而捐纳粮食的普通人，在他们得到新官职的委任书前，常常被责令缴纳额外的费用。[75]

---

[70] 《宫中档》5010，无具奏人（职官是提督），无具文时间（雍正时期）；《宫中档》3239，给事中归宣光，雍正九年七月初七日。

[71] 瞿同祖：《清代地方政府》，29 页。

[72] 布政使使用同样的伎俩，在下面“采买和拨款过程中的经费盘剥”部分有描述。

[73] 《宫中档雍正朝奏折》，翰林院侍读学士吴隆元，雍正元年十一月二十六日。

[74] 《宫中档》5589，太常寺少卿李锺峨，无具文时间（雍正时期）。

[75] 《宫中档》20112，山西道监察御史晏斯盛，无具文时间（雍正时期）。

同其他官员一样，州县官也接受许多陋规，其中一些来自他们的书吏和衙役。很显然，离开了书吏和衙役的支持，州县官不可能从事上面所说的许多活动。必须通过非法手段获取经费的必要性，弱化了州县官对自己属下的控制。为了地方行政利益，州县官令书吏和衙役在收税过程中做些手脚，但这些人同样也会沾润肥己。我们无法确定这样获取的经费多少进了州县官的私囊，又有多少用于公务，同样也不可能确定书吏和衙役到底侵贪了多少。至少，他们通过非法手段获取的经费有一部分用于他们合理的办公和差遣支出。但是，他们所使用榨取百姓钱财的手段常常与州县官和政府的总体利益相抵牾，并且他们从税收体系巧取豪夺的果实又不太可能进入维持各省行政运转的经费渠道。正因如此，书吏和衙役在非正式经费体系中的作用当然就构成了我们考察那些阻碍基层税收的一个因素。[76]

省内高层官员

极少有省内大员直接向普通大众征收赋税，为了保证衙门的运
55 转、赡养家眷，以及完成担当的众多公共事务，他们不得不依赖下级管理机构通过非正式经费体系所转送的经费。这些经费主要有四种类型：(1) 下级官员以礼物和金钱的形式直接向上级官员呈递的收入；(2) 来自重要的专门税收机构，也就是关差和盐政的“盈余”；(3) 正式税收体系中赋税和物品依一定比率的扣除；(4) 在采买和分配过程中朘削的经费。

---

[76] 参见第六章。

陋规

从广义上讲，陋规可以包括所有非法获得的收入，在官员的公文中斥责腐败时，这种用法相当普遍。然而，陋规还有一狭义的解释，是指官僚中的一成员向另一成员呈送固定数目的金钱和礼物。这一区别很重要，因为雍正朝改革者大力打击的主要是狭义上的陋规。

所有的官吏，从最底层的县丞到总督，都定期向上司呈递已成惯例、数目确定的白银作为礼物。这些节礼包括上司的生辰规礼、新官的到任贺礼、拜见官员的表礼、每年主要节日的四节节礼。[77]这些礼物数目可观，尤其是省里大员比如巡抚和布政使所收受的礼物。雍正二年（1724），广东总督承认收受属下节礼 47 110 两。[78] 每年呈送广西巡抚的节礼总数是 12 400 两，除此之外，他到任时所收的礼物与一季节礼相当，还有来自桂林、平乐、浔州、梧州四府的落地税盈余每年 7 000 两。[79] 山东巡抚塞楞额上奏，该省前任布政使从州县接受礼物 9 784 两，前任学政从同一来源获益 3 204 两。[80]

---

[77] 《宫中档》16657，署理江西巡抚张坦麟，雍正七年五月初六日；《宫中档》13467，直隶总督李绂，雍正四年三月二十七日。

[78] 《宫中档》15105，广东总督杨琳，无具文时间（雍正时期）。这一数字显然有些过大，可能包括了其他来自关差和盐政的陋规。

[79] 《宫中档》康熙 1473，广西巡抚高其倬，康熙六十年五月初二日。很明显，属下呈送这些节礼是有定额的。分配额如下：

布政使 1 600 两；按察使 600 两；苍梧道 600 两；左江道 200 两；右江道 200 两；桂林、平乐、梧州、浔州、南宁五府共 2 000 两；柳州、太平、庆远、思恩四府共 800 两；通省州县共 6 400 两。一些官员，比如布政使，四节都有节礼，其他官员包括按察使，每年只送一次。州县官呈送节礼情况不一，一次、两次、三次、四次的都有，也有的根本不送节礼。

[80] 《宫中档》14029，山东巡抚塞楞额，雍正五年五月二十二日。 322

56 即便节礼直接出自州县官以上的官僚，也必须指明，所有这种形式的陋规的来源是州县官，而最终来源是百姓。州县官向辖区内的每位官员呈送数目不等的小额陋规，向督粮道呈送漕规㉛，向驿传道呈送驿规㉜，向知府和道员呈送节礼，同时也直接向布政使、按察使、巡抚、总督呈送陋规。同样，那些州县官以上的官员将从属下得到的费用合在一起，并把其中的一部分向他们的每位上司呈送。

除了向上司呈送钱财以外，官员常常向上级衙门的书吏呈送“饭食银”以资助衙门的开销。这种做法可能源于凡到上级衙门办理公务，就呈送一小笔费用的惯例，以弥补书吏们饭食与办公文具的开支，因为这些书吏在处理由下级缴送的公文或是赋税时要被封锁在他们的办公场所内。最后，这些捐助成为常例，作为赋税额的一个固定百分比数，通常与赋税一起解送。

此种费用的名目各省不同。在广东，州县向藩库解送赋税时每百两要额外缴纳 3 两。其中 10％被扣除作为小费银，用于支付库大使、库吏书、水夫、火夫、差班、人役和管门家人这些与布政使衙门有关的人员的花销。㉝ 在直隶，有一种叫小饭银的陋规，当地方赋税解送省城时，每千两要额外缴纳 4 两，送给库大使和管库书吏。㉞ 在关税征缴中，正额之外也征收饭食银，例如，淮关征

㉛ 《宫中档》6727，田文镜，雍正六年九月初八日。

㉜ 《宫中档》11816，甘肃巡抚许容，雍正七年闰七月初九日；《宫中档》14159，河南副总河嵇曾筠，雍正六年八月二十八日。《宫中档》6727，田文镜，雍正六年九月初八日。

㉝ 《宫中档》17027，署理广东布政使甘汝来，雍正十年九月初三日。广东每年赋税额约 100 万两，每年递解的小费银大约是 3 000 两。

㉞ 《宫中档》16354，直隶总督李卫，雍正十一年四月二十六日。

收到一笔额外的饭食银 16 404 两，用于支付关口书吏和巡检的日常生活和办公开支，这笔款项的一部分也被解至淮关监督，以支付他的生活和行政开支。[85]

除了自己衙门的饭食银外，巡抚和布政使还不得不为中央政府衙门的书吏筹措例行的数目一定的饭食银，让他们得以正常办公。按察使呈送刑部纸笔饭食银，巡抚杨文乾上奏，在雍正改革之前， 57
广东州县每年解送这种饭食银 6 042 两。这些经费用以支付解送罚金和没收财产到部的费用，以及为刑部书吏提供饭食银和官吏办公往来费用。来自各省的捐助也支付编制秋审册以及为狱卒提供心红纸张。[86]

每年奏销时，各省布政使向户部以及户科解送饭食银。四川解送 1 300 两。[87] 河东总督王士俊声称 1728 年之前没有定额，但在那一年确定向户部解送 3 600 两，向户科解送 600 两。[88] 而且，当为中央各库采买物料时，要为护送官员以及送部的饭食银拨配额外的款项。这种名为帮费的开支巨大，河南每年运送颜料、布匹、牛筋和黄蜡的帮费平均 5 300 两。[89]

尽管下级官员向上级衙门中的书吏捐助花销，但大员在挑选他们自己的和属下衙门的书吏时常常起着作用。作为回报，他们从任

---

[85] 《宫中档》22159，内阁侍读学士西柱，雍正七年十一月二十九日。赵弘恩也上奏每年布政使衙门的书吏所需饭食银四五千两，这些饭食银来自陋规；《宫中档》19845，怡亲王，部议片，无具文时间（雍正时期）。

[86] 《宫中档》13976，杨文乾，雍正六年三月初二日，转奏广东按察使尹继善的报告；《宫中档》2085，御史（无姓名），雍正十一年四月二十七日。与各部直接打交道的低级衙门也呈送饭食银。例如，河道总督奏缴衙门每年簿册时也要呈送饭食银。《宫中档》12691，江南河道总督嵇曾筠，雍正十二年十月二十八日。

[87] 《宫中档》22264，四川布政使高维新，无具文时间（大概雍正七年或八年）。

[88] [89] 《宫中档》5164，河东总督王士俊，雍正十三年七月二十四日。

命的书吏那里得到“规礼”。事实上是书吏花钱购买他们的职位，这种做法的现存材料大多数与广东省深入调查的一起高官弹劾案有关。别的省份，可能也有同样的惯例，上司能利用政府职位的竞争来增加自己的非正式收入。

在广东，由地方官员张贴告示邀约本地人士申请底层典吏的空位。典吏实际上是受雇的，但每个人的任命都必须得到布政使的批准。在委任书中，布政使依据充任职位的高低，详细开列了他希望
58 能从幸运的候选人那里得到的规礼数。这些索取的规礼差异巨大，而实施方式取决于当时谁在布政使的位置上。在雍正五年（1727）的一份报告里，广东总督孔毓珣证实，这笔费用少的只有几分几厘，但某些职位却可以高达七八十两。孔毓珣称这笔费为“心红”，说是用来购买在公文上加盖官印所用的红墨水。[90] 在对广东官员腐败情形的一次调查中，尹继善奏报，每一位申请者通过这种方式付出的规礼实际上从数十两到数百两不等。尹继善的说法是，布政使收取的各种费用，每月与巡抚、总督一同分配，用于三位官员衙门的运转。[91]

税关任命中的规礼特别丰厚。人们对这些职位垂涎不已，因为这些职位上的书吏在征收关税的过程中能大发横财，营私舞弊。傅泰在广东巡抚任上，从五位任命作粤海关的书吏处每人收受银300两。[92] 黄江关口的书吏依惯例向布政使、巡抚、总督每人支付200

---

[90] 《宫中档》13600，广东总督孔毓珣，雍正五年八月十九日。

[91] 《宫中档》20817，尹继善，无具文时间（雍正时期）；《宫中档》3078，王謩，无具文时间（雍正时期）。这些职位薪水极少或根本没有，因此很明显，一旦他们求得了职位，就会从事贪赃活动弥补这笔费用。

[92] 《宫中档》18933，署理广东巡抚傅泰，雍正七年九月十九日。

两购买职位，因为这些职位非常有利可图而且在位时间很长。经过18世纪20年代中期的调查，指控布政使官达从一位新任命担任这个职位的书吏那里敲诈了1 250两，其中官达向巡抚和总督各送240两，比惯行的常例稍高。[93]

关差和盐政的捐献

除了由属下呈送各种不同的陋规外，省内大员衙门开支相当大的部分由辖区内关差和盐政的捐献所弥补。各省主要以这种方式，分流了清初商业部门日益增多的财富。

来自关税的收入以税规和盈余两种方式转归省内大员所有。税规和其他陋规没有什么不同，常常是在特殊的场合，由属下向上司 59
呈送，每年的款额一般是事先商定好的。[94] 有时，这些费用是由其他官员而不是由负责征解专门税收的税关官员呈送的，例如山东布政使每年收到由泰安州征收的香税1 500两。[95] 不过，最大的部分还是由掌管关税征收的官员所呈送。在福建，除去税关的行政开支，全部陋规收入分成四份：两份送往巡抚衙门，一份给委派管关的官员，一份在办差家人中分配。[96] 粤海关的数字尤巨，每年陋规六七万两，也被税关供职人员和省内大员瓜分。[97] 在山东，税关的贸易量要少得多。除了正额7 540两外，胶州关还要呈送巡抚规礼银3 676

---

[93] 《宫中档》20817，尹继善，无具文时间（雍正时期）。弹劾官达，不是因为他敲诈了更多的陋规，而是收受了贿赂，注意到这一点很重要。

[94] 《宫中档》555，岳锺琪，雍正六年九月十六日；《宫中档》15726，湖南巡抚王朝恩，雍正三年四月初三日；《宫中档》20820，尹继善，雍正六年十二月十一日。

[95] 《宫中档》12326，山东布政使岳濬，雍正六年五月二十四日。

[96] 《宫中档》1301，署理福州将军准泰，雍正十三年四月二十四日。

[97] 《宫中档》4085，广州将军、粤海关监督毛克明，无具文时间（雍正时期）。

两；莱阳关解送正额770两的同时，呈送巡抚规礼银497两。[98] 有时税关的陋规送给担任特别监督职责的较低级官员，他再将其中的一部分送给督抚，四川有这样的事例，按察使呈送总督盐茶规2 500两，而布政使从粮规和税规中拿出4 040两送按察使。[99]

支付这些陋规的费用从何而来？它们中的大部分来自正额之外的加派。对位于潼关的税关调查发现，官员早已习惯了提高户部颁行的关税则例：户部对于骡驮绸缎制定的税率是6钱，但实际对每驮绸子征银1两2钱，每驮缎子征银1两4钱；棉布一驮部例抽税银1钱1分，棉花一驮征银6分，但实际的征收税率分别是1钱8分和8分。[100]

60 有时，陋规是按正额的一定比例全面征收。这种费用常有特别的名目，在广东，叫作挂号和堂规。[101] 在福建的税关资料中有单银杂项的记载。[102] 在其他的事例中，这些费用一并归于火耗或耗羡名下，与描述地丁钱粮加派所用的术语相同。[103]

船只车辆、禽畜过关时也可能被征收不合法的费用。在奉天，关差向过往的小车每辆征银1钱6分，其中，8分送往奉天府，2分归司书，其他作为饭食银由奉天府的书吏派分以及购买办公文具，每年仅车费一项平均达1 600两。对过关的猪和羊收取同样的费用，

---

[98] 《宫中档》14045，山东巡抚塞楞额，雍正五年九月初三日。

[99] 《宫中档》557，岳锺琪，雍正六年九月十六日。

[100] 《宫中档》557，岳锺琪，雍正六年九月十六日。其他货物也存在同样的差别。

[101] 《宫中档》4088，毛克明，雍正十一年十一月二十七日。

323 [102] 《宫中档》1299，管理闽海关事务准泰，雍正八年五月二十六日。

[103] 《宫中档》1299，管理闽海关事务准泰，雍正八年五月二十六日；《宫中档》15449，广东总督孔毓珣，雍正六年十月初八日；《宫中档》1464，江苏巡抚张楷，雍正三年六月十八日。

每头收3分。[104]

淮安关向商人榨取额外税款时尤其贪婪，起初商人缴纳正额的2%作为火耗，然而1725年，有人奏报新任监督庆元上任后，取消耗羡并在主要商路上建立了五六个小的税口，只要有商人经过任一个税口，就必须领取验票，这需要商人支付一些费用。如果商人不支付这些加派，包括验票钱、纸笔钱和饭钱，他们的船只就不予放行，每个税口的费用至少按正额每两缴一钱三四分，这样一来，商人在到达目的地之前可能差不多缴了两倍的法定税额。[105]

向不在《户部则例》税收之列的商品征税也是攫取利益的手段。依惯例，百姓向省内的大市场转运少量的大米是不征税的，然而在淮安关，背负大米的只身农民可能要遭拘禁，等待其他人前来，如果他们所带大米合在一起超过一石，那么他们会被看作 61
商人的转输而责令缴税。[106] 依惯例，已裁剪制衣的丝绸即便是商贾所携带也被认为是私人衣料而不用上税，而淮安关将凡是带有妇女衣服者都视作在倒卖旧衣服，对所有衣物不论男女新旧一律征税。所有这些收入并不上报中央政府，而是直接送往藩库。[107]

粤海关向外国贸易征收特别关税，地位独一无二。[108] 除了商货分头外，陋规的名色还有开舱费、验仓费、卸货费。[109] 买办、通事

---

[104] 《宫中档》22307，奉天府尹杨超曾，无具文时间（雍正时期）。

[105] [106] [107] 《宫中档》14614，甘肃巡抚张楷，雍正三年六月十八日。

[108] 尽管直到乾隆时期，对外贸易才限制在广州一地，但实际上在17世纪，大多数西方贸易已经移向广州。参见魏斐德：《中华帝国的衰落》，120页。

[109] 《宫中档》15450，广东总督孔毓珣，雍正六年十一月初七日。商货分头是征收货物价值的3.9%，当时称为单头银。向船货收税时，税率是变化的，例如大多数货物每斤抽银1分8厘，绸每匹抽银1分。

也要缴纳公费银，他们也因此垄断了为外国人提供服务的特权。停泊在黄埔港的船只要缴费 40 两至 100 两，而那些停泊在省城的船只要缴费 60 两至 160 两，视外国的雇用船只大小而定。[110] 在雍正朝估计通过这种方法征税几近 70 000 两，当然这笔收入当时并非全都归省里所有。

一种特别少见的税收是所谓的"人税"。这一时期，西方的商人严格限定在澳门居住，为了不让他们在内地走动，广东当局对每一个从澳门前往广州的西方人征收 18 块墨西哥银圆，并且对于那些从省城返回澳门的西方人征收 2 块墨西哥银圆，这是他们的首创。[111]

税关官员还有别的一些方法积攒与省里大员分享的税规收入。这与州县等官员直接从事税收极为相似。江西的税关使用重于布政使衙门的天平称量税银，这些超重天平每征收 100 两关税可以产生 3 两平余。[112] 在赣关，对零星物件征税，从 5 分到 1 两 5 钱不等，只是简单地采取不入账的方法。[113] 所征收的散碎银两也要熔成银锭并留在省里使用。[114]

62 最大量的未上报关税是盈余。与陋规不同，盈余不是官吏朘削的结果，而是贸易的增长超出了政府最初制定的贸易额的结果。如同州县官征收落地税的盈余一样，一旦完成官方的正额，官员可以

---

[110] 《宫中档》4110，粤海关监督毛克明，雍正十年十二月二十八日。

[111] 《宫中档》4110，粤海关监督毛克明，雍正十年十二月二十八日。此时，一块墨西哥银圆重 7 钱 2 分。应指出的是，雍正皇帝认为如此不雅的赋税名称只会损害相关官员的声誉，他下令严禁收"人税"。

[112] 《宫中档》2037，江西巡抚常安，雍正十二年十一月二十日；《宫中档》16516，江西巡抚布兰泰，雍正五年十一月初一日。

[113] 《宫中档》16516，江西巡抚布兰泰，雍正五年十一月初一日。

[114] 在九江关和赣州关，这被称为平余零银，每年有七八千两之多。《宫中档》16657，署理江西巡抚张坦麟，雍正七年五月初六日。

通过继续依照法定的税率征税就轻易地获得大笔款项。在雍正改革之前，大多数这种盈余存留在省里，很难判定有多少进入了非正式经费体系，又有多少直接进入税关官员的私囊。

通过雍正改革时期提交的关于盈余的报告，我们可以得到一些可能用于资助省内开支的经费数目的认识。雍正十一年（1733），江南的龙江关、西新关上报，在正额 15 200 两外的盈余总数为 78 900 两。[115] 此前两年，闽海关上报的总盈余是 54 516 两。[116] 1727 年广西承认关税盈余 15 000 两，但后来发现梧州、浔州关每年另有盈余 31 400 两。[117]

因为这些盈余对中央深藏不露，因此我们没有关于它们通过非正式经费体系进行分配的确切报告。我们所知道的是，一部分用于税关人员的工食银和供应、往来费用以及办公文具的支出。毋庸置疑，一些经费会被税关官员据为己有，有这样的例子，一位官员上报盈余 600 两，但被揭参另有盈余 2 100 两，责令他返还这笔经费。[118] 然而，因为布政使和督抚知道大笔盈余的存在，以及它们后来被合法地纳入了这些官员的行政预算，因此我们可以认为，清初至少该省的一部分横财落在了这些大员手里，或是直接解送或是作为陋规的一部分送往省城。

注入非正式经费体系最丰富的收入来源之一是盐课。获利的机会很多，因为官员常常与销盐、产盐关系密切。盐商强大的经 63
济地位归因于官方支持下的垄断，并且他们依靠政府打击匪徒和

---

[115] 《宫中档》13767，高斌，雍正十一年十二月初二日。

[116] 《宫中档》1298，管理福建海关事务准泰，雍正九年六月十三日。

[117] 《宫中档》15629，广西巡抚金铁，无具文时间（雍正时期）。

[118] 《宫中档》21603，岳锺琪，雍正六年九月初九日。

盐贩子以保护自己的利益，盐商对于藩库的“乐捐”源源不断。[119]而且，产盐和销盐使得盐商与各级官吏联系密切。这在某种程度上解释了这样的事实：与税关规费不同，拥有来自盐政的陋规不限于高层官员。

出自盐政的非正式收入有三个主要来源：(1) 销盐收入的盈余；(2) 盐政官员与受雇书吏征收的陋规；(3) 来自盐商的捐献，每年有一定基数以及为特定工程的捐助。

在中国，专门指派盐商负责食盐的销售，要求商人支付盐课以获得盐引。每道盐引赋予持有者在特定的区域内销售一定数量的食盐。[120] 销售引盐的费用有定额并被解送中央政府。然而，销盐常常并不限于法定的数额。销售引盐或是按百分比收费或是通过允许超出定额的额外销售，各省可以积存一笔盐课盈余，用于地方公共开支。在河东，盐课定额是 17 100 两，超额引盐收入高达 104 300 两。[121] 湖南郴州府每年的盐课定额是 1 375 两，但实际的征收额约是这个数字的两倍。[122] 在云南和广西，官方参与实际的销盐，销量远远超出户部的定额。雍正皇帝即位后不久，关于云南盐政事务的流言四起，给事中赵殿最的说法是，云南 9 个盐井的盐课每年收入 168 145 两，卖到每个府州县的食盐数也有定额，然而，省里掌管着盐井，督抚和盐法道同意额外食盐的生产并增加省里零售店铺的销

---

[119] 更多的盐务信息可以参见墨子刻：《清代政府的商业组织能力：两淮盐业的垄断》；何炳棣：《扬州盐商：中国十八世纪商业资本主义研究》。

[120] 孙任以都：《清朝行政术语》，163 页。

[121] 雍正时期，大量的这种盈余用于补充军需和水利维修。《宫中档》4332，陕西按察使硕色，无具文时间（雍正时期）；《宫中档》3379，孙嘉淦，无具文时间（雍正时期）。

[122] 《宫中档》16499，湖南巡抚布兰泰，雍正四年六月二十二日。

盐量，这导致了“私盐”的销售远远超出官盐，而官盐的利润属于中央政府，甚至是官盐还未售完，店主就被迫出售督抚的“私盐”。在云南，这有可能发生，因为并不是商人在行销食盐，而是盐法道委派的衙役和书吏。[123] 在广西，食盐也由省里大员的代理人运输和批发。每包法定销售的食盐，另加 18 斤。这种额外的食盐称为平头，售盐所获利润，同云南私盐售卖的收益一样，用于省内开支。[124] 64

难以确认盐政官员和雇用的衙役所需索的陋规到底是什么性质。尽管如此，雍正改革后还是普遍取消了这些陋规。[125] 陋规和上面所描述盈余的一部分用于支付盐政人员的行政开支。伊拉齐奏报，他在两淮盐运使任上，拨发盐规 12 485 两用于官员薪俸、衙役工食银、宴请、犒劳商人、周济遭受水灾和其他灾害的灶丁。他也拨出 3 500 两用于自己的日常生活开销和盘费，同时 19 284 两用于衙门主簿、书吏、衙役等的饭食银和心红纸张等开支。[126] 山东盐运使衙门接收规礼 37 000 两，也用于同样的开支。[127]

除了销盐作为收入的渠道，盐商们自己也向省里的官员呈送名为盐规的陋规。盐规所呈送的官员以及数目各省都不相同，但毫不夸张地说，从州县到省里几乎每一位官员都受益于盐规。例如在江西，巡抚衙门每年所得盐规 16 600 两，布政使所得盐规 3 000 两，按察使同此数目。盐驿道对盐务负有专责，从盐商那里得到盐规节礼共 4 729 两。督粮道、饶九道、南赣道三位道员，江西五个府的知府及同知、

---

[123] 《宫中档》5747，刑科给事中赵殿最，无具文时间（雍正时期）。

[124] 《宫中档》乾隆 3458，班第，乾隆十八年四月十一日。

[125] 参见《宫中档》17147，江西布政使伊拉齐，无具文时间（雍正时期）。 324

[126] 《宫中档》17145，江西布政使伊拉齐，无具文时间（雍正时期）。

[127] 《宫中档》19177，山东盐运使漆绍文，无具文时间（雍正时期）。

65 通判盐规总数是 7 453 两。其余的府州县也得到一定的盐规。[128]

盐商向省内大员呈送的盐规常常数目巨大。湖广的盐规总数为 160 000 两，大部分解往两座省城。[129] 浙江巡抚和总督的盐规超过 2 500 两。[130] 在云南，总督每年的盐规 17 000 两，巡抚 60 000 两。另外还有 6 000 两直接从省内的两个盐井送达省城。[131]

除呈送固定的陋规外，盐商还常被动员或是自愿捐献，以补充公共开支。他们的财富以及所欠政府的特别债务将盐商置于商业性慈善事业的最前沿，当他们居住的地区遭受自然灾害，或是一项重大工程需要经费时，或是当商人自身成为皇帝特别恩典的受益者时，情况更是如此。在陕西，皇帝增加该省的盐引数后，盐商每年捐助 5 000 两以资助地方行政开支。[132] 当江南每道盐引也增加了相同的销售盐数时，两淮盐商恳请捐助 24 000 两用于建设义仓，由他们所在地区的盐运使负责维护，同时给巡抚噶尔泰 8 000 两以补偿衙门开支。[133] 数年之后，同样是这些商人还捐助江苏河工，维修堤岸。[134]

---

[128] 《宫中档》16657，署理江西巡抚张坦麟，雍正七年五月初六日；《宫中档》13654，直隶总督宜兆熊，雍正五年九月十五日；《宫中档》4288，田文镜，雍正七年三月十一日；《宫中档》3730，法海，无具文时间（大概雍正三年）。以上奏折分别是关于盐规送给直隶、河南和浙江低层官员的。

[129] 《宫中档》14093，傅敏、布兰泰、朱纲，雍正五年七月初九日。

[130] 《宫中档》3730，法海，无具文时间（雍正时期）。

[131] 《宫中档》5747，刑科给事中赵殿最，无具文时间（雍正时期）。

[132] 《宫中档》4336，陕西按察使硕色，雍正六年九月二十一日。

[133] 《宫中档》17328，噶尔泰，雍正五年正月初四日。

[134] 《雍正朱批谕旨》，署理苏州巡抚乔世臣，雍正九年十二月初七日；《宫中档》15972，浙江总督程元章，无具文时间（雍正时期），关于商人提出捐助款项以弥补官员 216 000 两亏空一事；《宫中档》18660，苏州巡抚陈时夏，雍正六年四月十八日，关于商人提出为修建船只捐助 7 000 两一事；《宫中档》13755，高斌，无具文时间（雍正时期），关于商人捐助在江南建造一座政府倡议修建的寺庙一事。

可以说，食盐的生产和销售，在为非正式经费体系提供收入方面起着极为重要的作用。我们会看到，甚至是其他形式的陋规在雍正改革时期受到猛烈攻击之际，对于各省官员来说，没有了盐规，要设法维持衙门的运转是非常困难的。[135]

依一定比率扣除起运钱粮

如同州县官向百姓征税时的加派一样，那些接收地方赋税的高层高员，以来自属下解费的形式，征收他们自己的一部分行政经费。 66
这些费用主要的接收者，自然是布政使。

各省都有解费，不过名目和数量差异很大。在广东，州县解送钱粮，每百两需额外缴纳 3 两，这 3%的加征称为搭平银。[136] 在山东，州县解送地丁钱粮，向布政使呈送解费，数量是钱粮总数的 1.1%到 1.4%，依各地区缴税的能力而定，除此之外，还需缴 0.5%到 0.6%的运费，用于向京师户部解送途中的费用，剩余的所有费用都进入非正式经费体系。[137] 当向布政使解送杂税及向知府、道员等高层官员解送罚金和抄没财物时也要呈送解费。[138]

帝国之中，江苏的赋税收入和行政支出都是最高的省份之一。苏州布政使不仅接受一项名为随征饭食的款项，而且征收一项

---

[135] 政府本可以通过食盐垄断增加盐税，向地方提供收入。有一些允许盐课收取火耗的事例，但这一收入很少（参见《耗羡银两册》，见《内阁大库现存清代汉文黄册》第 942 号）。沿这种思路的任何大规模的行动都势必扩大盐课在正项收入中的份额。盐政衙门是单独的机构，盐课也是中央政府最可靠的收入来源之一，不愿这样做是可以理解的。而且在理论上，盐价与盐课相连，这只可能通过陋规的手段，政府自信有能力剥夺商人的超额利润，而不将加税转嫁到消费者头上。

[136] 《宫中档》17027，署理广东布政使甘汝来，雍正十年九月初三日。

[137] 《宫中档》17673，山东布政使张保，雍正四年七月十三日。

[138] 《宫中档》12337，署理山东巡抚、布政使岳濬，无具文时间（雍正时期）。

1.3%的坐平银，用来补充向京师解送赋税的开支和弥补省内自身的开支。[139] 张坦麟奏报，他的前任在一年半的任期内仅这两项就有76 143两用于全省的公共开支。

除了通过直接征税获取收入外，大多数省份从所有州县缴纳的银两熔成大块银锭以便向京师解送的过程中，也可以获取一小部分盈余。这种盈余通常称为平余或并封银。藩库通过这种方式每年可得银数千两。[140]

除了对实际解送的钱粮加派外，负有奏销、登记职责的省级衙门也极可能加征费用。我们已经看到，所有州县都要缴纳奏销费。广东布政使所采用的方法与其他省份官员从属下攫取额外费用的方法并无不同。
67 当从军屯田征收的粮食作为兵米分配给军队时，每石要向布政使缴验批银3分。[141] 府州县官员征收杂税时，不得不从布政使那里取得记录收支证据的双联税单，布政使向下属发放，每百张收取陋规银3两。由布政使发放用于州县土地财产买卖的契尾，每百张要收取陋规银5两。而且，每五年一次的户口编审，向

---

[139] 《宫中档》11352，苏州布政使张坦麟，雍正五年十一月初一日。

[140] 并封是指将纳税人个人投入银柜的银袋打开并将银两合并在一起解送省城的
325 过程。岳濬说，州县递解的大部分银两都是在一两以下，这反映了大部分纳税人的低赋税额。然而，在递解和分配经费的过程中，高层官员使用一两的百分之一"厘"作为最小的计量单位。"厘"以下的重量概不计算在内，这些剩余的银两由布政使保存。《宫中档》12337，署理山东巡抚、布政使岳濬，雍正六年八月十二日；《宫中档》17027，甘汝来，雍正十年九月初三日。

[141] 《宫中档》22134，署理广东布政使王謩，无具文时间（雍正时期）。工部尚书李先复报告说，在康熙三十八年，绿营兵饷的发给在省里由布政使和粮道监督，在地方由知府和州县官监督。文职官员被赋予此责，以防止武职官员的虚冒以及对下属的克扣。然而，全国都发现文职官员在发放兵饷时，因士兵需要出具印结，而借此索取结规。《宫中档雍正朝奏折》，工部尚书李先复，雍正二年正月二十七日。

下属征收总数达 6 000 两。[142]

其他担负征税职责的高层官员也暗中参与对钱粮的一定比率扣除。例如在山东，当州县解送漕粮时，督粮道每年从中收取公用银 14 568 两。当粮食运往督粮道补充省仓短缺时，在呈送 1 720 两公用银的同时，还有额外的 1 456 两随封银。[143]

州县等下属机构缴送的收入到达布政使、督粮道等官员手中，但是它们并未成为这些人独享的财产，这些钱粮的接收衙门是经费流向更高层衙门的渠道。在山东，运费、饭食银等形式的经费大多数合并为"分规"，这是因为它们是在布政使、巡抚和总督之间进行分配的。[144] 同样，广东藩库的搭平银则在总督、巡抚、布政使、按察使之间分配。[145] 江宁布政使觉罗石麟奏报，每年他收到江苏州县随平银 12 900 两，其中平规银 1 500 两呈送总督，2 700 两呈送巡抚。[146]

这些费用与从下属官员和商人那里得到的陋规相比是很少的，即便如此，在不再有劳役承担解送钱粮的转型时期，它们是大量所需经费的一个来源。这些费用的不断增多以至有所盈余，帮助弥补上级官员其他的行政支出费用，这仅仅是非正式经费体系如何调整和利用现行财政制度以补充法定拨款不足的一个例证罢了。 68

[142] 《宫中档》22134，署理广东布政使王謩，无具文时间（雍正时期）。

[143] 《宫中档》6727，田文镜，雍正六年九月初八日；《宫中档》16895，浙江粮道蔡仕舢，雍正二年十一月二十五日。文中的随封银是州县解送漕粮时所送。

[144] 《宫中档》17673，山东布政使张保，雍正四年七月十三日。

[145] 《宫中档》17027，署理广东布政使甘汝来，雍正十年九月初三日。

[146] 《宫中档》12510，江宁布政使觉罗石麟，雍正五年八月初六日。

采买和拨款过程中的经费盘剥

在帝制晚期，中国的税收日益货币化，然而在地方征收折色的同时，存在一些项目，却不得不以实物的形式解送到军队或是中央政府。在高生产力和低商品价格的时期，这些折色向实物的转换就为各省提供了极有利的捞取好处的机会，这种利润一般称为节省银，被视作布政使藩库非正式经费的合理收入。

我们可以引证江南地区的一些事例。在江苏和安徽，许多州县的漕粮以银两代缴。在安徽，每石稻米兑换银 1 两 3 分，然而，丰收之年在市场上用 9 钱就可以购得上好的白米。以每石节省银 3 钱 6 分计算，安徽巡抚程元章奏报说，收益超过了 7 000 两。[147] 江苏购买漕米时，江宁布政使上报此项节省银为 7 213 两。[148] 购买大豆作为驻防八旗马匹的草料也可能产生节余，这是一种特别的大豆，当地不出产，因此纳税人可以缴纳银两，每石缴银 1 两 2 钱。当市场价格低落时，购买这些大豆差不多可以获利 3 000 两。[149]

另一项出自正项钱粮与节省银相近的节余，是名为平余的收入。这里使用的“平余”一词，可能源自这种收入是来自衙门库平和市
69 场使用的市平之间的差异。当布政使向政府其他机构发放物资和钱粮时，他通常使用户部颁发的衡量器具，这样至少在理论上，衙门间所有的支付都由标准的衡量器具计算。然而，当拨发经费用于向

---

[147] 《宫中档》15958，安徽巡抚程元章，无具文时间（雍正时期）。

[148] 《宫中档》10969，署理江宁布政使刘柟，雍正九年六月初一日。

[149] 《宫中档》17058，江宁布政使（无具奏人），雍正十一年八月；《宫中档》22358，江宁驿盐道陈弘谋，雍正十年五月十一日。

百姓采购时，则用的是市平。[150] 江南市平每百两比库平少约 2 两，凡采买运往京师的货物或是工程修缮物料，就会由于部价而产生节省银，这些会存储在布政使藩库。[151] 在布政使任上，觉罗石麟通过这种方法累积银 2 675 两。[152]

平余是河工官员、督粮道以及省内其他中层官员极常见的经费来源，他们用省里的正项钱粮采购大量物料。[153] 江南总河奏报，他的衙门使用的旧天平比当地市平重 1 两 8 钱，事实上，这些天平都轻于户颁天平，他在任期间，户部颁发的新天平比那些在百姓中间所使用的天平重 2 两 5 钱。因此，当人们向政府缴税时，使用的是比市平重的库平；当人们接受政府付款时，总是使用较轻的市平。省里以牺牲百姓和中央政府的利益而获利，而双方确实没有感觉到勒索的存在。[154]

非正式经费体系显著的特点是它已常规化、固定化。输送途径与各种费用的种类、数量都已标准化，不论官场人事如何变更，它们已沿袭了数十年。这绝不是一些当时的批评者和现代学者引导我

---

[150] 《宫中档》12511，江宁布政使觉罗石麟，雍正五年八月初六日。

[151] 《宫中档》17058，江宁布政使（无具奏人），雍正十一年八月。

[152] 《宫中档》12511，江宁布政使觉罗石麟，雍正五年八月初六日。

[153] 《宫中档》14161，江南河道总督嵇曾筠，雍正八年十二月初六日；《宫中档》16895，浙江粮道蔡仕舢，雍正二年十一月二十五日。

[154] 应该提到两种不太常见的来自采买和拨款的利润：负有采买责任的官员会偶尔冒销或是冒领。这可能产生相当高的利润，但不应视作非正式经费体系的一部分，326
因为它是非法的，清初的禁令常常很严厉，如有违抗，有关官员将被弹劾，财产也被没收。《宫中档》乾隆 2406，福建布政使德舒，乾隆十七年九月初三日。布政使也可能从他拨付给属下的经费分割一块，山东有这样的事例，布政使例行从他拨付给负责河工维修的道、府、州县官的款项中每两扣 6 分。然而，没有证据表明其他省份也有这种做法。《宫中档》12351，山东布政使岳濬，雍正六年正月二十八日。

们想要看到的那种私利膨胀“无所不用其极”的形式。即便如此，不论这种制度能起到多少积极的作用，它注定要对清初的政府产生负面影响。

筹措经费供各省使用的一些方法没有产生任何新的收入，只是
70 挪移了本应用于其他用途的赋税而已。当州县官改变本来用于购买赈济粮食的款项以支付维修堤岸的人夫费用时，都是满怀希望：在他的任上不要发生灾荒。他的行为不是贪污，因为这些经费投在了有益的地方，但他确实违反了明确规定拨给他的经费如何支出的行政条例。更为糟糕的是，他的行为不得不秘密进行，这一事实意味着，在旱涝灾害来临前，仓储的短缺可能不会被发现，但若发现就为时已晚。

在中央政府看来，诸如“征多报少”和“以新补旧”的做法尤其有害，通过捏造欠赋，直接造成了中央政府库储的短缺。而且，官员以纳税人逃税遮掩自己的亏空，挽回缺失的经费更为困难，重担被加之于无辜的百姓身上。

1723 年，种种导致中央政府大量亏空的行径被雍正皇帝揭开。然而，非正式经费体系的另一面也破坏着政府的财政。呈递的不论是陋规、平余还是饭食银，这种沿着各省官僚体制拾级而上的大部分经费，都是源于一种或另一种对普通百姓的加派。加派日重，正项钱粮无力缴纳。当人们接受加派作为合理支出经费的来源时，更会沾润肥己。因为非正式经费体系是平行于，而不是和正式税收、分配制度融为一体，所以它依存于合法的赋税制度，但缺乏任何正式的、以防止官员个人滥用以及更平等地分配积累所得的收入的手段。因为这一体系中几乎所有的经费来源都是非法的，即便这些官

员小心谨慎地攫取这些收入，但他们的这些所得就是对官员操守和中央财政良好状态的威胁。

这一体系最薄弱的环节是州县这一级。绝大多数州县官从吏部那里得到任命，可是一旦身处官位，最关心的是取悦他们的上司，因为上司拥有弹劾他们簠簋不饬的权力。但作为非正式收入的来源 71
之一，上司依赖州县官，所以他们弹劾州县官的积极性就要大打折扣。如果上司只是依靠出自下属的经费资助，那么就建立起来了一种下属贿赂和上司包庇偏袒的共生关系。正是这种趋同的利益，构成了非正式经费体系的支柱，并使之运转起来。这样一来，州县官的仓库成为其他所有官员的食槽。而反过来，州县官依赖衙役和书吏，利用他们从各种各样的纳税人那里攫取零碎的银子来填充这一食槽。正式收入分配制度的根本改革可以减少许多和非正式经费体系关联的经费筹措办法的需求，但是衙门内部形成的旧有的、有利可图的惯例则难以打破。

1723 年，大多数当权者看到的只是症状而不是疾病，他们想到了腐败正在引发亏短，但没有看到实际上正是亏短使腐败成为必然。只有当雍正皇帝强有力地诊治这些症状的时候，疾病真正的本质才逐步被揭示出来。

第三章

火耗归公

72 非正式经费体系是中国传统政治经济固有矛盾最生动的表现形式之一。尽管清朝追求宽仁的统治，但早已注定了中国人将永无宁日，遭受官员、胥吏以及众多有权势的地方掮客的朘削，而这些人正是利用政府脆弱的财政制度在收税过程中充当中间人。只有承认需要对收入分配制度进行全面的重组，政府才有希望和邪恶的腐败官僚制度做斗争。这就意味着要摒弃清朝的合法性赖以存在的一些基本的善政原则。

阻止建立更为合理的地方财政并非出于无知。清初所开创的许多改革，针对的是消除与非正式经费体系相联系的最为显著的弊端。早在顺治元年就禁止加派，康熙皇帝两次对加派予以告诫，允许人们告发那些一意孤行的官员。① 毋庸赘言，这种做法还在继续，但
73 是因对重赋厌恶至极，许多官员宁愿对加派视而不见，也不承认它

① 《清朝文献通考》卷一，《田赋一》，顺治元年；《清朝文献通考》卷二，《赋役二》，康熙皇帝谕户部，康熙四年和康熙七年；萧一山：《清代通史》，第 2 册，355 页。

的必要性并使之合法化。康熙皇帝自己说过："如州县官只取一分火耗，此外不取，便称好官。"② 当川陕总督年羹尧乘机请求火耗合法化时，康熙皇帝表示反对。年羹尧指出，他所辖地区的非法加派已高达正项钱粮的40%～50%。很显然，州县官需要额外的经费，因此他建议允许州县官保留一部分火耗以支付衙门的开支并弥补亏空。康熙皇帝告诫年羹尧，对于私派应给予更加严厉的惩处，但对该问题未给出具体的解决方法：

> 州县用度不敷，略加些微，原是私事。朕曾谕陈瑸云：加一火耗，似尚可宽容。陈瑸奏称：此是圣恩宽大，但不可说出许其如此。其言深为有理。此举彼虽密奏，朕若批发，竟视为奏准之事。加派之名，朕岂受乎?③

康熙皇帝没有否认年羹尧请求的内在逻辑，只是说，如此做法就是同意加赋的合法化并承认加派的合理需求。而且，尽管政府的确采取了法律的手段以规范官员的行为，但康熙皇帝的陈述反映出对于儒家善政原则的一个非常狭义的解释，这就是，制度性变革不是解决腐败的最终方法，只有部分操守好的官员自我克制才能实现这一目的。正是为了这一原因，康熙皇帝更愿意视加派为私事，这也是为什么他对于那些能将"私派"限定在最低程度内的官员予以褒奖的原因。他未能直面的问题是：一个好官根本就不该有任何的加派。

如果康熙皇帝反对制度性变革自有其原则的话，那么官僚对此的反对就在于有更直接的利益，因为其中隐匿着大量的地方需求和地方腐败。州县官更欢迎不安全的非正式经费体系，而不愿甘冒风 74

② 萧一山：《清代通史》，第2册，355页。

③ 王庆云：《石渠余纪》，300～301页。

险，接受合法化所带来的中央政府官员对他们控制的强化。④ 在他们看来，中央政府官员不太理解各省下属机构的行政困难和财政需求。中央官员对于自己仓库状况的焦虑，使得他们低估了地方的需求，而无知使他们怀疑那些确实是在从事地方财政改革事业的极少数人的动机。

具有讽刺意味的是，非正式经费体系自身，对于从中衍生出来的不公平财政的长期存在，可能要负最大的责任，地方行政的真正需要被向地方官员提供额外收入的非正式方法成功地掩盖了。一位官员的众多前任依靠从非正式经费体系的所得，将政务处理得似乎完美无缺，那么当该官员为公共事务申请更多经费时，朝廷就可以断定这不符合实际情况。更重要的是，在非正式经费体系内部所使用的提高收入的伎俩必然破坏对腐败的依法检查，并破坏了准确反映地方开支的奏销册的使用。在根本性变革发生前，必须驱散非正式经费体系所产生的烟幕。这样的前提是，新皇帝的治国之道与乃父不同；必需的发酵剂是，对置地方官员于尴尬境地的政府短缺问题要有新的解决方法，而非正式经费体系这种机制不再发挥背后作用。

一、打击政府亏空

清初的欠赋和亏空

欠赋和亏空是清朝财政管理长久存在的特征。这两类政府短缺

---

④ 随着火耗归公的实施，数个省的州县官对要将他们的火耗提解布政使予以抵制，当然改革最后将减轻他们的财政负担，可参见本章“河南对改革的抵制”部分。

有着重大的区别。严格地说，欠赋是指赋税征收时的短缺，是官员未能全额收税的结果；而亏空是专指政府仓库现有经费与依据政府规章支出后应有数目不相吻合。不同的时期，政府政策的重点在于减少这两种短缺中的一种。事实上，亏空和欠赋关系密切。现实中 75
的逃税自然会造成地方官员财政上的破产，官员弥补正式经费体系并未提供的行政支出的压力，导致官员及属下采用许多手段，将他们的亏空捏造成欠赋。发动一场反对亏空或是欠赋的运动经常更能够反映出中央政府的认识：百姓和官僚哪一个弊端更大。这比分析从行政材料拣选出的证据得出的结论更为可靠。

不是说欠赋和亏空没有本质的区别，也并不是说，不同时间或地区的财政困难中，两个中的任一个都不占有主导地位。许多自然灾害总是给所在地区的人们造成经济上的一段困难时期，此后一些年份出现的欠赋常常就是具体的表现。然而，传统的财政制度以皇帝蠲免赋税或是流抵的方式，很好地应对了这种危机。某些地区，最著名的是江南，遭受特有的拖欠，部分是因为这一地区大量具有赋税优免资格的士绅家庭抗粮的结果。[5] 限定拥有功名者的特权和减少该地区过重赋税额的措施在一段时期内控制住了局势。[6] 而且，如前所述，整个帝国进行了赋税征收程序的改革，减少中间人介入以及衙门胥吏侵贪的机会。尽管有诸多努力，但欠赋依然存在，并且当数目过于庞大时，通常的办法是宣布蠲免，将此一笔勾销，或

---

⑤ 一个县有功名之人能够将大部分耕地瞒过政府税收人员的方法，参见对此有出色探讨的著作，邓尔麟：《嘉定忠臣：十七世纪中国士大夫之统治与社会变迁》，327～329 页。

⑥ 邓尔麟：《嘉定忠臣：十七世纪中国士大夫之统治与社会变迁》，第四章注释 5、6、7。

是减轻百姓当前的负担，以便他们能够在很长时间内偿清欠赋。⑦

清初亏空的情况极为复杂。我们已看到，考虑到地方的正式经费的水平，对于地方官员而言，在公务上有所作为而不引发亏空几乎是不可能的。尽管政府的职责就是要防止短缺的发生以及惩治不法分子，但从指控和弹劾案件的实际情况来看，存在大量对这种不法行为的宽容。⑧ 许多亏空案件匿而不报，当政府发现经费不足时，通常的做法是利用一省所有官吏的俸工银予以补苴。⑨结果，一些官员对于平衡账目自鸣得意。而捐助俸工银弥补短缺的
76 做法进一步加速了政府的破产，因为这笔经费需要抵补的是最先引起亏空的那些支出。

清初政府仓库大量的亏空并不是未能健全规范官员行为的法令所致，严厉的规章保证了对地方政府收入和支出的严密监控。在奏销制度中，官员须向户部上报所有的支出，只有在户部批准后，官员才能开销清册中的款项。官员不能只是在岁末简单地报告开支情况了事。如果官员不得已挪用的经费比原先请求的要多，或是为了特别的目的支出经费而未能事先征得同意，那么他的所作所为就与规章相左而会遭到弹劾。不论额外的支出是否合理，它都被认作亏空，并强令有关责任官员进行弥补。

这类法令旨在预防侵贪，这被认为是引起亏空的唯一原因。当官员向下任交代之际，也会有同样的预防措施。现任官员离任，

---

⑦ 在第一章的“皇帝的宽仁和财政管理”部分，引用过利用蠲免赋税的两个例子。

⑧ 在第一章的“皇帝的宽仁和财政管理”部分，引用过一个这种宽容的例子。

⑨ 《宫中档》4520，山东巡抚黄炳，雍正元年十二月十三日；《宫中档》康熙2038，浙江巡抚王度昭，康熙五十一年十一月。

他对所有的收入、欠赋、支出及实在经费造册并移交给接任的官员。后者检查清册并盘查实在经费以确信与清册一致。只有在他的继任者具结，证实交代册准确无误后，即将离任的官员才允许离开职位，或调任或离职。如果不一致，接任官员要将此上报巡抚或总督，督抚将弹劾即将离任的官员。后者要对亏空负责而接任官员则不负任何责任。

非正式经费体系对于这两种财政检查方法有着深刻的影响，使得它们在许多案件中毫无用途。鄂尔泰生动地描述了他在江苏布政使任上的情形：

> 窃维江苏重地财赋甲天下。从前各项亏空欠在民者或由灾
> 荒，欠在官者半由贪鄙。深维其故，瞻顾实贪鄙之源，因循乃 77
> 瞻顾之验，瞻顾因循未有不源为贪鄙者。上官需索下属，下属因剥削小民。至剥削之所入犹不足以供所出，则动库帑，盖爱惜功名并不得爱惜廉耻。究之，廉耻扫地，功名随之，故亏空州县亦未必尽出无良，实不肖之督抚司道有以使之也。⑩

作为州县官对省里开支巨大贡献的回报，在面对日益增多的亏空指控时，他们也常常得到保护。在奏销过程中，省内大员纠劾低级官员的情况极为少见。雍正初期，对于官员亏空的清查，揭开了成千上万两的亏空，可当年这些亏空发生时，各省督抚从未提醒中央政府关注此事。⑪ 而且，为了使自己免受弥补的牵连，督抚们不得不暗中

---

⑩ 《宫中档雍正朝奏折》，江苏布政使鄂尔泰，雍正二年正月十一日。

⑪ 参见《宫中档雍正朝奏折》，河南巡抚石文焯，雍正二年正月二十二日；《宫中档》4916，史贻直，雍正元年八月初八日；《宫中档》16514，山东布政使布兰泰，雍正三年四月初七日；《宫中档》21080，通政使司通政使张懋诚，无具文时间（雍正时期）。

破坏交代程序并逼迫接任官员接受即将离任的前任的账目、亏空和所有的一切。⑫ 大多数新任官员乐意这样做，因为他们知道自己定会发生亏空，并且在面对指控时会受到同样的保护。

中央政府官员也参与了对清朝头两位皇帝统治时期建立起来的检查制度的破坏，因为各部院官员和地方同僚相比，同样没有得到充足的行政经费，只要他们与地方官员有公务往来，就收受部费，从而参与到非正式经费体系之中。⑬ 各省奏销时送有部费，这种做法尤为有害：

> 若无部费，册档分明，亦以本内数字互异，或因银数几两
> 78 不符，往来驳诘。一有部费，即糜费钱粮百万，亦准奏销；或将无关紧要之处驳回，以存驳诘之名，掩示耳目。咨覆到日，旋即议准。内外通同，欺盗虚冒。⑭

只要官员向户部缴纳所要求的费用，纵令该员有亏空，他的清册也能批准。财政检查的门面还保持着，而各省的亏空却年甚一年。

转换目标

康熙时期改革的重点在欠赋，强化催征和慷慨的赋税蠲免都反

---

⑫ 参见《宫中档雍正朝奏折》，刑部尚书佛格，雍正元年十一月初四日；《宫中档》4502，刑部侍郎黄炳，雍正五年十一月二十日；《宫中档》5742，翰林院编修庄楷，雍正元年七月；《宫中档》20916，御史王之麟，无具文时间（雍正时期）。

327 ⑬ 部费在第二章的“陋规”部分讨论过。在给各省督抚等的上谕中，雍正皇帝说：“从前题奏事件，俱有部费。”《大清世宗宪皇帝实录》卷二五，雍正二年十月癸巳。

⑭ 《大清世宗宪皇帝实录》卷三，雍正元年正月十四日。

映了这一点。将财政问题主要视为百姓不能以全额缴纳赋税的倾向，妨碍了官员纠正正式赋税制度内在的根本缺陷。事实上，如果欠赋真是主要的问题，那么除了督促官员更卖力地征税或是发布蠲免令外，没有什么其他的事情可做。后一种方法，实际上是以宣布不存在欠赋来解决这一问题。

随着雍正皇帝的即位，改革重点发生了显著的变化，他主动采取的第一项政策是宣布对政府亏空和官吏侵贪予以正面打击。康熙皇帝刚去世，雍正皇帝就发布两道上谕，将亏空归罪于官员和他们胥吏的腐败而不是百姓。在给户部和工部的上谕中，他首次下令对各省正项支出进行更加严格的奏销：

> 财者，利用之源。古帝王足国裕民，务必制节谨度。朕初
> 即位，每恐府库金钱，中饱于胥吏之侵蚀。以后凡户、工二部
> 一应奏销钱粮米石、物料工价，必须详查核实，开造清册具奏， 79
> 勿得虚开浮估。倘有以少作多、以贱作贵、数目不符、核估不
> 实者，事觉，将堂司官从重治罪。[15]

雍正皇帝认识到，经费从正式税收制度转移到非正式体系的一条途径，是通过窜改由正项钱粮提供经费的项目簿册实现的。雍正皇帝责令户部官员也应承担同等的责任，这清楚地表明他认识到户部官员在这一过程中是共犯。为制止户部绕开奏销制度与外面通同作弊，皇帝设立了独立的奏销衙门——会考府。雍正皇帝命最信任的中央大员掌管会考府：他的心腹、弟弟怡亲王，舅舅隆科多，大学士白潢、左都御史朱轼。这四位大臣被任命处理所有的奏销事务，

---

⑮ 《皇朝食货志》卷二，《赋役六》，康熙六十一年。

不论涉及哪一个部院。为了支持他们的调查工作，成立了一个由满汉郎中、员外郎、主事和笔帖式为属员的独立衙门。[16] 通过要求所有可疑的奏销册由这一独立权威机构进行审查，皇帝希望制止通过向户部支付费用的方式来逃避检查的做法。而且会考府担当对各部院自身簿册的审查以清除中央一级的亏空。雍正三年（1725），雍正皇帝对地方与中央财政腐败得到控制表示满意，遂解散了会考府，并将其职责归还户部。

雍正皇帝在第二道上谕中对操纵和隐匿收入的恶性循环的认识表述得更为鲜明：

> 自古维正之供，所以储军国之需。当治平无事之日，必使
> 80 仓库充足，斯可有备无患。皇考躬行节俭，裕国爱民，六十余年以来，蠲租赐复，殆无虚日，休养生息之恩至矣！而近日道府州县亏空钱粮者，正复不少。揆厥所由，或系上司勒索，或系自己侵渔，岂皆因公那用？皇考好生如天，不忍即正典刑，故伊等每恃宽容，毫无畏惧，恣意亏空，动辄盈千累万。督抚明知其弊，曲相容隐。及至万难掩饰，往往改侵欺为那移，勒限追补，视为故事，而全完者绝少，迁延数载，但存追比虚名，究竟全无着落。新任之人，上司逼受前任交盘，彼既畏大吏之势，又因以起效尤之心，遂借此挟制上司不得不为之隐讳，任意侵蚀，辗转相因，亏空愈甚。……朕深悉此弊……即如山东藩库亏空至数十万两，虽以俸工补足为名，实不能不取之于民间额外加派。山东如此，他省可知。以小民之膏血为官府之补

---

⑯ 参见《大清世宗宪皇帝实录》卷三，雍正元年正月甲午；卷四，雍正元年二月乙亥；卷二五，雍正二年十月癸巳。感谢白彬菊惠示这些材料。

苴，地方安得不重困乎？……此朕所断断不能姑息者。⑰

建立对各省仓库全面的、与顺治康熙时期所使用的清查士绅逃税相同的奏销方式，是雍正皇帝打击腐败的第一招。然而，考虑到这些做法已深入地方政府，盘根错节，他被迫宽仁。他没有派遣钦差探查地方事务从而造成中央政府和各省间的冲突，而是命令督抚调查他们下属的亏空。任何人不会因自己衙门仓库的短缺 81
或是未能发现下属的这些短缺而受惩罚，但所有的亏空必须在三年之内得到弥补。此外，雍正皇帝告诫官员不允许以敲诈百姓或是进一步捏造地方簿册来解决他们政务的账目问题。

雍正皇帝就这样开始了他反腐败的改革运动。所有政府亏空都要在三年之内赔补完毕，此后任何官员若仓库出现短缺，都将受到严厉的惩处。这是一项果敢的政策，但在帝国财政事务的处理方面却少有创造性。在中国历史上哪位统治者不是喜欢涤尽前朝污垢，希望自己领导下的道德政治能够有一个崭新的开始呢？雍正皇帝对于官员侵贪的强硬政策，丝毫没有体谅有关官僚所面临的困难，相反，他同样强有力地保护百姓免受地方税收者过度盘剥的措施，夸大了地方官员的问题。至少在雍正皇帝统治的最初几个月里，他继续对缺失不见的经费是“因公挪移”持怀疑论调，并坚信亏空就是对地方收入侵贪所造成的。

因此，在登极的日子里，雍正皇帝断然拒绝了他父亲在位时年羹尧等大臣使用火耗弥补亏空的办法。这没有什么可奇怪的。相反，他利用这一重要场合颁布了一系列的上谕，按照传统的做法

⑰ 《皇朝食货志》卷二，《赋役六》，康熙六十一年。陕西省暂时排除在外，因为这里是对西北非汉人部族军事征战的大本营。

告诫各级官僚要恪尽职守。在对州县官的上谕中，他将操守正直与亏空一事直接联系起来：

> 至于钱粮关系尤重，丝毫颗粒皆百姓之脂膏，增一分则民受一分之累，减一分则民沾一分之泽。前有请暂加火耗抵弥亏空帑项者，皇考示谕在廷，不允其请，尔诸臣共闻之矣。今州
> 82 县火耗任意加增，视为成例，民何以堪乎！嗣后宜断禁止。或被上司察劾，或被科道纠参，必从重治罪，决不宽贷。夫欲清亏空之源，莫如节俭正直，节俭则用度无不足，正直则上官不可干以私。⑱

我们不可能确切地知道，雍正皇帝最初数个月的立场究竟是受孝道约束，对冒犯曾是他父亲手下大臣的敏感神经犹疑呢，还是源于他真正的信念：问题真正的根源在于官员的腐败而不在于财政制度自身？但我们确实知道雍正皇帝依然坚持清除亏空的诺言，但是解决问题的方法很快发生了改变。

谁负责？谁赔补？

没有对雍正朝以前发生亏空的官员进行处置是英明的决定，在雍正皇帝颁布上谕的数周内，有关亏空的报告纷至沓来，官员们在证明他们的热忱并力争甩掉造成亏空的欺骗和窜改捏造的责任。在三年宽限期内所揭露的缺失经费达上千万两。厘清乱作一团、掩盖财政负债累累的簿册是一项繁重的任务，然而，真正的挑战在于将已承认的短缺和虚假库藏，变成实实在在的白银和粮食。

---

⑱ 《大清世宗宪皇帝实录》卷三，雍正元年正月辛巳（初一日）（这并非登极的日子。——译者）。

对于那些必须弥补的亏空，主要的责任落在了州县官和布政使身上。官员无力向中央政府赔补以及这些亏空发生时督抚失察而未能上报，督抚则承担弥补亏空的连带责任。[19] 支出事先未获批准或是挪用开支，省内大员也要对此负责。[20] 当亏空发生时，官员已经 83 去职，那么这亏短的数目应由他自愿或责令他变卖个人财产进行偿还，包括他新职位和祖籍的财产。[21]

从表面看，这种责任的分配保证了所有有待偿还的税收迅速得以弥补。然而，随着调查的展开，日益明显地看出，要成功地消除亏空以及导致它的腐败，仅凭皇帝一纸诏令是远远不够的。不仅有关亏空成因或是将来的防范措施意见不一，而且大量无法确定责任人的亏空问题，不久就凸显了出来。

中央和地方政府官员广泛承认亏空的一个来源是各谷仓的管理不善。[22] 从本质上说，对遍布各省各地方谷仓的盘查要比对库储的盘查更难，两者同样成为攫取、操纵的对象。对于官员来说，因为缺少银两而将仓谷卖掉，成为额外收入的来源并非罕见。在一些地方，公共捐助的粮食立刻被挪作他用，从未当作饥荒和粮价腾贵时的一种安全防卫措施。即使这些粮食用于赈灾，也通常是以等值的白银加以存储的。在急需粮食赈济的时候，这会造成短缺，而且存

---

[19] 《宫中档》4696，刑部侍郎黄炳，雍正二年八月初一日；《宫中档雍正朝奏折》，河南巡抚石文焯，雍正二年正月二十二日。

[20] 《宫中档》13603，广东总督孔毓珣，雍正三年十一月初十日；《宫中档雍正朝奏折》，河南巡抚石文焯，雍正二年四月二十二日。

[21] 财产籍没的政策特别给浙江和江南的官员造成了负担，因为太多的官员出自这几个省。参见《宫中档》8031，大理寺卿性桂，雍正六年十二月初五日。

[22] 仅山东就发现地方仓廒亏短粮食超过 900 000 石。《宫中档》4623，怡亲王，无具文时间（雍正时期）。

储的白银与粮食的交换比率常常低于当时粮食的市价。㉓ 即便是最小心谨慎的州县官也没有法定数目的粮食储备，因为在坏年景向百姓的借贷常常未归还过。㉔

更具有争议的是库储亏空问题。大多数中央官员认为各省和各地方白银的亏短是侵贪的结果，因此，争论中，他们常常建议更为严厉地监控各省财政业务。㉕ 他们尤其指责因公挪移，这一名目包括了地方官员将已有指定用途的经费用于其他目的的所有情况，即
84 便这些经费本是要解送中央政府的。指责这种做法，其意在认定地方的短缺是在于官员的奢侈，而并非实际的需要。㉖ 他们决不接受向地方政府拨款的不足，或是来自上司的沉重经费索取应对地方账目不符负责的说法。㉗

中央政府官员的看法，易于造成对中国财政制度弊病起因关注点的偏离，无视地方官员在完成他们行政职责时面临的现实问题。

㉓ 参见《宫中档雍正朝奏折》，山东巡抚黄炳，雍正二年四月初三日。

㉔ 《宫中档》14098，署理湖北总督傅敏，雍正五年四月二十一日。也可参见第二章的“地方政府的开支”部分有关何知县的例子。

㉕ 这些人大多数都建议，检查地方仓库应增加巡视人员的数目和种类，地方仓库应使用官方发行的带有编号的赋税簿册和印票，这样账目上就更难做手脚。参见《宫中档》21080，通政使司通政使张懋诚，无具文时间（雍正时期）；《宫中档》4769，普照，雍正二年七月二十五日。

㉖ 《宫中档》20916，御史王之麟，无具文时间（雍正时期）；《宫中档》21301，翰林院庶吉士董俊，无具文时间（雍正时期）；《宫中档》4717，协理山西道御史程仁圻，雍正三年正月十二日。

㉗ 并不是所有的中央官员都将亏空归于他们同事的贪婪。例如，李绂、钱以垲提出捐纳是造成官场侵贪的主要原因，购买官位而欠下大量债务的官员，为了还债，只有从他们衙门仓库中盗窃而别无选择。《宫中档》20981，兵部侍郎李绂，无具文时间（李绂在雍正元年任此职）；《宫中档》5806，通政司右通政钱以垲，雍正元年八月初十日。这一说法不能解释雍正初年所揭开的所有亏空，因为这一时期卖官相对来说并不常见。

对此，不必指责中央官员，因为许多中央官员没有在地方为官的经验，并且当前的地位也使他们免于清理业已存在的亏空的现实任务。甚至包括科道官员，他们的职责是监督官员的行动，但也没有多少时间来监督地方官员。然而，出自各省官员的报告源源不断，关于这个问题的完全不同的描述开始呈现出来。

一个经常出现的解释是，仓库亏空实际是部分纳税人拖欠的结果。特别是在江南，赋税额常常过于巨大，远不是一个官员所能应付的。分派到这样职位上的官员因不能足额征收赋税而被解职的可能性很大。当新官上任，他不仅有责任收齐该年的赋税，而且还不得不催征他前任的积欠。为了不被免职，新官不得不挪移本用于其他目的的正项钱粮来补足他收不上来的赋税。[28] 亏空最终会被发现，但到那时，窜改赋税簿册会掩盖这些亏空曾是“民欠”的所有证据。甚至是在偏远和低赋税收入的省份如广西，抗粮以及税收人员的侵贪也逼迫州县官采取这样的措施以防止遭到弹劾。[29] 事实上，这种问题太普遍了，以至于怡亲王和户部下令专门调查，决定归结于官员侵贪的所有亏空是否能够追溯到纳税人不缴纳赋税。[30]

中央政府对于那些上报说他们的亏空源于合法支出的官员少有同情心。数十位官员奏称已为必要的采买划拨了款项，而正式收入
分配制度未能对此提供经费。大多数情况是为了支援军事行动，维 85
持公共安全以及公共设施的建设。以上所有这些对于中央政府和地方政府，都是利益攸关。不过，一旦发现亏空，这些经费必须偿还，

㉘ 《宫中档》20907，内阁学士兼礼部侍郎胡煦，无具文时间（雍正时期）。 328

㉙ 《宫中档雍正朝奏折》，广西布政使刘廷琛，雍正二年四月。

㉚ 参见《宫中档》，怡亲王，无具文时间（雍正时期）。在山西，1716—1723年期间，至少175 162两的亏空经证实源自欠赋。

或是由同意开支的官员，或是用通省所有低级官吏的俸工银。[31]

尽管赔补亏空的责任落在招致亏空的官员身上，但并不总是能够确定谁是责任人，当布政使藩库发生亏短时尤其如此。作为非正式经费体系的产物，窜改簿册对于省级财政冲击最大。有了精心准备的节礼，低级官员避开了未能足额完成征税的弹劾。同时，督抚频繁地借款，布政使不得不设法弥补。因为即便是为公共目的的支出，未经中央政府同意也是非法的，所以省内大员有强烈的动机要为藩库做账，尽可能复杂得让人难以看明白。[32] 透过一桩刑部清查的湖北藩库亏空案，可以对此有鲜活的认识。[33]

一开始，刑部对湖北大员的讯问未能马上找出藩库经费缺失的答案。在经过大量的诱供后，前任总督满丕承认，他在任期间藩库已有100 000两的短缺，他声称，已从自己以及巡抚和布政使的火耗及陋规收入中予以了弥补。然而，当问及他的下属现任布政使张圣璧，张圣璧报告说，那笔钱根本没有弥补。事实是，徐大经掩盖了这些亏空，而徐大经是被任命取代亏空有所增加的前任布政使之位的。为了隐藏100 000两无法交代的事实，徐大经表面上编造了拨款60 000两弥补购铜经费的亏空，俸工银40 000两弥补购置战马造成的亏空。张圣璧上任后也被迫上演这一骗局。

---

[31] 参见《宫中档雍正朝奏折》，浙江布政使王朝恩，雍正二年正月二十五日；《宫中档》康熙1872，署理直隶巡抚赵之垣，康熙六十一年十二月二十二日；《宫中档雍正朝奏折》，福建布政使黄叔琬，雍正元年十二月二十六日；《宫中档》4696，刑部侍郎黄炳，雍正二年八月初一日。

[32] 《宫中档》5730，左佥都御史陈允恭，雍正元年十月二十四日。

[33] 刑部审讯记录全文可在《宫中档雍正朝奏折》中找到，见刑部尚书佛格雍正元年十一月初四日奏折。在中国第一历史档案馆内阁材料中似乎没有此事的后续奏疏。

如果调查者认为他们现在得到了事实的真相，那么原任布政 86
张文灿的证词使他们再一次陷入混乱。据张文灿说，涉案金额不是100 000两，而是150 000两，而且，它不是亏空，而是民欠。不过，身为负责完成全省税额征收的官员，张文灿个人早已开始弥补这些经费，其中有一些可追溯至他上任之前。利用变卖可观的家产得来的钱财、一些借款、来自涉案的长随和管库官员的缴款，以及一笔督抚同意征收的20 000两火耗银，张文灿声称一年之后能够全额补足。

到底谁应该对此负责？经过了如此一番窜改，湖北藩库的簿册不再会有什么线索，而100 000多两白银仍旧没有着落。大概这笔费用如同其他许多责任无法确定的案件一样收场而已。这种亏空常常被归为“无着亏空”。这种现象的存在反映出以前的管理是多么松懈，就是如此地对待仓库的亏短。试图弥缝地方和省衙门簿册的官员们，一次又一次地悲叹岁月的流逝，亏空常常达数十年之久，从未检查也从未上报。在一些案件中，最初为亏空负有责任的官员已死去多年。㉞ 即便仍活着，他个人和家庭财产不足以弥补如今已是成千上万两的亏空。㉟ 围绕着移交簿册形成的欺骗网络产生了许多责任有争议的案件。有关官员的立场是最初的官员应该负责弥补他任上出现的亏空，即便他已经离开了官场。然而，由于担心清偿延

㉞ 《宫中档》18677，河南巡抚石文焯，雍正元年八月二十七日；《宫中档》5706，大理寺少卿唐执玉，无具文时间（雍正时期）。

㉟ 《宫中档》18677，河南巡抚石文焯，雍正元年八月二十七日；《宫中档》4520，山东巡抚黄炳，雍正元年十二月十二日；《宫中档》5742，翰林院编修庄楷，雍正元年七月（关于山西亏空）；《宫中档》14084，署理山东巡抚塞楞额，雍正五年二月初十日。

期以及从有问题省份以外的他省找回经费使问题复杂化，怡亲王和户部坚持从严解释王朝的法令：一旦官员具结，声明所有他负责的收入都是实实在在和可以解释清楚的，那么他有责任弥补以后所发现的任何亏空；如果接任官员明知他的前任账目不清，还要具结，
87 这就只能是寄托于将来的非法所得了。[36] 从效果来看，这一裁定使得现任官员将为所有他未遭弹劾的前任承担全部的责任，除非有证据表明他们先前对此情况曾经上报以及是被迫接受即将离任官员的交代的。

不言而喻，地方官会阻止对他们肩上如此沉重的财政负担的调查。[37] 然而，他们抵制为有罪之人进行赔补，这仅仅是那些要补足各省帑银的官员所面对的一个障碍而已。通过抄没有罪人员的家产来补充缺失的经费是一个漫长的过程，并且会将一省卷入另一省的诉讼。有罪官员籍贯所在省份的官员要操心他们自己的亏空，常常对找到一个官员的财产并将之变卖这样冗长的过程没有什么兴趣，尤其是将这些所得送往其他的地方。此外，当有罪人员的官职大于负责这一案件的知府和州县官的时候，后者难以严肃对待。[38] 未能将亏空上报，或是未经批准的省级支出造成的亏空，经过一两个大员的发展，数目常常特别巨大，根本就不能期望会很快地得到赔补。最后，对于无着亏空，甚至连赔补的责任都无法

---

[36] 《宫中档》4623，怡亲王，无具文时间（雍正时期）。

[37] 《宫中档雍正朝奏折》，吴隆元，雍正二年闰四月初九日。

[38] 这一时期，许多人抱怨，亏空在身的官员将他们的家产转移到别的家庭以逃避查抄。官员这样做，可能在于查抄行动在时间上要晚一些，也因为仍然在位的官员常常被给予一定的时间，用他们任上所拥有的资产偿付他们的亏空。参见《宫中档》5806，通政司右通政钱以垲，雍正元年八月初十日。

分派。

在这些情形之下，各省许多官员再次求助于非正式经费体系。在州县这一层，地方官经常迫使百姓缴纳附加税来弥补他们的亏空。㊴ 一些高层官员继续依靠下属的捐俸。㊵ 因为对各省开支而言，俸工银仍然是一个主要的经费来源，而亏空数目常常远远超过可以得到的俸工银，因此大多数省份也依靠官员们捐献的陋规来弥补藩库的亏空。㊶

正是在这一点上，雍正皇帝给了已运行多年的地方财政管理决定性的一击。在调查亏空的过程中，皇帝日益确信上司对下属的需索是导致正项亏空的主要原因，因此，在给所有督抚的上谕中，他 88
下令禁止捐助俸工银，同时，他发布上谕，要采取措施清除陋规的呈递与收受。㊷ 对于官员来讲，仍然可能无视这些上谕，在日常事务处理中仍秘密地继续依赖这两种经费来源以抵补正项收入没有提供的支出部分。然而，弥补亏空直接归户部处理，已不可能再隐瞒如此巨大的经费来源，这就束缚了各省官员的手脚。必须找到一个新的办法，既能弥补亏空同时又能防止将来同样亏空的发生。

㊴ 《清朝文献通考》卷三，《田赋三》，雍正二年，谕户部。

㊵ 《宫中档雍正朝奏折》，福建布政使黄叔琬，雍正元年十二月二十六日；《宫中档》15827，甘肃巡抚石文焯，雍正三年十一月十六日；《宫中档》4520，山东巡抚黄炳，雍正元年十二月十三日；《宫中档雍正朝奏折》，浙江布政使王朝恩，雍正二年正月二十五日。

㊶ 《宫中档》15129，江西巡抚裴徫度，雍正二年十二月十八日；《宫中档》18677，河南巡抚石文焯，雍正元年八月二十七日；《宫中档雍正朝奏折》，刑部尚书佛格，雍正元年十一月初四日；《宫中档》20642，川陕总督年羹尧，雍正二年十月十七日；《宫中档雍正朝奏折》，吴隆元，雍正二年闰四月初九日；《宫中档》20240，无具文时间，具奏人姓名被裁去。

㊷ 《宫中档雍正朝奏折》，江西巡抚裴徫度，雍正元年十二月十二日。

二、地方财政改革：火耗归公

俸工捐助和陋规收受的禁令所产生的危机，再一次将官员的注意力集中到所有非正式收入当中最丰富的来源之上。火耗，早在宋代就已出现。[43] 然而，它作为一种重要的附加税形式，与晚明以来中国经济日益货币化关系密切。从法律上讲，火耗是解送正项钱粮的附加费用，用以弥补白银在熔化为大块银锭并解送中央政府过程中不可避免的损失。粮户缴纳的银两与解送中央所要求的标准纯度之间的差异也会造成损失。尽管实际的损失只有百分之一二，但地丁钱粮的火耗率从明末到 18 世纪一直稳步提高。[44] 同时，火耗这一术语包括了几乎所有依一定百分比、普遍存在又没有特定名目的加派。

火耗的不确定性及它与实际银两损失的关联日益疏远，使它立即遭到了中国新的满族统治者的禁止。[45] 康熙朝继续执行这一禁令，

㊸ 钱大昕的说法是，《元史・刑法志》记载，矿冶地区的地方官员巧立名目，
329 以便多收冶炼的金属。“火耗”这一术语是由那个朝代的一位御史所创造，用来描述这一做法。葛寒峰将火耗上溯至宋代，并认为从一开始它就是对缴纳银两的一种附加税。为了升迁，官员用这种方式增加的收入讨好皇帝。“火耗”的这一用途，据葛寒峰的说法，被宋太祖定为非法。参见钱大昕：《十驾斋养新录》卷十九，8 页；葛寒峰：《清代田赋之耗羡》，45～46 页。

㊹ 在顺治六年（1646），骆养性请求将地丁钱粮加 3%的习惯性做法合法化。到了康熙三十四年（1695）（应是康熙二十四年。——译者），御史钱珏上奏山西的火耗已经达到了地丁钱粮的 30%或 40%。第二年陕西也上报了相同的高火耗征收率。陈登原：《中国田赋史》，213 页。

㊺ 《皇朝食货志》卷二，《赋役二》，顺治十三年。事实上，在清代，“平余”通常是指合法的加派，以抵补在赋税征解过程中银两的损失。

视火耗等同于通过非正式经费体系、未经许可盘剥百姓，康熙皇帝这样做并非不正确。[46] 他曾颁布法令，允许百姓揭报税收超过定额 89
的官员，并且详尽规定了对那些掩饰下属盘剥火耗的上司的惩处。[47] 即便如此，日常生活的开销及长随、书吏、衙役需要工食银也迫使官员承认，需要以火耗的形式征收最低限度的额外收入。前文已述，甚至康熙皇帝也不得不承认，一个仅收取正项钱粮百分之十火耗的官员，便是好官。[48] 因此，火耗就处于模棱两可的地位：既是非法的加派，又日益被视作州县官僚私人财产的一个收入来源。尽管常常训诫省内大员，敦促他们监督下属并消灭征税过程中的弊端，但火耗继续得以征收而且税率不断上升。

一旦皇帝的陋规和捐俸禁令限制了消除亏空的可选择手段，火耗的几个特性很自然使它成为一个选择对象。征收火耗，即公开地占有一定比率的正项钱粮，与捏造簿册、在度量衡器具上做手脚、敲诈百姓等挖空心思、声名狼藉的行径不同。而且，因为火耗的征收可以整合进“自封投柜”制度，所以官员也就无法与书吏、衙役串通来欺骗纳税人。因此，火耗融入合法的财政管理不会破坏纳税人和政府直接的联系——这是清朝管理思想的中心原则。火耗的征收，尽管普遍视作一种侵贪，但总是与地方收入和政府财政需求的真实水平联系在一起。赋税总收入多的地区火耗征收率通常要比少的地区为低，这使得帝国农业落后地区纳税人的负担更重，却保证

[46] 《清朝文献通考》卷二，《赋役二》，康熙七年。康熙皇帝改进通知纳税人应缴赋税的方法部分来源于他的认识，即州县官加征火耗，仅仅是因为纳税人不知道他个人应缴多少赋税。

[47] 王庆云：《石渠余纪》卷三，300 页。

[48] 王庆云：《石渠余纪》卷三，康熙四十八年九月上谕。

了所有州县官至少他们的部分行政开支经费相差不多。对于官员而言，在当时这一事实可能更为重要，即严格地说，地方加派的火耗和贿赂没有关系。尽管火耗收入构成了以陋规为名义、向上司呈送
90 的经费的一个来源，但是人们并没有将它和地方财政批评者视为亏空主要原因的庇护官员渎职直接挂钩。

可能正是这种考虑促使一些官员比如年羹尧，建议火耗合法化以消除过去的亏空。然而，如果火耗归公只是根除政府债务的一个方案的话，那它至多是中国财政编年史上的一个脚注而已。寻求当下债务弥补解决之道的官员的伟大成就，是他们向亏空的根源宣战，这在中国帝制晚期历史上是第一次。他们的努力引发了地方政府财政的彻底重组，其中火耗起着关键的作用。

从绝望到革新

政府对捐俸和陋规的默许是极其错误的。这些经费看起来出自官员自己的腰包，所以人们极少将它们和强加在百姓身上日益增长的赋税联系在一起。而另一方面，在官僚体制内部流通的陋规大部分来源于火耗，这正是一种非法加派，一种可叹的罪恶。雍正皇帝打击捐俸和陋规，目的是通过重新恢复官员的操守来改善政府的财政。在经过了数十年的抵制后，清朝将火耗征收合法化并将它作为政府地方经费合理化的基础，这在当时会是一种什么情形呢？火耗归公触犯了反对重赋的最高禁忌。雍正皇帝又该如何实施一种对于许多中国官员来说，似乎是为了政府财政而牺牲百姓生计的政策呢？

火耗归公成为公共政策与晚明“一条鞭法”的实施相类似。最初由地方倡导，通过各省督抚和布政使转呈中央政府。没有颁布统

一的命令或法规要求在全国范围内实施，并且在实施过程中，各省在火耗率和征收及提解的方法上都因地制宜。然而在相似表象的背 91
后，在清朝这次改革中，皇帝扮演了与以前不同的至关重要的调和与引导角色。部分原因在于雍正皇帝的魄力和个人在财政改革中的作为，这点在他打击亏空时已得到了证明。与这些因素密切关联的是，在同一时期创立了一种新的通信方式——奏折制度。㊾

中国帝制晚期历史上一个持久的话题，是皇帝不断地变换对官僚体系和决策程序的控制。在题本制度中，地方官员的公文要通过内阁转呈，内阁大学士不仅选择那些值得皇帝关注的题本，而且也要为皇帝进行票拟，皇帝可以从中选择作为自己的旨意。这一制度时常使得中央官僚通过筛选皇帝得到的信息来操纵政策。这也造成一种形势，即孱弱的皇帝可以逃避政府决策的一切责任。在决策权威模棱两可的政治制度中，它极大地限制了革新特别是源于省一级的革新的可能性。而且，它阻碍了合理化的改革，因为改革的一个主要先决条件是，尽可能了解最完备的关于改革情势的真实情况。

从康熙末年开始，建立了第二种题奏制度，它在雍正皇帝时期得以全面发展。这种奏折制度，使得皇帝和有关官员不经中间渠道而直接联系。现有的中央政府机构被完全绕开，经由这种途径的联系保证了彻底的机密。所有大员知道其他的大员也拥有同样的与皇帝秘密联系的特权，这样就可以保证皇帝从臣下得到真实的情况。他们的奏报仅供皇帝一人阅示，因此官员可以自由地表达意见，陈

㊾ 奏折的起源，参见史景迁《曹寅和康熙皇帝：奴才和主子》以及吴秀良《通信与帝国控制：1693—1735 年清朝奏折制度的发展》。台湾出版了关于这一制度的最新著述，参见白彬菊：《“国立故宫博物院”档案中的清代奏折》；庄吉发：《清世宗与奏折制度的发展》。

述观点，而不用担心在京同僚的审查或是被指控正在背弃广为认可的价值观念。而且，皇帝亲自在奏折上写下绝大多数批答，这样就
92 可以将新想法付诸实践，而无须像批阅题本时要颁发旨意，正式同意。[50] 在这种私人间的联系中，雍正皇帝也通过婉转的建议和批评来统一官员的看法和行动，同时一些他认为重要地区的官员可以便宜行事。如此一来，通过奏折制度，皇帝和各省的决策权力极大地增强，最著名的一个例证就是火耗归公改革的实施。

对于许多省内大员，他们主要的收入被切断的前景带来的是恐慌而不是创造力。一些督抚和布政使甚至产生了这样的期望：具有说服力的论争可以使本地区成为特例，不用执行普遍实施的禁令。江西巡抚裴徫度自诩，他已经取消了以前馈送巡抚以及藩臬两司、道员和知府的节礼。然而，他遵循皇帝的意愿，要保持廉洁，这并没有能阻止他从督粮道和布政使那里收取12 000两规费。裴徫度认识到，作为儒家管理者，要为他的下属树立榜样，接受这样的费用会怂恿下属效尤。然而，离开一些非正式的经费来源，他和布政使都无法正常办公。[51]

在裴徫度寻求皇帝同意他接受陋规的同时，别的官员试图规避捐俸的禁令。广东总督孔毓珣担心，没有了捐俸，省里被迫将采购物料和供应之事向各州县佥派，这样做只能导致州县通过加派百姓以弥补开支。孔毓珣将皇帝的禁令理解为对收入可怜的最底层官吏的关心，因此他建议广东继续剥夺官员的薪俸，但只是州县及以上

---

[50] 传统本章制度对皇帝直抒己见的限制，在黄仁宇的《万历十五年》一书中有过阐述，见该书20页。

[51] 《宫中档雍正朝奏折》，江西巡抚裴徫度，雍正元年十二月十二日；《宫中档》15129，裴徫度，雍正二年十二月十八日。

官员的薪俸。[52] 沿着同样的思路，浙江巡抚黄叔琳提议，通过使用禁令颁布前收集的俸工银来解决省内的无着亏空问题。[53]

对于上述情况，雍正皇帝的批答未置可否，一方面，他重申征收各种费用和捐俸必须停止，另一方面，他允诺对于那些确实陷入 93
财政困境的官员的请求不会不闻不问。尽管在当时只有一小部分人意识到了这一点，但雍正皇帝自己越来越相信，仅靠国家给予的合法收入，各省的官员将无法生存。通过奏折与大臣沟通，他同意一小部分官员使用火耗来弥补亏空并以此为省里的行政提供一个更为稳定的收入来源。

将火耗用于公共开支的最早方案出现在湖广总督杨宗仁的奏折中。甚至是在雍正皇帝发布捐俸禁令之前，杨宗仁就表示了担心，如果底层的官员被剥夺了薪俸，他们别无选择，只有向百姓强取。然而，如果不对省里的开支有所规定，那么政府工程的开支不可避免地要落在州县官头上，他们反过来将这些转嫁给纳税人。为了解决这一问题，杨宗仁提出允许州县征收正项钱粮 10％的火耗，其中的 20％送到藩库作为省里的开支，10％解送户部作为余平以抵补正项解送时的损耗，70％存留在州县作为他们自己的行政开支。雍正皇帝对杨宗仁的方案极为赞赏，称此“所言全是，一无疵瑕”，但告

---

[52] 《宫中档雍正朝奏折》，广东总督孔毓珣，雍正二年六月初七日。皇帝的批答暗含着反对孔毓珣的提议。

[53] 《雍正朱批谕旨》，浙江巡抚黄叔琳，无具文时间（雍正时期）。其他官员也试图继续使用捐助的俸工银。《宫中档雍正朝奏折》，直隶巡抚李维钧，雍正二年二月十三日。其他省份继续使用盐规、关规、来自采矿的有关收入等弥补亏空。见《宫中档雍正朝奏折》，吴隆元，雍正二年闰四月初九日；《雍正朱批谕旨》，毛文铨，雍正二年五月二十九日。

诫杨宗仁要小心从事。[54]

杨宗仁在湖广实施他的方案的同时，山西巡抚诺岷也阐述了最终成为整个帝国模式的方案。诺岷的原折没有保留下来。* 据山西布政使高成龄于两年后奏报说，雍正元年五月十三日，诺岷请求将山西耗羡的征收率定为 20%。因为山西各地的耗羡率不低于 20%，因此这一做法立刻就为山西的纳税人节省许多。诺岷当时估计全省的火耗大约 500 000 两，其中，300 000 两作为官员的开
94 支和全省的公共经费，剩余的 200 000 两每年扣减用来弥补无着亏空。[55]

尽管在官方火耗归公改革的记载中没有提及，但其他省份的官员也开始实施了这一新的经费计划。直隶巡抚李维钧也提出继续使用捐助的俸工银作为公费，在得到暧昧的答复后，他上奏雍正皇帝，提出有条件地将火耗用于此目的。[56] 山东巡抚黄炳早在雍正元年 (1723) 底就调查了本省火耗征收情况。[57] 第二年初黄炳上奏，将控

---

[54] 《雍正朱批谕旨》，湖广总督杨宗仁，雍正元年五月十五日。

* 今天可以看到诺岷关于火耗归公的奏折，这是件满文奏折，原件藏中国第一历史档案馆，具文时间是雍正元年十一月初二日。参见该奏折汉译本《山西巡抚诺岷奏请全省官员留用火耗支俸银两数目折》，见中国第一历史档案馆译编：《雍正朝满文朱批奏折全译》，上册，468～470 页，合肥，黄山书社，1998 年。诺岷奏报，他五月初一日出京，初六日入山西境，初十日接巡抚印篆，十二日受任。从现存诺岷的一系列奏折看，他不可能在五月就上奏有关火耗归公事宜。——译者

330 [55] 《宫中档》20208，山西布政使高成龄，雍正三年二月初八日。诺岷确实实施了这一计划，他的一位后任巡抚证实了这一点。参见《宫中档》12520，山西巡抚觉罗石麟，雍正六年三月二十二日。

[56] 《雍正朱批谕旨》，直隶巡抚李维钧，雍正二年三月二十三日。五年后，顺德知府德希寿回忆说，早在雍正元年直隶就开始使用火耗弥补亏空。《宫中档》3971，顺德知府德希寿，雍正六年九月二十五日。

[57] 《宫中档雍正朝奏折》，山东巡抚黄炳，雍正元年十二月初一日。

制火耗的征收率作为使用它弥补亏空的前提。[58] 这一次，一个考虑周密的通省火耗分配方案正在付诸实施，据典试江南路经山东兖州府的吴隆元奏报：山东的火耗征收率确定为正项的 15%，兖州府每征收 1 两赋税就额外收取 3 分作为解费，1 分归兖州府，7 厘归兖宁道，5 厘归按察使，剩余的 9 厘 8 毫（火耗总量的 65.3%）用以弥补亏空，一旦所有的亏空弥补清楚，允许州县官自己额外扣减 3 分留存自用，其余则作为公用。[59] 现存的材料无法证实吴隆元观察到的情形在全省是否有代表性。很显然，不论怎样，山东早就着手于某种形式的火耗归公改革。

山东的邻省河南可能也是如此行事。接近雍正元年底时，河南巡抚石文焯在考虑使用全省的火耗弥补无着亏空问题。陋规和捐俸的禁令还没有实施，但河南的俸工银已全部用于军费以及堤坝的维修。然而，石文焯仍旧同意这种通行观点，即火耗是州县地方官的独有财产，正是因为这一点，要求那些没有亏空的州县官去帮助弥补那些有亏空者有失公平[60]，他决定继续使用陋规来弥补这些亏空。

新的一年到来时，陋规对于政府亏空的弥补来说已不再是一种 95
可行的措施。石文焯继续上奏雍正皇帝，提出了使用火耗清偿亏空以及资助地方官员的详细方案。石文焯的计划并不准备改变现行火耗率，当时向士绅和平民征收的火耗率各不相同，他估计平均的火耗率在 13%，河南每年的地丁钱粮额大约是 3 600 000 两，这样，全省每年征收火耗大约 400 000 两。从这一总数中，向每位官员提

[58] 《宫中档雍正朝奏折》，山东巡抚黄炳，雍正二年闰四月十六日。

[59] 《宫中档雍正朝奏折》，吴隆元，雍正二年闰四月初九日。

[60] 《雍正朱批谕旨》，河南巡抚石文焯，雍正元年八月二十七日。

供个人的开销，还有公费银以及备支款（大概用以支付未预料到的支出，在征得户部同意后由正项钱粮补偿）。将上面的款项扣除后，石文焯计算还剩余150 000两至260 000两用于弥补亏空和支付省一级的开支。[61]

雍正皇帝对于石文焯奏折的答复非常能够说明问题。与对那些极力歪曲规定并继续使用非正式体系经费的官员的奏折不加批答不同，雍正皇帝的批答公然称赞石文焯的方案。雍正皇帝告诉他，他以前含糊不清的奏折与这份奏折不可同日而语。雍正皇帝指出，省级大员的职责，恰恰在于这种全身心地关注财政问题。只有通过计算可利用经费的总数，算出需要弥补亏空、支付官员个人和公共的开支的各自数目，才能保证政府职能的平稳实现，操守和善政的陈词滥调是不够的，“含混朦笼，只讲几个钱粮要紧，不管人情事理，说得好、行不来的事，朕前使不得”[62]。

石文焯和其他人的火耗改革提议与以前纯洁政府提议的不同之处在于，他们关注的是纠正正式收入分配制度中瘫痪的方面。在每一个方案中，火耗不仅是一种暂时弥补亏空的手段，而且是官员生活和行政开支的一个长久来源。廉洁是诸多因素的产物，而不是身
96 居官位的人道德品质自律的结果，这一看法并不新鲜。至少早在康熙末期，谈论善政的奏折就提到，保证官员有足够的收入用以养廉是必要的。然而，如前文所述，大多数中央的官员都坚持认为，清朝的现行财政体制已经实现了这一理想。直到雍正时期，养廉一词

---

[61] 《宫中档雍正朝奏折》，河南巡抚石文焯，雍正二年正月二十二日。

[62] 《宫中档雍正朝奏折》，河南巡抚石文焯，雍正二年正月二十二日，雍正皇帝的批答。

才专门指称用一种实质性的、有自主来源的收入供给各省官员的经费。

雍正元年年中，史贻直上折将亏空与各省督抚对下属无休止的索求联系起来。这些大员极力表现出廉洁之态即所谓的矫廉，但即便是声称他们的辖区已经消除了陋规和火耗，他们需索的数目仍然很大。史贻直的观察对于皇帝来说并不是一个新的发现，但他的纠正措施反映了在这个领域内越来越多的实际改革者的意见。史贻直认为腐败继续存在未见减轻的原因，是官员的支出超出了他们合法的收入。没有人能够拥有足够的财力使通省运转裕如。不再是对贪婪予以告诫，史贻直提出，最好的办法是剥去道德的伪装，扩大这些大员的养廉来源。因此，他请求皇帝向所有的督抚发布上谕，计算全省的火耗、节礼、驿站、盐、关、漕等的各种费用，将它们开列清单向皇帝呈报。然后，皇帝依据省份大小和道里远近以及每项费用收受的利弊，计算可以保留的数目和种类。这些经皇帝同意的经费将作为督抚养廉的来源，而其他所有的非正式收入的来源将取消。[63]

当时雍正皇帝并未发布这样的上谕，但是有着正式来源的养廉的概念已进入奏报皇帝的大多数火耗归公的方案。这一术语在石文焯、杨宗仁和诺岷的奏折中采用，是指他们从火耗中安排、用于官员开支的经费。他们最初的方案在这方面相当含混，还保留了要建 97
立专门手续，决定谁将得到养廉，每位官员分得多少，以及新经费

---

[63] 《宫中档》4916，史贻直，雍正元年八月初八日。尽管没有资料提到史贻直作为养廉银制度的倡导者，但他的奏折很可能受到了皇帝的极大关注。而且，雍正皇帝即位之前，史贻直仕途极为平常，而之后，他平步青云。

如何分配。

财政合理化最后阶段的催化剂是雍正元年末山西巡抚诺岷和布政使田文镜决定要求州县官将他们的火耗全额提解布政使，然后布政使计算公共开支并分配给每位衙门官吏的养廉数目。在所有以前上奏的方案中，都是允许州县官从所征收的火耗中截留以作为他们自己的花销，只是将拨给上司和用于弥补亏空的银两解送至省。我们将会看到，正是这一革新，才真正地将火耗归公跟为了弥补亏空只是将先前不合法加派变相纳入正式体系的方案区别开来。

对改革的种种反应

雍正二年初出现了对新财政改革的批评。火耗归公的实验在官方渠道内并未公开，当时评论改革的大多数人是派往正在实践改革的各省、主持乡试的中央官员。

这些早期批评者针对的一个主要目标，是新近提出的要求州县官将他们的所有火耗提解藩库。御史王之麟不反对火耗合法化，或是用它作为各省官员的养廉，他反对的是，省城与州县间解送火耗所需资源的浪费。[64] 其他人不是如此乐观。典试河南的罗其昌，目睹了改革行动，无条件地反对提解火耗。在行程中，罗其昌听说直隶、山东、山西、陕西以及河南的督抚和布政使要求所有地丁
98 钱粮的火耗存贮藩库，以供执行公务开销，作为牺牲的补偿，发给州县养廉，所分发的数目依据管辖地方的大小，每年 600 两至 1 000 两不等。尽管这或许解决了大员的财政问题，但罗其昌上报

---

[64] 《宫中档》20916，御史王之麟，无具文时间（雍正时期）。

说，现在州县官正报怨所得养廉不足。[65]

那些认为改革指导思想不能与儒家的统治原则相背离的官员也将批评指向了改革。许多官员担心火耗的合法化将导致重赋。如果用火耗来弥补亏空，州县官就会借此提高火耗率进行加派。有批评者引用了古人的箴言：有治人，无治法。如果皇帝真正想解决亏空问题，他最好能放弃这些方案，集中精力挑选廉洁之人来做总督和巡抚。[66]

火耗归公最著名的反对者可能就属沈近思了。他作为哲学家广为人知，属于朱子学派。沈近思对改革的批评也反映在对保持儒家道德价值的关注之上。与其他许多中央官员不同，沈近思有着与众不同的做地方州县官的经历，这增添了他对于新政策评价的可信度。1723 年，沈近思被新皇帝任命为吏部侍郎，于 1724 年派往山东主持乡试。[67] 沈近思也担心火耗的合法化会刺激官员的贪欲并造成百姓更为沉重的赋税负担。然而，当时他主要关注的是，作为弥补亏空方法的火耗归公对官员操守所产生的影响。

沈近思在奏折中指出，并非所有的亏空都相同，他认为各省督抚和布政使应对所有亏空进行全面核查，亏空可以分为四种类型：(1) 因下令为建设工程等公捐而造成的亏空；(2) 官员主动为全省的公共工程动用经费造成的亏空；(3) 官员承袭前任遗留下来的亏
空；(4) 现任官员侵贪或是挪用款项所引起的亏空。沈近思坚持认 99

---

[65] 《宫中档雍正朝奏折》，光禄寺少卿罗其昌，雍正二年四月初七日。

[66] 《宫中档》20240，无具奏人，无具文时间。奏折上的具奏人姓名被裁去了，这说明雍正皇帝将它下发，让官员讨论。这样做更证实了保密是奏折制度的关键部分。从行文来看，这位官员可能是派往湖南的钦差或御史。

[67] 恒慕义主编：《清代名人传略》，639～640 页。

为，对于由现任官员侵贪所造成的亏空，应由官员弥补并予以严厉的惩处。对于公捐造成的亏空，官员应完全免于赔补。他同意，对于全省开支筹措经费造成的或是前任遗留的亏空，官员应负责任，但官员用自己的财产弥补亏空是不公平的。虽然如此，沈近思还是坚持这样的信念——火耗是一种完全归于地方的经费来源，利用火耗弥补任何属于官员自己之外的亏空，就等同于剥夺他个人的财富。

沈近思认为，改革者再次充盈府库的愿望使得他们无视治理国家的道德因素的重要，即便官员对不断增多的亏空有着正当的解释理由，但账目不清的事实正说明了他的正直出现了污点，也是他不知节俭的一种表现。沈近思相信，如果让这样的官员留任，不仅不能弥补以前的亏空，而且肯定会在将来造成新的亏空，结果只能是对百姓造成更大的危害以及加派更多的火耗。因此，他提议凡有亏空的官员一律去职，并任命他人取而代之，后者要如实记录辖区内亏空情况，并计算所征收的火耗中每年需要赔补的数量。此外，火耗率必须固定，不能超过正项钱粮的10%，任何超出这一比率的官员都要以贪污罪遭到弹劾并严惩。[68]

沈近思奏折的暗含之意是，尽管这一政策并不理想，但为弥补亏空而使征收一定量的火耗合法化，还是允许的，这是因为亏空对官员道德造成的危害远甚于火耗合法化的潜在威胁。然而，火耗的征收要限定在特定的时间并且对每年赔补亏空数目的核算和解送加以控制。即便亏空情有可原，但它毕竟是道德堕落的标志，知道了这一结论，对于沈近思根本没有提到使用火耗以促使各省开支的合理化，就不觉得奇怪了。

---

[68] 《宫中档》21350，沈近思，无具文时间（雍正时期）。

并不是所有对于新政策的反应都是负面的。一些中央官员对改革印象深刻，并请求皇帝促成它的实施。其中一个提议来自派往湖南主持乡试的刑部郎中庄清度。前文已述，湖南州县官征收统一的火耗率，并从中提留自己的份额，庄清度建议州县继续征收10%的火耗，但应与正项钱粮一起提解，然后督抚依据各州县的地理位置和公务的繁简予以分配。在这种方法中，官员的养廉可以反映他的需求，而不是他所在地区赋税额的大小。[69] 庄清度可能不知道这正是山西和河南正在实施的、他人还未发现有如此吸引力的一种方法。 100

河南对改革的抵制

起初大部分反对改革的人，是出于对不应违背儒家宽仁统治的真正关注。然而，对个人收入的关注也激发了许多官员不情愿放弃非正式经费体系。州县官对火耗的控制权成为火耗归公最强烈反对者共同的呼吁，这并不是什么意外之事。只要火耗依旧非法以及对它的征收未加规定，那么它就为州县官及上司提供了个人收入有利可图的来源。甚至是在那些从火耗中获利微不足道的人中间，对火耗征收和监督分配的想法也引起了地方上会产生新的亏空的恐慌，只是在成功地实施改革数年后才打消了这一担心。因此，火耗提解藩库变成了正在实施改革的一些省份的主要反对目标。到了1724年夏天，对火耗归公的反对从理论转向了实践。

在山西，这表现为一些州县官拒绝将他们的火耗提解藩库。[70]

---

[69] 《宫中档雍正朝奏折》，刑部郎中庄清度，无具文时间（雍正时期）。

[70] 《宫中档》20208，山西布政使高成龄，雍正三年二月初八日。

对少数反抗者迅速予以弹劾，很快就控制了局势，结果，改革几乎
101 没有遇到公开的反对。在河南，州县官也设法阻止火耗的提解，他们的做法是与京官联手，共同诋毁改革最早的倡导者之一、河南布政使田文镜。要求弹劾田文镜以及同时爆发的士绅对田文镜的另一项政策的抵制，使火耗归公成为整个官场关注的焦点，促使雍正皇帝第一次站在改革的立场进行公开的干预。

田文镜是雍正皇帝任命的干练务实型省级大员的典型。与其他作为雍正皇帝促进地方治理运动工具的官员一样，田文镜也是通过异途进入官场的。[71] 他升至显位是皇帝一手提拔的。[72] 田文镜的宦海生涯始于1684年，当时任县丞，在以后的20年间他的最高职位是直隶州知州，1708年，他内升京官，担任过许多中级官职。然而，在康熙朝最后一年，田文镜似乎与不久就成为新皇帝、当时的雍亲王建立了密切关系[73]，并在整个雍正朝，被雍正皇帝视为他的三位心腹官员之一。[74]

---

[71] 诺岷、石文焯、杨宗仁、田文镜都是旗人，都是通过捐纳进入仕途。他们的传记见《国朝耆献类征初编》卷一七〇、卷六五，《从政观法录》卷九、卷一四、卷二二六，《满洲名臣传》卷九、卷一八、卷六六。

[72] 其他人的情况也可能如此。张仲礼已指出，在太平天国起义前，捐监通常仅提供了最底层官员任命的资格。参见张仲礼：《中国绅士：关于其在十九世纪中国社会中作用的研究》，5页。在田文镜的例子中，皇帝提拔他的证据更为直接。1725年
331 初，在一道经由他人传达给田文镜的上谕中，雍正皇帝说："田文镜并无一人保举他，系朕独用之人。"《雍正朱批谕旨》，田文镜，雍正二年十一月二十日。

[73] 尽管在公开场合，雍正皇帝否认认识田文镜，但奏折显示出两人的亲密远远超出了君臣间应有的关系。1728年，当田文镜请求陛见以征求雍正皇帝对他河东总督职责训示时，雍正皇帝拒绝田文镜离任赴京，并说了这样的话："假使朕不知卿，卿不知朕，应须觌面训谕。若云久违五载，依朕观之，岁月虽多，未曾相离寸步也。"《雍正朱批谕旨》，田文镜，雍正六年六月二十一日。

[74] 其他两人是李卫、鄂尔泰。

田文镜与雍正皇帝的关系部分建立在解决行政事务的共同方法基础之上。对于公务，两人都有强烈的使命感，旨在建立廉洁的政府。尽管在有生之年遭到了斥责，田文镜仍是官方“经世”行动主义主要的楷模，他的许多奏疏在十九世纪时被刊印。田文镜和雍正皇帝也都对成功通过科考的科甲官员及集团极端不信任。[75] 这大概可以解释他们为什么都将清朝财政管理许多内在的问题，归咎于各省官僚间的偏袒和掩饰。田文镜长期在地方为官，对问题的看法来源于实际经验，而不是儒家科甲出身人士的书本学问。在评价属下时，他一贯强调行政能力，可能是他最早建议雍正皇帝采用试用官制度。[76] 此外，田文镜自己有关行政事务的著述作为培训地方官的 102
组成部分，由官方刊行。[77]

尽管我们不知道田文镜擢至省级大员是否为了推动火耗改革事业这一特定的目的，但很明显他是一个理想的工具。[78] 田文镜从底层脱颖而出，派往山西担任布政使时已经62岁了。正如他经常表白

[75] 田文镜不信任地方士绅的极好例证，可见他的《州县事宜》。雍正皇帝更是公开表明对科甲士人的不满。1727年雍正皇帝欲广开捐纳时说：“近见科目出身之员，不但多有苟且因循之人，而贪赃坏法者，亦复不少。至于师友同年夤缘请托之风，比比皆是，牢不可破。假若仕途尽系科目，亦彼此固结，背公营私，于国计民生，为患甚巨。”张仲礼：《中国绅士：关于其在十九世纪中国社会中作用的研究》，115页。

[76] 田文镜在1727年的一份长折中第一次建议使用试用官。这一想法开始遭到雍正皇帝拒绝，但后来得到实施。见《雍正朱批谕旨》，田文镜，雍正五年二月十八日。

[77] 为出版《雍正朱批谕旨》，雍正皇帝所选田文镜的奏折多于其他任何官员。作为地方行政论集汇编的《州县事宜》，以及田文镜身为河南巡抚的奏疏选集《抚豫宣化录》，也都是在皇帝的建议下编纂的。

[78] 尽管在后来的讨论中，雍正皇帝总是将诺岷称为火耗归公政策的创始人，但在以后的讨论中，尤其是乾隆皇帝，也赋予了田文镜同样的荣誉。参见《彰德府志》卷一，53～55页。

的，自己年岁已大，不会因顾惜仕途而庸碌无为。作为与地方和士绅利益没有干系的汉军旗人，他只效忠于皇帝一人。田文镜与雍正皇帝的亲密以及执行皇帝意愿的信心，使得他一心一意搞改革。[79]尽管如此，由于不够圆滑老练，他成为最不受欢迎的省级官员之一。因此，早期对于新政策的反对都集中在田文镜身上也就不足为奇。

在山西树立了火耗归公的认识后，田文镜调任河南布政使。正如他到达山西标志着将火耗开始系统地用于资助地方政府一样，田文镜移官河南，也立即给那里的财政管理带来了变化。我们已看到，雍正二年初河南巡抚石文焯决定使用火耗弥补亏空，并为官员提供一种稳定的行政经费来源，正是在他的副手田文镜的帮助下，实现了将火耗全部提解藩库。

罗其昌对于地方财政这种方法的批评很快就与不断地要求将田文镜撤职的奏疏交相呼应。据弹劾者的说法，在田文镜的领导下，“州县分文不与”，结果是“官穷民困”[80]。

面对这些指控，石文焯指出，作为对州县官将火耗提解藩库的回报，所有官员现在可以得到养廉，同时另有额外的公费。州县官不再向他们的上司供应节礼和诸多费用，或是无休止地捐助公共开支，他们的财政状况较之从前已大为改善。[81] 在坚持火耗全部提解的重要性上，田文镜自己的答复则更为有力。如果火耗与正项钱粮
103 一起投入封柜并全部解送至布政使，那么州县官就没有了对百姓额

---

[79] 田文镜经常抱怨由于贯彻了皇帝的旨意，他才遭到手下人的嫉恨。参见《雍正朱批谕旨》，田文镜，雍正二年八月初八日。

[80] 《雍正朱批谕旨》，田文镜，雍正二年五月十二日。这一论述出现在田文镜引述的上谕中。

[81] 《宫中档雍正朝奏折》，河南巡抚石文焯，雍正二年五月十八日。

外需索的动机。只有通过这个办法，省内大员才能保证全省的支出有一个稳定的经费渠道，并制止对纳税人加派的逐步增多。[82]

雍正皇帝对田文镜的忠诚深信不疑，但他对于田文镜奏折的批答清楚地反映出此时改革的实验特性，官员在执行中必须小心谨慎：

> 今览此奏虽明，然到底尔等料理有不到处、令人疑怨处，还有论此等作用胜如节礼之说。尔等人虽非如此人，而事局稍似此论事，所以谕尔等无令人趁隙方好。[83]

雍正皇帝担心的麻烦不久就来了。1724 年 7 月初，人们将田文镜地方财政改革的做法与执行公共事务中对百姓的压迫联系在一起。在很短的时间内，地方士绅和火耗归公反对者的利益汇集成流言蜚语，这可能葬送财政的合理化改革。

河南进行的大规模堤坝维护所引发的事变加速了这场危机。为确保工程的成功，要求各地方供给人夫与物料。对田文镜政策的指控说，这位布政使强迫州县官将所有的火耗提解藩库，州县官除从百姓手中征用草束并迫使他们运至工地外，别无选择。另外，尽管清廷废除了劳役，但士绅和百姓仍被征募在堤坝上劳作。[84]

河南的真实情形与上面所描述的有所不同。大批农民正将草束运至工地，但那是因为政府给出了很好的价格，一旦新的收获季节来临，这一价格就可能下跌了。然而，田文镜的反对者真正的标靶 *104*
是政府征用的在大堤劳作的人夫。为了赶在雨季到来之前完工，田文镜授权州县官以百姓占有土地的多少征用所需人夫。每 150～200

---

[82] 《雍正朱批谕旨》，田文镜，雍正二年五月十二日。 *332*
[83] 《宫中档雍正朝奏折》，田文镜，雍正二年六月二十二日。
[84] 《雍正朱批谕旨》，田文镜，雍正二年五月十二日。

亩地应提供一个人夫。根据每个人夫完成工程的数量和难度付给一定的报酬。很明显，大堤人夫的征用是针对地方上较为富有的居民，因为极少有农民拥有这么大量的土地。田文镜自己承认那些填充名额的是多资财而少男丁的士绅家庭。结果，这些士绅“不能亲自赴工，即雇觅贫民代往，除工价之外，尚有帮贴，则是无地贫民正可借此以资衣食，原非苦累之事”[85]。

并不是每个人都像田文镜一样估计形势。在7月底前，河南的100名生员、举人和进士发起了一场针对当差的抗议运动。他们阻止封丘知县进入县城，呈递了一系列要求，阻止政府雇用大堤人夫，当然，他们最大的冤屈是官府要求士民一体缴粮和当差。平息反抗者的艰辛努力失败了，7月末下层士绅的不满情绪达到高潮，生员罢考，只有23人参加县里的考试。[86]

雍正皇帝极为关注罢考事件。罢考是读书人为数不多的表达他们对政府不满的发泄途径之一。事实上，这种行为是在挑战清朝的统治。尽管河南学政和其他大员努力敷衍此事，但雍正皇帝坚持必须抓捕为首之人，并且在给田文镜的秘密批答中，提议处死一两个人，以儆效尤。[87]

田文镜也对这一抵制行为所暗含的意义感到担忧。在接下来的

---

[85] 《雍正朱批谕旨》，田文镜，雍正二年五月十二日。

[86] 《雍正朱批谕旨》，田文镜，雍正二年六月二十二日。对于罢考及它与“丁随地”新政策联系的更完整探讨，可以参见我的《田文镜和雍正时期的激进财政改革》(未发表论文，伯克利，1975年)。也参见荒木敏一：《田文镜和雍正二年的罢考事件》。

[87] 《雍正朱批谕旨》，田文镜，雍正二年六月二十二日。学政名叫张廷璐，是张廷玉的兄弟；张廷玉出自安徽有权势的士绅家庭，他本人是对雍正及乾隆初期的政治有着巨大影响的大学士。

一个半月中，对于当差的反抗和对火耗归公的不满交织在一起。田文镜自己的一些属下加入了反对火耗提解藩库的队伍，指控田文镜 105 利用此项革新以肥私囊。[88] 在一系列辩解的奏折中，田文镜表达了焦虑，再三表示，火耗归公旨在制止腐败，而不是促成腐败。雍正皇帝给田文镜奏折的批答表现出对他的袒护，使得这位布政使对他在改革方面可能走得过远的担心部分得以消释。雍正皇帝反复激励他不要在意他的热忱所引发的憎恨[89]，用雍正皇帝自己的话说，“尔系深知朕意者，朕亦信得尔”[90]。

雍正皇帝的批答可能是在抚慰这位日见老态的官员，但是他对改革最大的支持是在行动上，而不是在语言上。抗议发生三个月后，田文镜擢升为河南巡抚。[91] 更具有意义的是，在河南关于改革的冲突达到最高潮的时候，雍正皇帝将山西火耗归公方案在朝廷上公之于众，要求审议通过来支持新的政策。

从试验到向全国推广

1724 年夏天之前，火耗归公的讨论只是通过奏折进行。在统治头一年半的时间内，雍正皇帝对允许各省官员不受任何政治派别的干扰，调查当地情况并呈报解决财政危机方案很满意。可能是看出了京官与各省官员在态度和利益上的分歧，雍正皇帝选择赋予各省官员在他们辖区内的财政问题上相当大的自主权。在火耗归公实验的最初几个月，除了重申禁止官员向属下勒索规礼外，雍正皇帝对

---

[88] 《雍正朱批谕旨》，田文镜，雍正二年六月二十二日。
[89] 《雍正朱批谕旨》，田文镜，雍正二年八月初八日。
[90] 《雍正朱批谕旨》，田文镜，雍正二年六月二十二日。
[91] 《雍正朱批谕旨》，田文镜，雍正二年九月初三日。

这一问题没有下发任何谕旨。[92] 在对那些已致力于解决亏空问题奏折的批答中，雍正皇帝鼓励与他意见一致的官员，但并未对行动提出任何专门的意见。

106 7 月中旬，雍正皇帝决定通过令诺岷在上呈内阁的奏疏中请求实施火耗归公，将此事公开。[93] 改革的对立意见日见增多，特别是，反对失去对非正式收入控制的州县官们联合到了一起。雍正皇帝本可以避免介入这场争论，但那只能甘冒放弃业已实施的改革的危险。可能他感觉到，他自己对新政策是支持的证明，不管多么隐蔽，将会迫使朝廷官员考虑诺岷方案的优点。如果雍正皇帝有这样的期盼，那他很快就会失望，反对诺岷请求的意见迅速而且一致。[94]

今天我们只能看到回应诺岷奏疏的两个人的意见。对于利用火耗弥补亏空已有所保留意见的沈近思，对这种加派的合法化提出了新的反对意见。他尤其担心，将现在还没有定额的加派作为赋税解送藩库，官员们将会视这些火耗为正项。在沈近思看来，这不可避免地导致火耗之外的额外加派，以补偿州县官向别处的馈赠。结果只是给百姓带来苦难。[95]

---

[92] 《宫中档》3595，上谕，雍正二年。

[93] 最初的奏疏现今不复存在。因为它是以诺岷个人的名义提交内阁讨论的，所以可能是以题本的形式上呈的。官员使用题本仅奏报日常事务，这一事实揭示出，是皇帝本人指示诺岷在这时提交这一方案的。当有创见性的新意见以奏折的形式呈递给他时，雍正皇帝经常会这样做。诺岷的建议出现在雍正二年初，这显示出皇帝愿意将火耗归公公开化并鼓励它的广泛实施，这样假设是有道理的。（诺岷所上题本及后文所说内阁的议覆都不是事实，高成龄驳斥的是御史刘灿所上条奏。——译者）

[94] 《东华录》，雍正四，雍正二年六月乙酉。

[95] 《沈端恪公遗书·年谱》，248～249 页。

同样强有力的反对意见是由查嗣庭提出的。[96] 查嗣庭认为火耗不应当合法化，但是也勉强同意作为一项清除亏空的暂时开支是必要的。然而，他最关心的是，户部对诺岷方案中的火耗收入缺乏监督。[97] 作为补救措施，他提议各省布政使要编制每年征收的火耗数目以及必须弥补的亏空数目。在此基础上，制订弥补计划，并且通过比较征收火耗和用于弥补亏空的数目，由户部监督火耗的使用。掌握了各省清偿债务的能力，户部可以制定完成任务的期限，待任务完成之后，提解火耗就可以结束了。

很明显，查嗣庭对大部分地方官员的品行不抱多大信心，这一事实使得他反对任何利用火耗支付省里和地方公共开支的方案。这不仅妨碍亏空的弥补，而且提供了官员侵贪政府经费的机会。户部 107
对各省的财政督察一事又一次成为查嗣庭反对意见的核心问题。如诺岷所提出的，火耗用于公共开支不需要经过户部的同意，并且也不用每年进行奏销。如果官员能够从每年奏销的正项中侵贪数百万两，那么查嗣庭完全想象得出，如果同意各省征收经费并由它们独自掌握，将会发生什么。

这两个人所表达的忧虑是有根据的，并且将继续困扰地方财政合理化改革的支持者多年。产生于官僚体系，不足以应付中央集权和地方自治间的紧张关系，以及不足以应付轻徭薄赋的信念与地方政府的财政要求之间的紧张关系的非正式经费体系，现在受到了威胁。内阁对于诺岷奏疏的反应，虽然掩饰了这些紧张关系并鼓吹官

---

[96] 查嗣庭是来自浙江的进士，仕途始于翰林院。在礼部侍郎任上，他遭到清算并最终死于狱中。他是雍正朝少数几桩文字狱案的罹难者。恒慕义主编：《清代名人传略》，22 页。

[97] 《宫中档》4898，查嗣庭，无具文时间（雍正时期）。

场道德的双重标准，却也反映出他们不情愿修改一项已经运转得如此良好的制度。

内阁的议覆刊载在邸抄上。尽管最初的文本已不复存在，但我们还是可以通过新任山西布政使高成龄提出的详尽的辩驳来重现他们的论点。

高成龄的奏折是这一时期为火耗归公最具说服力的辩护。[98] 高成龄首先批评了火耗是州县独有财产的基本错误认识。他辩论的关键以经典的论述为前提：普天之下莫非王土，王道之大本乎人情。他认为，正赋以供国用，耗羡以养廉员。"治人食人相维相系"。换言之，只要官员自己有法谋生，他就是一个好的管理者。尽管火耗是人民的钱财，但它也是国家的财富，因为所有的土地归君王所有。高成龄的说法是，皇帝体恤群臣，决定补助所有官员的正式薪俸的
108 不足，包括督抚、司道和知府，并不仅仅是专为州县考虑。

高成龄断言，如果像内阁所说，耗羡属于州县所有，不必向上司解送，那么是他们不明白耗羡和节礼间有着密切的关系。如果耗羡不向上司解送，那么他们的属下必然向他们馈送节礼。在这种情况下，下层官员衡量督抚司道府厅的权力大小，决定向他们馈送节礼的相应数目。节礼每逢端阳、中秋、新年和官员生日时呈递，这叫"四节节礼"。呈递四节节礼的同时还须有拜见的表礼，见面时须有土仪即土产，还有时鲜。下级官员送礼讨好上司，一旦他们建立了依赖关系，他们就挟制上司，为所欲为，无所顾忌。上司收受属下的节礼，当属下有不法行为时为他们提供庇护，缄口不言。名节败坏，操守无存。百姓遭受剥削，国库出现亏空。

---

⑱ 《宫中档》20204，山西布政使高成龄，雍正二年六月初八日。

接下来，高成龄驳斥道德家们，指出禁止节礼馈送和拣选有操守的官员不能解决问题。即使节礼遭禁，不守法官员还会找到欺骗的途径以满足他们的无餍之求。即便有官员安足于简单生活且想断绝馈送节礼，可上司却因此断绝了经费来源，他们将不得不枵腹办事，而州县官却平安无事地享有巨大的好处。高成龄问：谁能容忍这一切？

出于以上原因，高成龄主张，州县的火耗必须提解藩库，省中的大员将重新对它分配，利用公众的火耗向公众提供养廉。高成龄使反对者相信，这是天理与人情的全面实现，并且也不悖于国家的法律。他强调，当火耗提解之时，如果全省出现不可避免的公共开 109
支，这些火耗根据需要就可以分拨使用，而无须按州县分派。如果大员不需要增派力役，那么州县就没有了向乡民勒索的借口。通过这种形式，提解火耗也就消除了私派。就这样，高成龄寻求将康熙皇帝因担心被指摘为同意私派而拒绝批准的政策转变为反对私派的重要力量。

接着，高成龄为指控改革将加重纳税人的负担进行辩护。他指出，山西省每个州县的火耗都得以清查并减少，现在的征收率只是过去的一半，而且，遵照皇帝对欠赋的谕旨，分三年带征，便于百姓轻松完纳。高成龄反对火耗征收率的固定将导致更重赋税的看法，他指出，只有将征收率固定，百姓才知道他们应该缴多少税，才能保护自己，反对那些肆意征税的官员。他将固定火耗率和令纳税人自封投柜联系起来，并反复强调，因为银柜是封锁的，且征收率是固定的，因此州县不会干涉。所以，如同田文镜先前所强调的，州县官没有了征收超额部分的动机。他还以讽刺的口吻，安抚担心饥荒年份时火耗如何征收的那些人：正项钱粮还不能全完，遑论耗羡。

对于那些抱怨州县官拥有的火耗数目太少不足以开销的人，高成龄也予以驳斥。一方面，如果说州县官现在拥有的经费额似乎减少了，那同时也应该记住，他们的开支也减少了，因为他们不必向上司馈送节礼，也不再为公共开支到处筹措经费。高成龄认为，如果遵守规定，避免带领大量的随从上任，并且厉行节俭，那么他们的养廉，加之杂税和盈余，远远超过他们的衣食所需。无论如何，
110 在山西，除了养廉之外，州县官还得到倾销脚价，还有户部定额以外的驿马草料银。正如一些批评者所说的那样，事务繁剧、地处要冲的州县养廉超过 2 000 两，而事务简单、地处偏远的州县每两征收的火耗不足三分。

高成龄在他的奏折结尾确信，使用火耗弥补亏空不会牺牲他们更为廉洁的同僚而令亏空在身的官员逍遥自在。山西的政策依然是，弹劾亏空官员，在宣布为无着亏空以及用他们的火耗弥补亏空之前，先用他们任所和籍贯的财产赔补亏空。

高成龄承认有治人无治法。在最后的分析中，他无法保证不存在肆无忌惮滥用提解火耗以图私利的官员。虽然如此，他还是请求皇帝，下令各省督抚按照诺岷奏折的方案实施火耗归公，计算征收的火耗数量，每年年终，以题本的方式上奏分发养廉数目、公费数目、弥补亏空数目，用高成龄的话说："电照之下，谁能侵吞？"

有了高成龄犀利分析的支持，雍正皇帝再一次将火耗归公的意见交给廷臣。这一次他将讨论的范围扩大至总理事务王大臣、九卿、詹事、科道官员，告诫他们要平心静气、秉公执正商议，如果意见

分歧，不妨再议，三议。[99]

雍正皇帝心中希望，通过扩大争论的范围，廷臣会同意实施改革。毋庸置疑，被征求意见的官员心知肚明，皇帝垂青于这一方案，因此，朝廷通过这一方案并不奇怪。但是，正如皇帝对他们奏折批答所显示的一样，正是有着重大保留意见的同意，反映出了皇帝和他的大臣在财政组织问题上的持久分歧。

> 州县火耗原非应有之项，因通省公费及各官养廉不得不取 111
> 给于此者，朕非不愿天下州县丝毫不取于民，而其势有所不能。且历来火耗皆州县征收，而加派横征，侵蚀国帑，亏空之数不下数百余万。原其所由，州县征收火耗，分送上司，各上司日用之资皆取给于州县，以致耗羡之外，种种馈送名色繁多，故州县有所借口而肆其贪婪，上司有所瞻徇而曲为容隐。此从来之积弊，所当剔除者也。与其州县存火耗以养上司，何如上司拨火耗以养州县乎？
>
> 尔等奏称各属火耗请将分数酌定，朕思一省之内州县有大小、钱粮有多寡，地广粮多之州县，少加火耗以足养廉，若行之地小粮少之州县，则不能矣。惟火耗不定分数，倘地方遇差多事繁之时，则酌计可以济用，或是年差少事简，则耗羡即可量减矣。又或偶遇不肖有司一时加增，而遇清廉自好者，自可减除矣。若酌定分数，则将来竟为成额，必致有增无减。此火耗分数不可以酌定者也。
>
> 又奏称提解火耗，将州县应得之项听其如数扣存，不必解

---

[99] 《宫中档》20204，山西布政使高成龄，雍正二年六月初八日。实录里皇帝的告诫语气则相对缓和。

而复拨等语。现今州县征收钱粮皆百姓自封投柜，其拆封起解时，同城官公同验看，耗羡与正项同解，分毫不能入己。州县皆知重耗无益于己，孰肯额外加征乎？是提解火耗，既给上下养廉之资，而且留补亏空，有益于国计。若将州县应得之数，扣存于下，势必额外加增，私行巧取，浮于应得之数，累及小
112 民。况解交督抚，则显然有据，扣存州县，则难保贪廉，此州县羡余之不可扣存者也。

又奏称巡抚诺岷清勤敏干，布政使高成龄操守亦优，应令二人尽心商确，先于山西一省照所奏试行之。此言尤非也。天下事，惟有可行与不可行两端耳。如以为可行，则可通行于天下；如以为不可行，则亦不当试之于山西。譬如治病，漫以医药试之，鲜有能愈者。今以山西为试行之省，朕不忍也，且天下抚藩，岂尽不如诺岷、高成龄，而谓二人独能行之乎？

又奏称提解火耗，非经常可久之道。凡立法行政，孰可历久无弊？从来有治人无治法，文武之政，布在方策；其人存，则其政举。朕谓有治人即有治法。法有因时制宜者，譬如人有疾病，因症投药，病愈即止。今提解火耗，原一时权宜之计，将来亏空清楚，府库充裕，有司皆知自好，则提解自不必行，火耗亦可渐减。

今尔等所议为国计乎，为民生乎？不过为州县起见，独不思州县有州县之苦，上司亦有上司之苦，持论必当公平，不可
113 偏向。又朝廷之与百姓，原属一体，朝廷经费充足，民间偏遇歉收，可以施恩赈恤，百姓自无不足之虞。是清补亏空，于国

计民生均有益也。[100]

雍正皇帝最重要的想法是，通过将地方财政基础合理化以消除腐败问题。他将地方财政的不稳定根源定位于省内官员非正式筹措经费的做法，而不在于人民无力或不情愿缴税。更为重要的是，他承认问题在于地方上正式财政不敷用度。尽管承认火耗从源头上讲是一种非法加派，但现在他认为，征收火耗对于向官员提供养廉以及省内的行政开支来说必不可少。

强调轻徭薄赋的中国传统政治经济，遵循着内在法则，反对提高人民的赋税负担，正如同我们已经看到的康熙皇帝给年羹尧的批答，老皇帝担心同意火耗合法化的加赋会被视为稗政的表现。在传统的历史编纂学中，明末的“三饷”加派被视为王朝覆灭的主要原因。大多数统治者，不承认当政府负责的人口和服务增加时，财政收入也需要扩大，而是对非正式经费体系视而不见，因此也是对腐败的默许，其结果就如雍正皇帝在上谕中对它们的描述。现在，第一次代替了道德的说教，雍正皇帝希望提供善政的先决条件——各省经费有正式的和充裕的来源，它通过藩库进行管理，但地方有足够的自主权以保证地方需求不断变化所需的灵活性。

实施耗羡归公的方法，雍正皇帝无疑赞同州县将火耗完全提解藩库。他的主张正是田文镜和高成龄先前所提出的。然而，完全提解火耗是以防止腐败为唯一目的的措施，这不应与改革的其他方面混为一谈。后来许多官员解释雍正皇帝的话——将来一旦亏空弥补

---

[100] 《东华录》，雍正五，雍正二年七月丁未。

114 清楚，库储充盈，官员道德得以重建，就不再需要提解，火耗率可以降低——意味着尽可能快地取消作为权宜之计的火耗归公。这完全是一种误解。雍正皇帝的意思是，一旦亏空消除，地方财政得以有效重建，就不再需要这么多火耗。一旦合理的财政成为规章制度，也就不再需要完全的提解，以防备官员的侵贪。然而，利用火耗提供官员养廉和公费是一项给国家和人民带来长远利益的政策。

雍正皇帝对首先应在山西实施火耗归公建议的拒绝，并不是对实验方案的拒绝，而是反映出他认识到此前的实验已经成功。朝廷本不应忽略这样的事实，即山西之外，提解火耗已在湖北、河南、山东、直隶付诸实施。大概皇帝认为廷臣的建议并非是要实验这一政策，而是意在缩减已经正在实施改革的地区。而现在，雍正皇帝欲将改革扩展到整个国家。

更具有启发意义的事实是，皇帝斥责廷臣靠廉洁官员来执行改革的认识，廷臣言论含有儒家对“法”的反对。雍正皇帝将“法”置于首要位置，坚持认为：如果一项政策是好的，它就可以到处通行；如果政策是不好的，它根本就不应执行，廉洁官员与此有何相干？雍正皇帝承认所有的法律都有被破坏的可能性。然而，用他自己的话说：“文武之政，布在方策。”在对善政在于人治而不在于法治的细致再解释中，雍正皇帝宣称，重要的不在于人的道德（因为他对大多数官员的操守十分怀疑），而在于他们提出的政策。依靠新人，贯彻新政策有益于国计民生。而且，当两者改变时，法律也必须改变。如此一来，这里同别处一样，雍正皇帝从传统的束缚中解
115 放出来，以他认为最好的方法进行统治。

火耗归公的政策并非没有自己的基础。关注民生是儒家，也是

安部健夫教授称之为“满族仁政”(Manchu benevolence)[101] 的最根本原则。尽管表面上，雍正时期的改革看起来是提高了税收，而实际上皇帝视它为通过消除所有别的加派从而降低人民负担的手段。赞同儒家经世思想的人看重的是为官或居乡学者的道德，希望借此促成大众的福祉，但是，早期的满族统治者对士绅极不信任。正是这种不信任促使清统治者减少了士绅的赋税优免，同时雍正皇帝也扩大了非正途出身人士的仕宦之路。[102] 他认为，廷臣反对火耗归公反映出他们只关注州县官通过榨取百姓的赋税从而捞取好处。这种滥用职权为个人谋求私利的认识，违背了“满族仁政”的重要信条或是魏斐德教授所谓的“满族家长式统治”(Manchu paternalism)——国家财富和人民财富的统一。这一观念在 1644 年当多尔衮第一次进入北京对汉人约法时就曾有所表达。[103] 多尔衮和雍正皇帝声明的内在本质所表达的信念是：汉人官员的腐败是王朝与人民间近乎神圣联系的主要威胁，而这种联系是全体国民福祉的根本。

雍正皇帝的财政方案体现的是对汉族士绅既得利益的大胆挑战。因此，尽管上谕绝对同意火耗归公，但雍正皇帝仍感觉到必须小心行事。面对中央部分官员不情愿的默许以及部分地方官员和士绅的不断反对，雍正皇帝被迫下令火耗归公的改革听凭各省督抚处置，而奏折制度又一次为改革按照皇帝的意愿进行提供了保证。

---

[101] 安部健夫：《清代史研究》，682～690 页。

[102] 1657 年，清朝取消了拥有功名者免除当差的规定。另外，所有其他形式个人服役的豁免也被限制在拥有功名者本人。萧公权：《中国乡村：十九世纪的帝国控制》，125 页。这一法令对于有地士绅的意义，参见希拉里·贝蒂：《中国的土地和宗 333
族：明清两朝安徽桐城研究》，70～71 页。

[103] 参见魏斐德：《大顺的统治》，73 页。

第四章

财政合理化改革与各地的实施

116 雍正皇帝对火耗归公的认可是整个国家实施耗羡归公的第一步。作为革新的坚定支持者，雍正皇帝也承认这一重大的改革不会因通过了法令就万事大吉。依据因地制宜的原则，他将具体实施留给了各省的督抚和布政使。而且，他强烈地意识到，在地方财政问题上中央和地方官员可能会发生冲突，因此坚持认为，改革所得经费只能置于它所在地方的管理和监督之下。在第一个十年，这些省内经费的审核与正项钱粮的奏销制度完全分离。不过，同前一章讨论的改革形成时期一样，皇帝只是通过奏折制度予以指导而已。除了将信得过的行政人才置于省内最高的官位，以及私下里斥责那些做法违背改革精神之人，雍正皇帝几乎没有行使作为政策最高裁决者的权力。

一、找出一个模式

117 改革实施之初，没有制定明确的火耗归公章程，因此出现了一些混乱，特别是各省在推动建立新的地方财政制度进程方面差别甚大。尽管很快就清楚了河南和山西实施的方法是改革的典范，但抵制还是出现了，虽然比皇帝颁发谕旨之前有所减少。各地资源、物产和开支需求的差异所造成的不同情况，的确导致各省对这一模式的采纳有所变化。然而，尽管在执行改革中各地被赋予了相当大的自主权，但各省之间出现的不同在根本上还是量的差异。而且，与明末清初所实施的赋税征收和编审改革不同，雍正时期的财政重组，从一开始就是在巡抚和布政使的强有力指导之下进行的，因此各省之间的差异微乎其微。在讨论每个省实施中遇到的问题之前，首先让我们考察一下所有省份共有的主要结构性问题以及指导它们实施的原则。

在火耗改革所含有的全部结构性革新的背后是“以公完公”的原则。从字面上看，这一表述似乎过分简单，但是，据我们对从前的财政体系的分析可知，它在财政思想方面包含着许多非常重要的进步。首先，在国家和各省的税收收入间做了区分。这里的“公”必须理解为既是公共的又是各省的，在改革中，创造出了一种新的、来源于各省并由各省使用的赋税种类。这种赋税主要来源于火耗，但也包括了其他类型的征收，统称为“公项”。这一术语将它与向国家缴纳并用于中央政府职责内开支的“正项”区别开来。

其次，“以公完公”是对各省各级行政机构以它们自己的合法收 118
入来源执行自己公务需求的肯定。正如在前几章我们所看到的，甚至是在雍正朝之前，就曾间接地提出要有充足的经费以满足官员的开支而不必诉诸侵贪的想法。然而对此的讨论，几乎是言人人殊。担心会被剥夺了非正式经费来源的官员的最常用说法是，火耗或是陋规是他“养廉”所必需的。事实上，这种手段的养廉作用充其量也是空洞无力的。并没有计算过各级官员的花销，用于养廉的经费由官员自己决定，它的多少只受提供这些经费的百姓愿意承受的数量制约，因为，政府的合法渠道既无法提供官员个人的花销，也无法提供绝大多数行政和服务开支，在衙门运作过程中公和私也没有什么区别。火耗归公就是限制所有官员接触经费并向他们提供足够的公用经费，使他们不再拥有向属下加派或是勒索额外陋规的借口，从而尽最大可能消除腐败。如此，“公”这一术语不仅意味着用于中央与地方经费的区分，而且强有力地打击了非正式经费体系下财政事务的私人化。这种公和私的分离也表现在经费的分配方式上，它第一次在官员的私人开支和用于其辖区的行政开支间作了区别。

“以公完公”的概念在另一个方面也有其意义。因为官员的经费从藩库得到了保证，所以建立在非正式经费体系之上精心编织的个人关系网要被清除。官员的开销将建立在对地方需求的理性考虑之上，而不在于一个人对他辖区内特别的榨取伎俩。经费不是针对个人，而是随着官缺和地方的不同而有所增减。即便是在从前陋规没
119 有被取消而是归公的极少事例中，这些经费已不再是个人的加派，并且不必再对捐助者给予特别的照顾。盐规就是这样，这种曾经与地方长官商定并且由个人亲自呈送的经费，也成为进入藩库的众多征收中的一种，而这些经费将在全省范围进行分配。同样，由州县官向他们上司馈送的费用也成为正式的、固定的缴送，并且不再被视作用金钱来逃避检查。

“以公完公”的必然结果是扩大了政府对于公共工程的责任。随着火耗归公的改革，大量先前进入官员私囊的经费现今用于公共目

的。政府的资源现在不仅可以用于数目有限、由中央政府动用正项钱粮支持的浩大工程以及军事行动，而且供给了较小的、更具地方性的工程，它们以前被忽视或是由非正式的税收和捐助予以资助。

在火耗归公改革中引入的两个主要的结构性革新是“养廉银”和“公费银”。暂时撇开这些经费的来源问题，我们可以看到，将省内资源划分为这两种类别，在巡抚和布政使的监督之下，既为各级政府提供了一个固定额度的拨款，同时也提供了一笔更有弹性、以工程为出发点的经费。这一财政制度是为适应官僚制度的需求而设计的，因为它的行政开支相当稳定，而服务性开支常常是临时性的、巨大的以及不可预期的。

养廉银曾被译作“supplemental salaries”（补充性俸银）。[①] 这样的译名对引起人们关注养廉银所表示的、在正项赋税所提供的官员薪酬之上的巨额增长有积极作用。[②] 然而，salary（俸银）一词常常意味着公与私收入间的一种区别，这在中华帝国的政治经济具体情境中可能将人引入歧途。更有用的是“内”（inner）和“外”（outer）的区别。

各省官员在衙门内居住和办公。官场上的一切无不与官员的能力有关。每个人的秉性可能导致花销上的不同，但是，在我们称之为个人生活标准上，品级高的官员应高于低级官员，他做官时带在 120
身边的随从数目更多一些，所需要的协助他进行管理的胥吏的数目也会更多一些。尽管衙门自身被分为官员家眷、仆人、幕宾居住的内署，以及执行公务的外署，但这些人都为官员服务，在这一令人

① 瞿同祖：《清代地方政府》，22 页。
② 参见表 2－7《清代官员的俸银》。

敬畏的混合之地行事和居住，对于作为一级政府的官员的职责来说至关重要。私人幕宾的作用清晰可见：尽管是由官员自己聘请，但这些人的作用就如同美国一个当代行政助理所起的作用一样。然而，当需要一个可以依赖的代理人的时候，甚至一个仆人也可以帮忙来做公务。如此一来，如同以前对于衙门内任何的活动都没有经费供应一样（除了数目有限的一些衙役有工食银外），现在整个养廉银被视为用以供给衙门的所有活动。它用于显然与行政开支密切相关的开销：心红纸张、日常公务、征税、缉拿罪犯等，也支付官员及眷属的生活费用以及衙门人员的薪水。

这些“内部”的开支可以与那些用于军事防御，或是建筑工程及有利于当地百姓和地方政府的服务性开支作一比较。后者包括城垣和桥梁维修、仓廒建设、水利设施以及其他相似的开支，这是“外部”支出，这些以及我们即将看到的开销，由第二类款项“公费银”开支。

那些执行改革的人所面临的第一个问题，是决定每位官员的养廉银数量以及官员如何得到他们的份额，这些成为改革的核心问题。前文已述，在雍正皇帝要求全国实施改革的上谕颁布之前，人们尝试过两种方法，在河南和湖北，利用陋规和节礼经费的做法被禁止，取而代之的是两省督抚同意对全部地丁钱粮征收一个统一的百分比
121 数，然后利用这一名为火耗的款项向官员提供养廉银和公费银，以及弥补无着亏空。

湖北模式

火耗提解的初步方案最早是由湖广总督杨宗仁于 1723 年年中

提出并在湖北实施，第二年加以改善并推广至湖南。设计的方案不仅是一种为消除亏空而采取的临时措施，而且是向多层次的官员提供养廉银的长久性制度。到了 1724 年年中，火耗的征收率定为 10%。这样，每征收 1 两正项钱粮，就额外加征 1 钱作为该省的开支。州县官从纳税人那里每征收 1 钱火耗，有 6 分 8 厘提解至省作为上司的经费，这 6 分 8 厘的分配如下：1 分 5 厘作为布政使的养廉，6 厘作为按察使的养廉，4 厘作为管理该州县的道员的养廉，1 分作为知府的养廉，3 厘作为同知的养廉，3 分作为公费银。剩余的 3 分 2 厘由州县官保留作为自己的养廉。那些赋税额在 5 000 两及以下的州县免于提解火耗，因为他们的火耗总数只有 500 两或是更少。③

对于所取代的非正式经费体系来说，这一制度是巨大的进步。然而，当朝廷讨论耗羡归公改革时，因为包含着一些不利因素，使得雍正皇帝将它作为一项试验予以回避。事实上，检视湖北方案的缺点有利于人们理解一些重要的改革目标，而这些最终在河南的方案中得以解决。

首先，湖北方案在经费分配上不平等，官员不是基于需要给定养廉银数目，而是得到了他辖区所收赋税额的一个百分比数。因为州县征收的赋税从数千两到数十万两不等，因此一些州县官仅留有几百两，而有的却享有数千两。而且，因为同意赋税额在 5 000 两及以下的地区保留所有的火耗，那么赋税在 4 900 两的州县官将拥有 490 两，而赋税额在 5 100 两的州县将不得不和更为富有的地区以 122
同样的方法拥有火耗份额，仅有 164 两留给他们以维持衙门运作。因

③ 《宫中档雍正朝奏折》，湖南考官、刑部郎中庄清度，雍正二年四月。

为征收赋税是地方政府最重要和严格要求的一项职责，所以高税收额常常确实意味着这一地区在其他方面也会很“忙”。因此，一些官员赞成以一定的税收比率取得养廉银，这不无道理。然而，一些较贫困的地区对经费的需求，要多于它们内部所产生的经费，这也是实情。当地的居民更不可能对水利工程等有所捐助，因为许多贫困地区位于边地或山区，更容易招致贼匪，同时也需要更多的货物或赋税运输以及公务来往的费用。

湖北方案的第二个缺点在于养廉银的分配方法。高层官员继续从州县那里直接收受小额的捐献以维持他们自己的行政开支。与一次性得到自己经费的付费方式相比，这种做法不仅不便，而且使以前在非正式经费体系之下猖獗的各种形式的敲诈和勒索死灰复燃。除此之外，州县官征收火耗并在向上司递解火耗之前就要扣除自己应得份额，所以并没有制度上的检查以防止他超出应得的部分。事实上，通省的财政管理分散在数十位州县官手中，这种情形之下，在省级层次上对各地进行财政的合理监督的可能性确实很小。

湖北方案缺陷的最后一点在于根本就没有向一些省级官员提供养廉银，最明显的是巡抚和总督。对于管理粮、驿、盐务的道员以及学政也没有提供养廉银。在较低级的官员中，同知有养廉，而通判却没有，这些人正如考官庄清度所指出的，他们负有漕运之责，会有许多开销。④ 许多其他官员也被排除在最初改革之外，向他们提供养廉的问题我们以后再予讨论。

---

④ 《宫中档雍正朝奏折》，湖南考官、刑部郎中庄清度，雍正二年四月。

河南模式

在布政使田文镜的指导下，河南确立的第二种养廉分配方案是 123
最好的。[⑤] 在田文镜上任之前，河南巡抚石文焯已发布了一道命令，禁止征收并向上司馈送陋规。[⑥] 另外，固定比率的火耗征收已合法化。然而，在田文镜上任之前，关注的焦点在于利用火耗弥补亏空，而这些新的经费用于养廉和公费的规定是模糊的。

在一份时间为雍正二年（1724）三月的奏折中，巡抚石文焯声称，所有州县火耗都将提解公共仓库，也就是布政使藩库。尽管上司不再拥有规礼，州县官不再拥有火耗，但现今所有州县及以上官员将给予足够支用的养廉银。通过这种方式，官员可以恪尽职守而无财政之忧。

火耗总数按地丁钱粮的10%计算，约有400 000两。在此数字之上，形成了下面的养廉银定额。[⑦]

学政	4 000	两
布政使	24 000	两
按察使	10 000	两
开归道	10 000	两
管河道	4 000	两

⑤ 我选择讨论改革在河南而不是在山西实施，部分是因为河南的材料更多，部分是因为其他省份更多遵循了河南经验。有时具奏人提及“山西办法”就意味着火耗全部提解藩库，因为当雍正皇帝将改革一事公开并交付廷议时，田文镜正陷于一场与地方众多士绅的辩论，因此雍正皇帝使用山西作为讨论事例，可能是避开影响朝廷决策的无关事件。

⑥ 《宫中档雍正朝奏折》，河南巡抚石文焯，雍正二年正月二十二日。

⑦ 《宫中档雍正朝奏折》，河南巡抚石文焯，雍正二年三月初三日。

南汝道	3 000	两
开封府知府	4 000	两
其他知府 7 人	每人 3 000	两
	(21 000	两)
理事同知	1 000	两
同知 5 人	每人 800	两
	(4 000	两)
通判 10 人	每人 600	两
	(6 000	两)
汝州和祥符县知县	每人 2 000	两
	(4 000	两)
124 大州县官 43 人	每人 1 000	两
	(43 000	两)
中州县官 50 人	每人 800	两
	(40 000	两)
小州县官 12 人	每人 600	两
	(7 200	两)

总计：185 200 两

除此之外，石文焯请求，巡抚的养廉以过去旧体制下惯常收到的经费数为准，大约 30 000 两。

除了支付每一位官员的养廉银，石文焯还声明，用火耗来支付全省的公共开支，同时也提供地方上某些固定的支出，比如为驿马购买草料以及购置送往京师的物产，派往州县监督开启银柜官员的盘费，公务盘费以及州县官递解赋税的运费。每年用于养廉和公费的火耗支出大约是 245 000 两，剩余约 150 000 两用以弥补亏空和偿还购买额外的漕米等借支的正项钱粮。⑧

⑧ 《宫中档雍正朝奏折》，河南巡抚石文焯，雍正二年三月初三日。

雍正皇帝嘉许石文焯的方案，在批答中，对河南效法巡抚诺岷在山西率先实施的改革方案表示满意。值得注意的是，雍正皇帝仅有的批评是认为一些州县官的养廉银额可能不敷使用，他提议在亏空弥补清楚之后，重新厘定养廉标准[9]，这证实了皇帝并非视火耗归公仅作为弥补亏空权宜之计的看法。

河南对湖北的方案做了相当大的改进。所有火耗提解藩库，为的是以养廉银和公费的形式进行再分配。此外，派遣州县以外的官员监督银柜的开启，这标志着在控制基层管理的加派和腐败方面的一大飞跃。正如田文镜所指出的，因为州县官不再持有他们所征收的任何地丁钱粮，因此他们不再有任何动机来征收法定数额以外的 125
赋税。[10] 而且，当所有的官员直接从藩库中按季领取他们的养廉时[11]，他们也就从零星地收受属下呈送的行政开支经费的所有不便和压力中解脱了出来。另外，养廉银的发放在火耗分配中有优先权，不论是遇到自然灾害、欠赋还是过高的省级支出等困难，官员的收入都可以得到保证。通过将官员和上司间的经费利害关系剥离，至少河南的制度消除了非正式经费体系中以财政敲诈和庇护为特点的经费筹措的一个来源。

河南养廉分配方法的第二个优点是，它是以需求而不是以职位或特定地区的赋税收入多少所进行的更为平等的经费分配。该省集中所有的火耗并以固定的数目予以再分配，这也使平等分配成为可能，州县官的养廉尤其说明了这种对于需求的关注。在河南，州县

---

⑨ 《宫中档雍正朝奏折》，河南巡抚石文焯，雍正二年三月初三日。

⑩ 参见第 116～117 页（指本书边码。——译者）。

⑪ 参见《雍正朱批谕旨》，田文镜，雍正七年五月初四日；《雍正朱批谕旨》，安徽巡抚魏廷珍，雍正七年十月二十五日。

以公务的繁忙程度、地处要冲与否和离省城的远近而划分为三个等级，相应赋予不同的养廉。道员因在广大区域内巡视而给予更多的津贴。这反过来将州县从提供食宿和监察巡视官员盘费的责任中解放了出来。给予开归道和开封知府额外的经费，这反映出身为省城首善之地的官员要承担额外的责任。布政使的高额养廉特别值得关注，不仅是在清朝这一职位威望提升和权力增大的明证，而且它也明确包括了布政使衙门额外的公费，这部分公费是为了应付因实施火耗归公而扩大的核销责任。⑫

值得注意的是，正如河南方案所构想的，养廉并非意味着涵盖了官员的公务活动中的所有开支，至少除了那些习惯上视作通省的责任，比如河工和重大工程建设之外，还给予州县官额外的经费，
126 以弥补盘费、解费、办置贡品和喂养驿马的费用，所有这些支出以前主要是耗用地方财富。⑬

最后，河南方案向所有州县官及以上官员提供了养廉。后来，将养廉推广至底层官员，河南再一次领风气之先。从一开始，养廉额没有被认为是固定不变的，不但在藩库有着以更为灵活的公费形式储存的经费可以用来增加养廉的分配，而且，我们将要看到，新的经费来源指定为省里专用，因为“归公”的概念早已得到了皇帝的青睐。

其余省份实施的方案综合了河南和湖北两省的做法。安部健夫教授在他关于火耗的开拓性研究著作中，将在改革过程中出现的提解火耗方法分为三类：全部提解、大部分提解、少部分提解。⑭ 全

---

⑫ 《宫中档雍正朝奏折》，河南巡抚石文焯，雍正二年三月初三日。

⑬ 《宫中档雍正朝奏折》，河南巡抚石文焯，雍正二年正月二十二日。

⑭ 安部健夫：《耗羡提解研究》，228页。

部提解遵循的是率先在河南和山西实施的方法，火耗由州县以固定比率征收并全部提解藩库，并以额定的养廉和灵活的公费形式进行分配。第二类，火耗和养廉也是固定的，但允许州县官在向布政使提解火耗之前先扣除他们自己的养廉，而其他省内官员直接从藩库得到养廉。最后一类与首先在湖北实施的方法最为接近，州县征收固定火耗，但只是提解用于省内公费银的那一部分，他们保留自己的养廉银并且分别负责分发所有上司的养廉。表 4－1 总结了雍正一朝实施的办法以及它们的变化。需要指出的是，纵观这一时期，存在着朝山西—河南模式日趋一致的明确态势。

表 4－1　　火耗归公的提解方式与实施年份 127

省份	完全提解	大部分提解	少部分提解
安徽	1729		
浙江	1727		1724
直隶	1729		1723
奉天		1729	
福建		1730	
河南	1724		
湖广	1728		1723
江西	1729	1728	
江苏	1728		
广东		1726	1724
贵州	1725		
山西	1723		
山东	1730	1724	
陕西	1725	1723	
四川	1727		
云南	1725		

在本章以下的内容里，我们考察各省改革的实施情况以及所遇到的引发改革多样性的问题。接下来，在第五章我们讨论一些重大问题和地方变化之中的共性问题，并在总体上对改革实施做出评价。

二、因地制宜

火耗归公吸引人之处，部分在于它简便易行。一项加派的合法化将向各省官员提供一项可预见的和可靠的经费来源，用以支付正式收入分配体制所不能涵盖的地方政府的所有开支。因为火耗是在既有的地丁钱粮之上征收的，因此不需要新的官僚体制负责征收，也不需要多少额外的编审造册。同时，它可以与个人赋税的自封投柜做法制度一并进行，这样就减少了州县官对腐败衙役和书办的依赖，并使政府能够向纳税人通报应缴火耗的确切数目。因为火耗不是由不同的税源构成的赋税，所以对火耗收入预先分配相对容易，未给试图从新经费体制中寻求利益的官员作弊留下多少空间。

这样一种制度的成功实施需要好几个条件，最重要的是要有
128 数额巨大的地丁钱粮。如果一个省农业生产力很低，即使是对正项有着很高比例的征收，那它所产生的收入也不足以应付各种行政需求，而且，高征收率会有引起地方人民不满的危险。第二个要求是地丁钱粮的征收应有保障。如果逃税和欠赋盛行，那么即便火耗赖以征收的正项额很高，也不能保证地方官员年年都有稳定的收入来源。

正因为这些原因，最初形式的火耗归公，在中国北方的一些省份取得了极大的成功，这些地方在1724年夏天之前就已进行了此种方法的试验。在山西、河南、直隶，各省每年的正项总额超过了300万两。陕西税额较少，而官僚数和必需的基层政府服务人员数也较少，两者可以相抵。[15] 同样重要的是，这四个省份大多数税收来自独立的小自耕农，北方并不是没有土地租佃，但它在农村经济中的作用远不如南方。另外，较早的土地税改革在北方深入进行，田地肥力大致相当以及农业中商品成分的较慢发展，使得税率及火耗征收要比在中国主要的水稻生产省份更为统一。中国北方的大批官员在很短时间内向满族征服者投降，这也为清政府提供了该地区完整的土地和赋税清册，而南方长期的抵抗和地方官员的逃逸使得衙门的簿册极不完整。数十年来，南方士绅继续以逃税的形式反对满族统治，甚至是通过合法的手段，这极大削弱了地方税收功效。[16] 土地占有与使用的不同以及财富大量集中的现实，也解释了为什么中国南方士绅拥有更强大的势力。尽管1724年的河南罢考事件使朝廷相当不安，但封丘县的士绅却无力长久支持这一反抗斗争。[17] 在南方，士绅干预赋税征收和包揽是一个不变的话题，而北方在19世纪以前很少提到这些。旱涝灾害频仍，帝国赋役的征解也随之蠲免 *129*
与延迟，如此一来，北方的欠赋远远少于南方，而在南方抗粮和州

---

⑮ 例如，陕西与福建的数额相同。然而，如下文所述，并不由中央政府资助的军需支出对于这些省份是异常沉重的财政负担。

⑯ 对于士绅干预地方税收以阻止精确编审土地和赋税的出色描述，见希拉里·贝蒂：《中国的土地和宗族：明清两朝安徽桐城研究》，69～83页。

⑰ 许多地方士绅试图通过联合民众以抵制工程项目来寻求民众支持他们的冤屈，他们看起来已干扰了工程一段时间，但并不能赢得更多的同情，不久人夫都回到了工地。《雍正朱批谕旨》，田文镜，雍正二年六月二十二日。

县以下官吏的腐败成为改革的严重障碍。

中国北方平原以外地区的社会构成所呈现出的问题，造成一些省份火耗归公的实施拖后了许多年。课税基础不同，租佃关系不同，商业活动不同，以及地方权力结构不同，促成了改革的不同模式。在农业落后地区，比如云南、贵州、广西、甘肃，全部地丁钱粮数比一些发达省份的火耗额还要少，这不可避免地成为接受河南模式的障碍。只有通过创造性使用当地的商业和矿产资源，这些省份才可能为地方政府提供足够的收入。

然而，落后不是改革的唯一障碍。东南沿海省份的高赋税额反映的并不完全是较高的农业生产力。正项钱粮税率本身在南方就要高些，使得不能依照北方普遍的13%～20%比率来征收火耗，这样，尽管拥有更多的财富，但数个南方省份的火耗总额中它们的养廉占了异常大的比例，省内的生产性事业支出所剩无几（参见表4-2）。剩余的部分也常常被消耗掉，或是在税收过程中发生短缺，或是以部费或军费的形式被中央政府拿去。在这些省份，商业税和政府专卖的盈余收入对保证改革的成功实施同样发挥着作用。同样重要的是，中央政府通过自身的努力，同意通过补充各省预算和减轻一些以前并入公项的军事防御责任的负担来挽救改革。

这些省采纳了河南创立的模式并取得了成功，证明了这种各省经管各自收入方式的了不起的灵活性。到雍正末年，各省都已实施了各具独创性的地方财政合理化改革的方案，利用自己特有的资源满足自己的特殊需求。

表 4－2　　雍正时期部分省份养廉和公费的分配 130

	火耗率	分配作为养廉的数额（两）	分配作为公费的数额（两）	养廉占火耗的百分比
山西	10%～20%	110 513	93 042	54
河南	10%	215 200	184 800	54
直隶	13%[a]	179 960	128 227	58
陕西	20%	177 393	126 135	58
四川	30%[b]	99 414	656[c]	99
奉天	10%	15 459[d]	30～36 000[d]	100
山东	18%[e]	200 000	140 000[c]	58
江苏	10%	184 300	157 600[c]	54
江西	10%	162 760[f]	60 608[c]	73
安徽	10%	108 100	90 173[c]	55
福建	14%	133 559[f]	74 732[c]	64
湖北	10%	91 400	20 439[c]	81
贵州	15%	44 700	16 194[c]	73

注：甘肃、浙江、湖南和广东的资料不完备。

[a] 约数。

[b] 后来降至 25%。

[c] 由火耗以外的收入进行补充。

[d] 几乎全部来自火耗以外的收入。

[e] 后来降至 16%。

[f] 包括以后增加的微员养廉额。

资料来源：《宫中档》20208，山西布政使高成龄，雍正三年二月初八日；《宫中档雍正朝奏折》，河南巡抚石文焯，雍正二年三月初三日；《雍正朱批谕旨》署理直隶巡抚杨鲲，无具文时间；《宫中档》0686，岳锺琪、西琳，雍正六年五月初七日；《宫中档》0448，陕西总督岳锺琪和四川巡抚宪德，雍正五年九月初四日；《雍正朱批谕旨》，署理奉天府尹王朝恩，雍正七年六月初四日；《宫中档》2493，奉天府尹杨超曾。雍正十年八月初三日；《宫中档》17111，山东布政使张保，雍正四年四月初五日；《宫中档》19634，署理苏州巡抚王玑，无具文时间；《宫中档》10983，李兰，雍正七年二月；《宫中档》15061，署理江西巡抚谢旻，雍正七年十一月初九日；《宫中档》8630，安徽巡抚魏廷珍，雍正七年正月初十日；《宫中档》1911，怡亲王，无具文时间；《宫中档》16570，无具奏人，无具文时间；《宫中档》13735、13738、13741，署理贵州巡抚石礼哈，雍正三年八月初三日。

盈余的甜头：中国北方的火耗归公

火耗归公的成功最令人激动的是在它实施的数年内，各省出现了巨大的收入盈余。在与亏空斗争数年之后，中国北方的官员发现他们自己拥有的钱要多于开销的钱。

省级财政中最富有戏剧性的逆转发生在河南。这里，巡抚田文镜
131 用心惩治腐败，再加之庞大而相对易于征收的税额，这些共同促成了日见增多的盈余，高达 600 000 两。[18] 因为弥补亏空也意味着补足仓谷储备，所以田文镜首先使用这笔财富在全省范围修建仓廒。[19] 为防止时常发生的灾荒妨碍赋税的全额征收，政府专门为将来预留了经费，以作缓冲。在皇帝的敦促下，部分闲款被置于更急需的用途，修建城垣、寺庙和公共建筑以及赈灾的公费都有了充足的增加，那些最亲民官员的养廉也是如此。[20] 结果，长期被人忽视的省内基建得到了极大的改善，河南基层官员在帝国中的待遇也是最高的。

作为火耗归公改革的主要支持者，田文镜确信充足的薪俸和官员能够诚实、高效地履行他们的职责间存在着联系。因此，接下来他动用省内大量的盈余收入为州县以下的官吏提供养廉。这些所谓的微员，与百姓关系密切，许多人负责捉拿罪犯和监管地方保甲组

---

[18] 《雍正朱批谕旨》，田文镜，雍正三年二月十二日。

[19] 《雍正朱批谕旨》，田文镜，雍正六年三月初四日。总共修建了 826 座新仓廒，并计划当有需求时再予修建。

334 [20] 《雍正朱批谕旨》，田文镜，雍正五年六月二十日（见皇帝的批答）；《雍正朱批谕旨》，田文镜，雍正六年二月初三日。在田文镜的建议下，直隶州知州每人养廉银增加 300 两，知州、知县每人养廉银增加 400 两。

织，并且他们经常因公被派往州县治所以外的地方，需要大笔开销，而这些又不得转嫁给地方百姓。田文镜首先于1725年倡议给这些人提供养廉，但遭到了皇帝的否决，原因是别的省份未必有足够的经费来效仿河南的做法。㉑ 三年后雍正皇帝同意了田文镜的计划，这不仅表示了改革在河南的成功，而且也表明皇帝对其他省份很快可以以同样的方式支付微员养廉的信心大增。㉒ 这一改革为直隶州的州同、州判提供养廉银每年120两，州县的县丞、典史每年提供养廉银80两，河南为此一年支出10 600两。㉓

上述火耗支出的增加似乎并未极大削减河南的盈余。1739年，河南的闲款收入仍有400 000两以上。我们将要看到，到了乾隆朝初期，那些没有很成功地提供所有支出的省份的官员开始以一种嫉妒眼光看待河南丰裕的库储，这样的嫉妒将葬送雍正皇帝的原则：特定省份的火耗收入是该省不可剥夺的财产。㉔ 132

河南不是拥有火耗收入盈余的唯一省份。到了雍正末年，山西、陕西、直隶也取得了同样的成功。㉕ 同河南一样，它们的成功并未求助于火耗以外其他重要经费的注入。在这方面，它们是火耗归公以它最初设想发挥着作用的仅有的省份。即便如此，就是在这些省份，改革也并非没有遇到问题。

㉑ 《雍正朱批谕旨》，田文镜，雍正三年三月十七日。

㉒ 我们将会看到，皇帝没有失望。到了雍正末年，几乎每个省都给微员发放了养廉银。

㉓ 《雍正朱批谕旨》，田文镜，雍正六年二月初三日。

㉔ 《大清高宗纯皇帝实录》卷九三，乾隆四年五月乙丑。乾隆时期各省间的火耗协拨，见第七章。

㉕ 在山西，1734年的盈余高达770 000两，直隶和陕西则少得多。《宫中档》12636，山西巡抚觉罗石麟，雍正十二年七月十五日；《宫中档》0686，岳锺琪、西琳，雍正六年五月初七日。

尽管山西早已是火耗归公的试验场，但那里的官员却从未能够实施一个固定的火耗率。巡抚诺岷时期确定了 20%的火耗率，这似乎更是一个原则，而不是一个确切数值。㉖ 他的继任者觉罗石麟，在通省债务逐步偿清之时，将火耗率降至 13%。* 然而，当时实际征收的火耗率是 14%～20%。㉗ 尽管不统一，但改革确实确定了州县官征收火耗的上限为 20%。至少有一个火耗征收超出了此上限的例子，稷山县知县王梦熊遭到县里百姓的指责，特设巡察之员强令他将火耗率降至 17%。㉘

违反一定标准的火耗率要比州县对抗改革的麻烦少得多。在一些地方，州县官对于省里用于地方工程经费的许诺心存疑虑，并继续以特别的标准进行加派。㉙ 而其他地方，州县官抵制向藩库提解他们的火耗㉚，改革的第一年，在山西通省共计约 500 000 两的火耗额中，这些占到了 60 000 两。

觉罗石麟于 1727 年出任山西巡抚时，许多问题都得到了缓解。在对前五年的通省收入彻底清查后，他制定了严格的办法以防超支。㉛ 为使支出有相对的可预见性，支出款项确定了数额（参见
133 表 4－3），这对于省级财政合理化的进程来说是重要的一步。尽管

㉖ 《宫中档》20208，山西布政使高成龄，雍正三年二月初八日。

* 诺岷的继任者是伊都立。伊都立任山西巡抚期间降低了火耗率，时间是雍正四年（1726）。——译者

㉗ 《雍正朱批谕旨》，巡察山西等处户科给事中宋筠，雍正六年九月十三日。宋筠的发现证实了一些历史学家的看法，即加派率是在当地头人和州县官之间通过非正式协商达成的。即便在改革后，火耗率也常有变化，但每个省通常不会突破所确立的上限。

㉘㉙ 《雍正朱批谕旨》，巡察山西等处户科给事中宋筠，雍正六年九月十三日。

㉚ 数个州县官的抵制事例在第三章“河南对改革的抵制”有描述。

㉛ 《宫中档》，山西巡抚觉罗石麟，雍正五年十二月十八日。

改革初期，核销的做法只在于计算经费每年的支出和节余，但当改革开始被所有官员接受并且提解火耗变得更加可靠时，巡抚能够依据精确的支出信息以及源源不断流向藩库的白银数目，为下一年分配做出预算。尽管如此，分配这些经费的最终决定权仍掌握在该省巡抚手上，这些分配仍然有极大的灵活性。

表 4-3　　雍正元年（1723）山西火耗支出情况　　单位：两

额支款项	数额
扣存藩库补充亏空	200 000
给发各官养廉	110 513
给发各州县杂项繁费	10 158
倾销脚费	3 018
御塘马匹加增料草	8 766
通省公费	71 100
支出总计	403 555

资料来源：《宫中档》20208，山西布政使高成龄，雍正三年二月初八日。

直隶和陕西开始实施改革时也很混乱。直到雍正七年（1729）直隶才制定了13%的征收标准，并将火耗全部提解藩库。㉜ 在陕西，尽管总督年羹尧推行了修订过的直接提解火耗方案，但他的继任者 134 岳锺琪发现，没有什么来约束州县官遵循当时制定的已是很高的20%的标准。㉝ 事实上，年羹尧在任时，允许地方官员依据州县亏空

㉜ 《雍正朱批谕旨》，署理直隶巡抚杨鲲，无具文时间。这一做法的时间可以通过《宫中档》19894 确定，该文是怡亲王议覆杨鲲奏请使用雍正七年的火耗盈余作为公共开支。

㉝ 《宫中档》21738，署理陕西总督岳锺琪，雍正三年五月十八日；《雍正朱批谕旨》，陕西巡抚武格，雍正七年九月初三日。在年羹尧治下，州县官所征收的火耗，其中 2 分送往府里作为按察使和驿道、知府、同知的养廉。剩下 1 钱 8 分送往布政使，布政使将其中的 4 分在省里大员间分配，并将 1 钱 4 分返给州县作为养廉并弥补亏空。

数量的多少，增减火耗的征收，这一政策与改革前普遍的做法没有什么不同。㉞

雍正后期，在雍正皇帝任命的有魄力的督抚帮助下，直隶和陕西对火耗的随意处置得到矫正。火耗直接提解藩库得以强化，解决了因向纳税人过度勒索所引发的大部分问题。在陕西，岳锺琪采取了额外的防范措施，下令在每个城镇和乡村张贴公认的火耗征收率，他坚信，使公众知晓实情是对于官方不法行为的最好防御。将新校准的砝码发往每个州县，以防止使用超重天平在税收上做手脚，并且指示村长，要检举受重征之苦的百姓所控告的每一位州县官。㉟

在所有北方四省，一半多一点的省级收入被指定用作养廉，故而用于公共开支的经费数量也相当巨大。在河南、陕西以及山西，除了那些用于通省的公共开支以外，官员还得到特别的公费津贴。我们很幸运地得到雍正四年（1726）陕西的一份完整开支细目，从中我们可以看出，公费银的确是用于一省的开支，包括修建衙署、各城门楼、贡院号舍、官员省内公务的盘费、修葺城垣以及省内大员的采买（参见表4-4）。总督岳锺琪指出，一些开支从前是通过向工程所在地区的乡村加派筹集的。通过在全省百姓间分配经费，边地和衙门官员高度集中地区居民的负担会大幅度减轻。㊱

㉞ 有理由相信岳锺琪会尽其所能诬蔑年羹尧。作为以前雍正皇帝最信任的支持者之一的年羹尧已被撤职，在对他众多的指控中，包括受贿和庇护叛逆之人。

㉟ 《雍正朱批谕旨》，陕西巡抚武格，雍正七年九月初三日。

㊱ 《宫中档》0686，岳锺琪、西琳，雍正六年五月初七日。

表 4-4　　雍正四年（1726）陕西火耗支出情况　　单位：两

额支款项	数额
养廉、州县公费以及吏书工食	177 393
长安、咸宁二县领支制造颁发御书匾额	39
支付解送抄没年羹尧财产赴部（包括置备驮轿、雇骡脚价并委员护送）	2 606
长安、咸宁二县领支钦差沿途费用	761
省城采买谷石及一应人工、物料	2 000
长安县领支塞思黑之子买备驮轿、脚价并有关人员押解其回京支取口粮、脚价	269
咸宁、长安二县领支为钦差雇备骡头回京脚价	750
西安将军印房并办事人员需用纸红	120
咸宁、长安二县领支西安驻防兵丁寡妇进京车辆脚价	542
咸宁、长安二县领支修理四城大楼工料银	853
咸宁、长安二县领支添置将军办事房屋并修理衙门旗杆及都统轿伞、执事	1 300
岳锺琪巡边赏兵	2 000
咸宁、长安二县领支广仁寺喇嘛四季养赡银[a]	391
咸宁、长安二县支领赏道士李不器四季养赡银，李奉雍正之命安插终南山焚修[b]	72
康熙六十年至雍正三年，户兵各部科奏销饭食银	13 580
支库子钱匠等银	417
支十二日养廉银	467
长安、咸宁二县领支送理藩院官员进贡回藏雇骡脚价[a]	188
长安、咸宁二县领支广仁寺喇嘛元旦香烛银[a]	40
西安府修建贡院及搭建余号[c]	3 122
西安清军同知武乡试盘费脚价[d]	498
同州州同和醴泉县典史等押解原任西安布政使萨穆哈回京盘费脚价[e]	80
洵阳县、略阳县典史等赴沙瓜州办理城工脚价[e]	429

135

续前表

额支款项	数额
西安经历司委解原任西安府知府赴京盘费脚价[e]	44
郃阳县典史护送御史回京盘费脚价[e]	39
候补知县屠楷赴沙瓜州办理城工盘费脚价[e]	43
长安、咸宁二县领支义冢置买地亩	240
长安、咸宁二县支领满城内修放水洞	65
发放无力官员回籍银	11
御史回京盘费[f]	600
长安、咸宁二县挑浚河道银	860
总计	209 819

注：[a] 以前从公捐俸工银中动支。
[b] 未得到批准，因为李不器是被流放到终南山的。
[c] 以前从商税盈余中动支。
[d] 以前从屯丁钱粮私派中动支。
[e] 得到批准，因为微员这时还没有养廉。
[f] 遵照皇帝命令。

资料来源：《宫中档》0686，岳锺琪、西琳，雍正六年五月初七日。

136 似乎只有直隶的公共经费不足。它的大部分公费最初是以各种费用的形式解往户部，这些费用是各省解送赋税时必须支付的。㊲直隶归公的 7 000 两称兑费用，补偿了以上支出，而这笔称兑费，从前是在收税季节向管理藩库的官员和书吏缴纳。㊳ 然而，在第二年，这一额外的收入又被向微员提供养廉的 8 600 余两拨款所抵消。直到雍正十二年（1734），直隶才加入其他北方省份的行列：既向地方官员提供公费津贴，同时官员的养廉也大幅度地增加。㊴ 这一成就

335 ㊲ 《雍正朱批谕旨》，署理直隶巡抚杨鲲，无具文时间。仅在雍正七年，直隶在提交奏销册时，将 25 592 两以“饭食银”的形式送部，税银解部时直隶又送了 14 698 两。

㊳ 《宫中档》15162，署理直隶总督唐执玉，雍正九年三月十七日。允许管库的书吏和官员保留最初的 7 000 两作为他们自己的薪水。

㊴ 《宫中档》16384，直隶巡抚李卫，雍正十二年四月二十八日。在直隶，分配给官员个人的公费津贴称作“办公银两”。

的取得并没有增加火耗，而是户部减少了向省里的需求费用。[40]

这四个省改革的成功，证明了地方政府财政合理化是一个可以达到的目标。然而，中国北部平原以外的大多数省份，只有创造性地采用原生模式才能够取得成功。

克服落后：周边地区的火耗归公

与平坦肥沃、率先孕育火耗归公的中国北部平原不同，中国南部和西部的边疆地区基本上是山地，它们在 18 世纪初，对于国家的财政没有多少贡献。边疆省份的大部分地区由土著人口所居住，他们几乎还没有开始融入汉人的主流生活。甚至四川，现在是中国人口最多以及农业生产最发达的省份之一，而在清初土地、人口遭到残毁，这是张献忠反对明朝末代统治者所带来的后果。只有广东才拥有与中国东南和中部地区可以匹敌的地丁钱粮额，然而，内陆交 137
通落后，火耗直接提解藩库的做法不切实际。[41] 帝国边疆的其他地区，不充足的赋税加之高低不平的地形，一切都表明在执行火耗归

---

[40] 户部免除这些费用是因为自身明显意识到了各省的需求，可以说是改革的副产品。

[41] 在实验这一制度，即州县官们保留自己的养廉并向他们的每位上司进行捐助的制度后，广东于 1726 年最终确立了火耗的部分提解制度。允许州县官征收 16.9%的火耗率，其中 9 钱已经用于向户部上报奏销册以及向刑部上报犯罪案件的开支，剩下的 1 钱 6 分中，7 分送往藩库以支付大员们的养廉，其余的保存在州县用于他们自己的养廉和花销。《雍正朱批谕旨》，广东巡抚杨文乾，雍正四年四月十四日；《雍正朱批谕旨》，广东总督郝玉麟，雍正七年十二月二十七日；《宫中档》19833，怡亲王，无具文时间（雍正时期）；《宫中档》5215，广东布政使王士俊，雍正八年四月十一日。巡抚、总督和布政使的养廉由落地税、田房契税、商业税的盈余提供。雍正八年时，这些来源的收入也用于为微员提供养廉。见《宫中档》12203，广东巡抚傅泰、总督郝玉麟，雍正八年三月十一日；《宫中档》14244，署理广东巡抚傅泰、广东总督郝玉麟，雍正七年十一月二十四日。

公改革时必须采用全新的方法。

在实施地方政府财政合理化改革时，四川是唯一试图采纳河南模式的边疆省份。此绝非易事。雍正五年（1727）总督岳锺琪欲将陕西的经验用于四川，但发现四川每年的正项仅有333 567两。[42] 为了有足够多的火耗以提供全省官员的养廉银，四川火耗征收率定在了前所未有的30%。依此，纳税人提供了100 070两白银供全省使用。然而，养廉银就消耗了99 414两（参见表4-5），通省公费所剩无几。为了弥补不足，岳锺琪和四川巡抚宪德提议继续实施一种名为“帮贴工食”的非正式征收，以前这是向乡村非法加派以补偿衙门运转的费用。[43]

表4-5　四川官员养廉银　单位：两

职官	数额
总督	3 330
巡抚	6 660
布政使	10 024
道员4人（1 500两/人）	6 000
知府8人	
成都、重庆二府知府（地冲事繁）（2 400两/人）	4 800
龙安府知府（地僻事简）	1 600
其他五府知府（2 000两/人）	10 000
同知通判10人（400两/人；内理事同知1人，加银200两）	4 200

㊷ 《宫中档》0448，陕西总督岳锺琪、四川巡抚宪德，雍正五年九月初四日。

㊸ 《宫中档》0448，陕西总督岳锺琪、四川巡抚宪德，雍正五年九月初四日；《宫中档》13085，四川巡抚宪德，雍正八年五月二十二日。征收帮贴缘起上与衙役工食有关，衙役每人工食银12两，各县依它们辖区内事务繁简分为三级，允许它们分别额外征收40两、35两、30两，用于州县的各种开销。

续前表

职官	数额
巡抚衙门笔帖式 2 人（600 两/人）	1 200
首冲州县官 10 人（600 两/人）	6 000
次冲州县官 22 人（500 两/人）	11 000
偏僻州县官 83 人（400 两/人）	33 200
增加新改设直隶州知州 7 人（200 两/人）	1 400
总计	99 414

资料来源：《宫中档》0448，陕西总督岳锺琪、四川巡抚宪德，雍正五年九月初四日。

如此高的火耗率无法令人满意，甚至负责实施的官员也声称，一旦垦荒使赋税额有了充足增长，他们就会降低火耗率。皇帝本人对这种火耗归公的实施方法也不满意，但同意在该省进行一次课税土地的彻底清丈。同时，岳锺琪又一次将通知公众知晓实情作为防止更多勒索的保护性措施，告示贴满乡镇及通衢大道，向公众通报新的征收率以及他们有检举任何向他们超额征收的不法官员的权利。 138

到了 1729 年夏天，土地清丈开始。对四川课税土地调查的背后是这样一种假设：已开垦的土地要远远超出州县现有清册上的数字。确如已经看到的，早在康熙朝，一些官员就已怀疑四川人有意隐漏他们的土地，不向政府纳税。因此，万县的百姓袭击到来的土地清丈队伍，以抗议政府的税收政策，人们对此并不感到惊奇。未曾想到的是，现在沉重帮贴的征收和火耗一起成为人们不满的焦点。为使人确信实际的目标就是清丈土地，巡抚宪德将负责万县清丈的无能官员撤职，并派出一位更富有经验的调查者取而代之。这种不安很快得以控制，巡抚认为他正确地处理了这场危机。㊹

㊹ 《宫中档》13085，四川巡抚宪德，雍正八年五月二十二日。

土地清丈和百姓对于火耗及帮贴的不满之间，并不像宪德所描述的那样关系不大。只要四川确实有部分已垦土地匿藏于政府检查之外，那么人口当中的一部分可能非常愿意承受定额以外的高税收。康熙年间，年羹尧奏报说，四川的纳税人支持高达正项钱粮 50%的额外赋税。然而，精确的赋税编审加之高额的火耗，对于当地居民来说负担过重，无法忍受。在万县抗议后不久，四川的纳税人在邻近的贵州巡抚那里找到了同盟。在一份热情洋溢的奏折中，张广泗
139 上报说，在赋税可怜的贵州，火耗仅为正项钱粮的 20%，而在四川，火耗和帮贴加在一起，增加了额外赋税，在某些地区已高达令人不能忍受的 55%。张广泗认为这是不公平的，因为目前的土地清丈已经增加了四川的赋税额，因此他建议，火耗率应降至与贵州相当的水平，如果这不足以满足全省的需求，可以允许州县官征收不超过 5%的帮贴费用。㊺

巡抚宪德并不反对这样的计划，但打算待土地清丈完成之后再对现存的火耗率做出调整。然而，张广泗代表四川百姓的请求，不久就得了一位陛见官员的附和，这是位来自四川任期已满的知府。结果，1730 年初，宪德接到了户部要求降低四川火耗并清除帮贴的咨文。㊻

巡抚宪德不情愿地执行了这一命令，在随后与户部的联系中，他表示，新的 25%火耗率所带来的收入不足以满足四川的行政需求。尽管户部声称，在新的正项钱粮数目付诸实施之前火耗不会被降低，但在宣布削减火耗后，是不会同意这么快就提升火耗率的。相反，户部赞成暂时继续征收帮贴，提议在新的土地编审册完成后

㊺ 《雍正朱批谕旨》，贵州巡抚张广泗，雍正七年八月初六日。
㊻ 《宫中档》13085，四川巡抚宪德，雍正八年五月二十二日。

再讨论进一步的调整问题。㊼ 在雍正皇帝看来，这件事的处理不当，在于将火耗一事提交给了户部。㊽ 四川产生的混乱只是进一步强化了雍正皇帝的想法：省级的财政必须置于户部的监管之外，保持独立。

四川实施火耗归公所遇到的问题，是那些田赋和人丁税收入很少的省份进行地方政府财政合理化改革时所必然引发的问题。最后，还是商业税，以盐茶税收盈余的方式，拯救了四川的改革并将百姓从再次实施帮贴中拯救出来。㊾

来自商业和政府所掌握的矿业等盈余收入是北方其他省份成功实施火耗归公改革的关键，西南边疆省份也是如此。在甘肃，巡抚 140
许容估计，他需要 79 740 两白银用来支付全省官员的养廉银和公费。㊿ 即便是按照 30％的火耗率征收，在每年约 254 000 两正项钱粮的基数上，所产生的火耗依然不敷支用。[51] 为了补充火耗收入，许容将省内约 20 000 两税羡以及每年冬季由商人呈送巡抚以获得营业执照的 11 900 两陋规并入其中。[52] 这些藩库的额外收入依然不足以使甘肃提供与北方其他地方同样的经费。因此，雍正七年

㊼ 《宫中档》13085，四川巡抚宪德，雍正八年五月二十二日。

㊽ 《宫中档》13085，四川巡抚宪德，雍正八年五月二十二日，雍正八年五月十一日上谕。

㊾ 《宫中档》13086，四川巡抚宪德，雍正八年十一月初九日。也允许四川保留“截旷银”盈余以补充火耗收入。“截旷银”指在大月的最后一天所征收的并用于支付 336
工食和行政开支的商业税。

㊿ 《雍正朱批谕旨》，甘肃巡抚许容，雍正七年三月十二日；《宫中档》11817，甘肃巡抚许容，无具文时间（雍正时期）。

[51] 《大清会典》卷三二，《户部十・赋役二・起运》。

[52] 《宫中档》14381，甘肃巡抚莽鹄立，雍正六年三月二十三日。

(1729)，巡抚请求皇帝同意将陕西的一些火耗盈余转让给甘肃。[53]尽管火耗从一个省转让给另一个省通常是不允许的，但陕西和甘肃长期以来一直是作为一个行政单位进行管理，这使该问题的解决有可能成为一个特例。[54]

中国北部的奉天和最南部广西的火耗额最少，这成为改革的阻碍。在奉天，地丁钱粮仅有 34 592 两，一开始就抑制了火耗归公的任何改革。然而，1729 年雍正皇帝下令，先前未曾改革的省份也要向全体官员提供养廉银。即便同意支付比别处低得多的养廉银[55]，奉天从火耗得到的经费显然还是不足以满足该地区官僚的全部开支。商人和民众运载货物进入关内，要征收出边车票银，这一额外的收入增加了奉天府尹的养廉并为其他几个衙门的书吏提供纸笔饭食。[56] 然而，奉天每年的收入仍旧太少，没有一点用于公共开支的拨款。

雍正十年（1732）皇帝对此问题加以补救。在正常的商业税额之外，雍正皇帝同意奉天的官员对经由内地与东北地区间的关隘山海关的商人运送货物加征 30%的赋税。这样每年可以创收 30 000 两至 60 000 两。这一收入立即用于编纂《盛京通志》，支付关口人役

---

[53] 《雍正朱批谕旨》，甘肃巡抚许容，雍正七年三月十二日。

[54] 甘肃是边疆省份，与陕西一道，是控制西北蒙古的主要军事补给站，这一事实可能影响到皇帝的决策，同意在改革原则上做出让步。

[55] 《雍正朱批谕旨》，署理奉天府尹王朝恩，雍正七年六月初四日。奉天养廉方案如下：奉天府尹衙门 700 两，府丞衙门 300 两，治中衙门 165 两，通判衙门 165 两，锦州府 400 两。

[56] 《雍正朱批谕旨》，署理奉天府尹王朝恩，雍正七年六月初四日；《宫中档》3877，奉天府尹黎致远，雍正八年十一月初九日。

报酬和保护堤坝、维修公共渡津以及通往奉天府的道路。[57] 141

在广西，当李绂出任这一偏远省份巡抚时，对很低的正项赋税征收2%的火耗银，每年只有6 000两白银进入藩库，全部用于通省出现的紧急情况。[58] 然而，后来的巡抚能够从沿海关口、超额的商业税收以及官有的铜矿中得到足够的盈余，以支付所有官员的养廉和公费，以及在雍正朝的后半期提供镇压省内苗民起义的费用。[59]

云南和贵州提供了这种灵活性的最好例证，正是靠着此种灵活性，改革才可以在经济条件相当不利的地区贯彻执行。拥有大量未同化的土著居民，而且地丁钱粮仅分别为172 525两和666 661两[60]，云南和贵州都不可能仅仅依靠火耗满足作为发展中的边陲地区的开支需要。虽然如此，通过利用来自商业税的收入以及辖区内的丰富矿藏资源，这两个边远省份能够同农业中心地区一道，在执行财政改革的任务中取得相当的成功。

有关火耗归公的实施，现存的贵州资料远比云南完整。但是，我们的确也了解到，早在雍正元年（1723），云南的官员就在为省内的开销筹措经费。云南资源丰富，最富有的资源之一就是铜矿。尽管铜矿生产的税收归中央政府所独有[61]，但是云南控制铜的冶炼和

---

[57] 《宫中档》2493，奉天府尹杨超曾，雍正十年八月初三日。

[58] 《大清会典》卷三二，《户部十·赋役二·起运》；《宫中档》8357，广西巡抚金鉷，无具文时间（雍正时期）。李绂减少了广西养廉，被雍正皇帝视之为他一贯邪恶的明证。参见雍正皇帝对《宫中档》8357的批答。

[59] 《宫中档》6151，云南总督鄂尔泰，雍正八年三月二十六日；《宫中档》直隶巡抚李绂，雍正四年三月二十七日。

[60] 《大清会典》卷三二，《户部十·赋役二·起运》。

[61] 在康熙六十年至雍正元年初，大约19 250两铜息银上缴户部。《宫中档》12533，云贵总督高其倬、云南巡抚杨名时，雍正元年十二月二十日。

交易，这为地方需求创造了相当可观的收入。

雍正初年，清政府已开始同意私人开矿。[62] 然而，资本的缺乏和低下的劳动生产力依然制约着对这种产业大规模的商业投资。[63]采矿者被认为是居无定所和难以控驭的，也难以找到忠诚可靠和能干的管理者。运输也很困难，矿石必须由成队的牲口从矿坑驮出。这些牲口由当地人驱使，因为仅有他们对云南崎岖的地形了如指掌。损耗的风险很大，如果遭遇土匪的袭击或是牲口不堪重负倒
142 毙，运送之人只能是弃铜而逃。毋庸置疑，一些人会自盗他们运输的货物。另外，处置这种重要的商品也有困难，铜的市场交易极不稳定，它要求一次就要储备数年所产、体积庞大的矿石，等待需求突然飙升时在数个月内售罄。[64] 结果，仍旧是政府控制着西南的矿冶业。

尽管有这么多困难，云南还是可以从铜矿中净获利 20 000 两，所有这些收入都用来补充该省火耗收入的不足。[65] 通省官员期盼着大多数矿藏由私人运营的那一天到来，他们也提出了将这些铜矿产量的20%作为藩库的额外进项。

铜斤不是云南用来提高公共开支经费的唯一商业来源。每年按惯例由商人呈送给督抚作为养廉和公费的盐规超过了 64 000 两。在缴纳了国家的盐课以及支付盐井有关的工食和开支后，政府对盐井

[62] 18世纪私人开矿趋势的研究，参见韦庆远：《清代前期的商办矿业和资本主义萌芽》。

[63] 《宫中档》12533，云贵总督高其倬、云南巡抚杨名时，雍正元年十二月二十日。

[64] 《宫中档》12533，云贵总督高其倬、云南巡抚杨名时，雍正元年十二月二十日。政府常常为售出多余的铜斤而绝望异常，以至于雇人在通衢守望，招揽过往商人购买存放在附近店中的铜斤。

[65] 《宫中档》12533，云贵总督高其倬、云南巡抚杨名时，雍正元年十二月二十日。

的管理也可以产生额外的 65 721 两收入。[66] 省里的官员也表示，从发展中的云南银矿业也有望获得可观的利润。[67]

考虑到地丁钱粮收入少以及有着如此巨大的非农业盈余收入，云南大员们对于火耗归公改革的第一反应，是要建立向藩库有限的提解制度，这应是意料中的事。来自盐井和开矿的收入用于支付省级工程以及大员们的养廉，同时，允许州县官也保留他们自己的火耗以弥补地方的开支。中层官员比如知府，以及一些州县官从商业税的盈余中得到他们开销的大部分，因为上缴中央的商业税正额很少。[68]

雍正皇帝对这一制度并不满意，可能是因为它并没有将现有的非正式经费体系进行多少合法化。雍正三年（1725）初，他发布一道上谕，责令云南和贵州两省官员统计所有来自国家土地之上的火耗、税收盈余、开矿以及田租收入，以便将之全部提解藩库。一个 143
省的全部收入了解清楚了，大员们就可以依据距离省城的远近以及事务的繁简程度，为州县官乃至巡抚分配养廉。[69]

在云南这笔款项最终是如何分配的并不清楚，但是对于贵州的

---

[66] 《宫中档雍正朝奏折》，云南巡抚杨名时、总督高其倬，雍正元年十二月十 337
九日。

[67] 《宫中档雍正朝奏折》，云南总督高其倬，雍正二年二月十八日。

[68] 《宫中档雍正朝奏折》，总督高其倬，雍正二年五月二十八日；《雍正朱批谕旨》，总督高其倬，雍正三年正月二十六日；《宫中档》17607，署理贵州巡抚石礼哈，雍正二年六月初三日。总督高其倬奏报，雍正初年云南每年报部正额只有 14 700 两。然而，各府平均每年能有 100～5 000 两上报中央数目之外的盈余。同样，州县官也可能有四十两至数百两的盈余。这是这些地区送给巡抚、总督、布政使税规之外的数目。

[69] 《雍正朱批谕旨》，总督高其倬，雍正三年正月二十六日；《宫中档》17607，署理贵州巡抚石礼哈，雍正二年六月初三日。

收入来源及改革后的分配，我们确实有详备的资料。表 4－6 显示，在向藩库提解的 60 894 两白银中，仅有 18％即 10 792 两，直接来自地丁钱粮的火耗。即便加上米和豆的加派收入，来自传统农业的全部收入也仅占贵州新制度下全省收入的 33％。

贵州大部分收入来自商业和官田租金，这一事实有力地反驳了如下说法：火耗归公改革是中央政府的计谋，以榨取更多的、由各省征收的超出定额的收入。雍正皇帝批准巡抚们比如石礼哈所提交的各种簿册，实际上是肯定了各省拥有源自他们辖区内的部分关税和盐税的权利。很清楚，皇帝关心的不是中央政府要霸占额外收入，而是要确保每个省有办法对当地财政实施合理化管理，能够和那些收入可靠、地丁钱粮收入多的地区一样取得成功。当我们了解到现在贵州每年来自盐税和商业税收入的约 64％被截留以供本省之用时，定会称奇不已。

表 4－6　　贵州省的收入来源

1. 地丁钱粮火耗： 以前征收率 10％至 20％不等，总额 11 330 两。现今决定统一征收 18％，共计 10 792 两。
2. 额征秋粮米豆的耗米： 减去损耗后共得 16 588 石；以每石 5 钱 5 分计，约得盈余银 9 123 两。
3. 官庄学租米石： 在支给各属铺兵口粮、鸣赞生员食米、赈济寒生穷民外，余米 1 600 石；以每石 5 钱 5 分计，作价银 880 两。在官田亩收取余租米 1 090 石，作价银 599 两。
4. 文职官员包括通判、知县捐俸：共 3 640 两。
5. 各税羡余银： 参见表 4－7，每年收入 35 860 两。
共计：60 894 两。

资料来源：《宫中档》13736、13735，署理贵州巡抚石礼哈，雍正三年八月初三日。

表 4-7　　**贵州税羡余银**　　单位：两 *144*

府州县厅	盐税额	杂税额	每年实际收入	解交额	人役工食	余银
贵阳府	2 906	2 611	9 000	5 517	120	3 360
安顺府	244	2 391	5 330	2 635	120	2 570
普安州	389	1 202	3 000	1 591	100	1 310
镇远府	328	3 091	7 240	3 419	120	3 700
威宁州	243	97	7 000	340	120	6 540
永宁州	—	1 030	2 530	1 030	100	1 400
大定州	111	119	1 610	230	80	1 300
平远州	72	115	1 700	187	80	1 430
黔西州	288	98	2 800	386	80	2 330
毕节州	306	264	5 500	570	100	4 830
永宁县	310	93	4 200	403	100	3 690
清镇县	712	29	1 920	741	80	1 100
思南府	448	—	2 200	448	80	1 670
铜仁府	174	498	800	除解额课并收税人役工食等费用所余无几		
石阡府	141	每年收不足额				
修文县		689	1 200	689	80	430
开州	—	75	每年所收仅敷正额			
南笼厅	187	—	每年所收仅敷正额			
普安县	216					200
安南县	72	每年所收不足额				
共计			56 030			35 860

即便是加上来自土地、食盐和杂税的款项，贵州的收入还是无法满足所有的固定开支（参见表 4-8）。与其他省份的养廉统计数字做一比较，就显示出贵州官员所得养廉，要比其他较为富裕的省

份同一级别官员的平均养廉少数百两（参见表 4 - 9）。而且，仅有 1 190 两的剩余用于该省的机动公费支出，比如衙门和道路的修缮以及水利工程。

145 **表 4 - 8** **贵州每年必需公费** 单位：两

额支款项	数额
帝后寿辰表费盘缠银	220
奏销地丁钱粮部内饭钱	1 200
奏销地丁本章盘缠银	40
秋审部内饭钱	240
拨饷部内饭钱	400
解部水银盘缠	66
楚豫马塘津贴银	900
云贵总督每年本章盘缠银	120
巡抚衙门书吏廪给银	132
年终巡抚衙门取赏三营存城兵丁银	1 500
巡抚衙门各种支销：贴补标下军装、操演、枪炮、火药；署内日用、薪水、延聘幕宾	8 500
纸红银	
总督衙门	830
巡抚衙门	856
养廉银（参见表 4 - 9）	44 700
总计	59 704

资料来源：《宫中档》13735、13738、13741，署理贵州巡抚石礼哈，雍正三年八月初三日。

表 4 - 9 **贵州官员养廉银** 单位：两

职官	数额	
学政	2 000	
布政使	4 500	
按察使	3 000	

续前表

职官	数额	
贵东道	2 000	
贵西道	1 800	
贵阳府知府	1 300	
威宁府及其他 2 府知府	1 100	计 3 300
平越府及其他 2 府知府	1 000	计 3 000
思南府及其他 4 府知府	800	计 4 000
贵阳府同知	500	
正大营同知和贵阳府通判	400	计 800
威宁府通判	300	
大州知州 11 人	600	计 6 600
开州县知县	400	
南笼厅通判	500	
贵筑县知县	700	
中等县知县 4 人	500	计 2 000
其他知县知州 20 人	400	计 8 000
总计	44 700	

资料来源：《宫中档》13741，署理贵州巡抚石礼哈，雍正三年八月初三日。

接下来数年内发生的事情令贵州本已吃紧的财政更加不堪重负。 *146*
辖区的重组将永宁县划归四川省，这带来了 3 600 多两的税收盈余损失。另外，遵义府并入四川，其他 5 个县划归湖南。同时，在先前土司管辖的地区新建了数个府和州，增添了该省养廉和公费的负担。⑩ 一个更深层次的问题是，贵州相当多的收入依赖盐税和关税盈余，这两个来源盈缩无常，取决于每一年交易量的多少。石礼哈

⑩ 《宫中档》9549，贵州巡抚张广泗，雍正八年三月二十七日。

在规划贵州预算时使用的食盐和关税是改革实施前一年的数字，后来的年份并不总是能达到雍正朝最初几年的水平，在不景气时期，经常需要扣减所有官员养廉的10%，以弥补不可预见的收入损失。[71]以上所有这些因素导致的结果是，到了雍正八年（1730），贵州面临约20 000两的经费缺口。

为了解决这一问题以及向新设立的官职和微员提供养廉，巡抚张广泗设计了一个有创意的方案，省里可以从富有的矿产资源中寻得利益，如同云南早就做过的一样。[72] 在贵州境内，南笼府和威宁州的铅矿生产倭铅，因为云南已开设铸币厂，需要铅作为鼓铸配料，这些贵州的铅厂早已置于其管辖之下。到了1730年，云南的罗平矿出产的铅足以满足该省需求，先前由贵州运来的铅只能闲置。为了补偿这一损失，云南的官员奏报，向藩库借款，买断这些盈余之铅，运送到汉口出售。向北运送每一百斤铅，扣除购买和运输费用，他们获净利一两，这些利润全数归公。

由张广泗的奏报可知，贵州现正在设局铸币，并要求境内所生产的铅斤再一次归于自己掌握。贵州的熔铸设备使用自己生产的铅
147 斤，并处置在向中央缴纳生产定额后的所有盈余，如同云南的做法一样。他估计，贵州有能力向铅矿购买所有的盈余，每年共四五百万斤。另外，该省以税收的形式征收700 000斤铅。因为是首次鼓铸，作为配料只需要大约160 000斤铅，剩余的税铅可以出售。以每100斤净利1两5钱计算，贵州每年可以额外获利五六万两。巡

---

[71] 《宫中档》9549，贵州巡抚张广泗，雍正八年三月二十七日；《宫中档》14806，贵州巡抚何世瑾，雍正四年十一月十五日。

[72] 《宫中档》9549，贵州巡抚张广泗，雍正八年三月二十七日。

抚张广泗请求皇帝同意贵州拥有此项经费，以弥补目前该省财政预算的缺口，并拿出 28 200 两，增加每位官员的养廉以及为微员和苗疆新设立的官职分配养廉，剩余的 11 800 两用于那些先前被石礼哈在任时所忽略工程的机动开支。

这一方案的实施只有一个障碍。云南早已提出以藩库的盈余经费作为自己商务活动的原始资本，而贵州藩库却有亏空。因此，张广泗请求中央政府从用于贵州边境地区 100 000 两的垦荒银中借贷，最初这笔款项是支付民人垦荒的工本银。然而，张广泗声称大部分地区实际上已经被自备农具的苗人所开垦，他们并不需要公共资助。张广泗提出从中借支 60 000 两，这可以用出售和运铅的利润在三年内偿还。对于张广泗的奏折，皇帝只是质疑教职官员是否应给予养廉，因此可以推定，这一计划事实上得到了执行。

云南和贵州利用政府企业主办者的身份增加省里的收入，这在中国财政政策发展过程中是极其重要的步骤。尽管这些项目是商业性质而非制造业性质，但它们还是可能为 19 世纪各省企业的创办开了先河。尽管政府垄断同帝国体制自身一样古老，但这毕竟是第一 *148*
次，各省为了达到向它们自己藩库提供经费这唯一目的，而从事赢利活动。云南的藩库有收入盈余，因此可以发起倭铅的交易，这揭示出该省在来自铜矿和盐业收入辅助下的改革是成功的。随着贵州跳上了省企业主办者的竞技台，税收少的省份也可以与它北面的农业富裕省份一样，为官员以及公共事业的实施提供一个稳定可靠的收入来源。

这些边疆省份将盐、关和商业杂税的盈余吸收进预算，这也证明了在实施火耗归公改革中最重要的是，促成地方财政可能成功运行的变革。作为媒介的火耗对这些变革来说只是第二位的。而且，这些款项的大部分，依据法令属于中央政府所有，因此很显然，皇帝对财政合理化的期望，甚至超过了中央银库储备的增加。

商业税在中国东部沿海地区各省款项中也起着重要的作用。然而，这里虽然是中国经济心脏地区，但更需要来自中央政府的资助，以抵消由逃税和对省里资源过多的需求所造成的障碍。

富庶中的贫困：山东和东南地区的火耗归公

雍正时期的财政改革要解决地方政府经费短缺问题，这在帝制历史上是第一次。同样，改革在中国官僚体制内部为官僚提供了一个强有力的反腐武器。然而，火耗并不能改变地方社会的结构。在地方士绅深具影响力的那些省份，改革的倡导者遇到了他们最难对付的敌手。地方政府财政合理化是通过将州县官从对赋税包揽人的依赖中解脱出来，从而打破了士绅对他们的控制，以前是这些人为
149 州县官提供了赋税定额以外的收入。另外，火耗归公意味着附加税的平等化，结束了农村中的特权阶层所享有的更低税率。[73] 在中国的许多地区，衙门胥吏、地方士绅和乡村豪强以一种诽谤运动，甚至是更具破坏性、更直接的抵制赋税缴纳形式，掀起了一场平静但却是直截了当的反对财政合理化改革的战争。

在赋税征收过程中，官员们的权威并非无所不在，他们所面对的问题，山东给出了极好的例证。尽管山东是中国北部的一个有着

---

[73] 例如，江苏绅衿富户以6％～8％的比率缴纳火耗，而普通民众各种附加税超过10％。《宫中档》18637，苏州巡抚陈时夏，雍正五年十一月初六日。

巨大课税基础的省份，但直到雍正朝的最后数年，它才仿效了河南的改革方法。山东最初确立的火耗率是18%。以正项钱粮约300万两计，每年将产生约540 000两的收入，其中200 000两用于弥补亏空，另有200 000两用于提供官员的养廉，剩余的140 000两作为全省的公费。[74] 表面看来，至少山东改革的有效实施可以和河南、山西、陕西的表现相媲美。

然而，山东的提解政策有别于西面诸省，州县官在向省里上缴火耗之前就已扣除了他们自己的养廉。高层官员直接从布政使那里得到养廉，但那是布政使能控制的几乎所有收入。在140 000两全省公费中，也允许州县保留120 000两，用于自己的公费和将赋税解送藩库的开支。[75] 结果，仅剩余20 000两，作为全省的建设及赈济费用。

这一政策在几个方面破坏了改革的成效。正如同田文镜所预言
的，当允许州县官扣除自己的一部分火耗收入时，他们往往继续私
派。一些州县官决意要得到这种额外收入，以致百姓被迫在缴纳正
项钱粮前，先缴纳非法的费用。当这一负担过重乃至不能完成正项
钱粮时，州县官只能上报民欠过多。[76] 因为火耗是与正项钱粮一起 150
缴纳的，因此，正项的亏欠也就意味着向藩库提解火耗收入的亏欠。
根据最初的方案，山东预计在雍正四年（1726）就可以将以前的亏
空全部弥补清楚。[77] 然而到了雍正六年（1728），旧的亏空还未偿
清，实施改革后新的亏空就已产生，山东全部的应偿欠赋达到了令

---

[74][75] 《宫中档》17111，山东布政使张保，雍正四年四月初五日。

[76] 《雍正朱批谕旨》，田文镜，雍正六年九月初八日。

[77] 《宫中档》14044，署理山东巡抚塞楞额，雍正五年正月二十四日。

人吃惊的两百万两。[78]

山东是帝国之中赋税额最高的省份之一。18%的火耗率本应带来大量的收入，但是，收取这些费用所遭遇的困难迫使山东官员转向地丁钱粮以外的其他经费来源。北方其他省份通过禁止大部分陋规和节礼，消除了额外的腐败产生的动机，而山东与之不同，它将从前许多非正式收入纳入修订后的财政制度。该省官员就哪些收入合法，哪些收入应被取消，展开了持久的讨论。结果，不仅对于我们来说不可能确切知道每年来自这些模棱两可的收入有多少，就是当时的官员也不可能预知他们某一年的收入数目。[79]

雍正六年（1728），雍正皇帝命河南巡抚田文镜出任河东总督，这是特为他设置的一个官缺。田文镜在这一位置上最重要的任务是使用在河南创造的方法来整顿他新辖区的工作。

田文镜将山东财政困境直接归咎于省内地方士绅的强大。与河南不同，山东饱受里甲制残余的不法祸害，一些人假借地方权势者的名义，常常依仗雇来的暴徒，征收的地丁钱粮是定额的数倍。[80]在该省的一些地区，州县官早已放弃了他们的税收权力，作为回报，他们可以从那些来自平民百姓、不起眼的包揽者所攫取的胜利品中

---

[78] 《雍正朱批谕旨》，田文镜，雍正六年九月初八日。这些亏短并不能完全归因于腐败。一小部分是由雍正二年至四年大雨造成山东省低洼地区庄稼受损而朝廷同意缓缴赋税所造成。然而，当这些赋税不能在皇帝宽仁的延长期限内偿清时，受影响的州县官员就必须向中央政府偿还。《宫中档》17124，山东布政使张保，雍正五年五月二十九日。

[79] 并入新公费的款项包括：关规、船税盈余、泰安州香税、驿规、漕规、缴送按察使“饭银”盈余、州县所缴解费运费等。雍正二年至五年所有这些来源的总收入超过了155 800两。《宫中档》16468，山东布政使费金吾，雍正七年六月初八日。

338 [80] 《雍正朱批谕旨》，田文镜，雍正六年十月二十七日。

得到有保证的份额。尽管这种腐败联盟是作为支持地方行政仅有的财政手段的非正式经费体系的时代产物，但它所支持的乡村权力网 151
络使得朝廷不可能控制州县官及其官僚体制外的同伙。

忠于在河南所坚持的原则，田文镜在山东首先是要建立火耗完全向藩库的提解，作为对操纵税收的遏制措施。公正的检查人员被派往检查封锁的银柜，接受税户的缴税，并将他们从对包揽者的依赖中解放出来。同时，实施严厉的措施防止上司向下属索取节礼陋规，从而纵容下属的不法行径。[81] 然而，士绅对新政的抵制依旧强大，而且同河南一样，经常是将矛头直接指向总督本人。当雍正皇帝命田文镜前往山东审查一桩贪污案时，诽谤者乘机跳出，在大庭广众之下诋毁他，而这些大众正是田文镜试图从诽谤者的控制下解放之人。田文镜曾警告地方官僚，要清除财政上的玩忽职守并实施改革，这招致了流言蜚语，说他的到来就是向百姓加赋，甚至已经公布了一种新的竹竿，它要比过去用来测量百姓田亩的要短。[82]

改革初期，将火耗归公和对农民加赋联系在一起，是诋毁火耗归公的一种常用伎俩。然而，田文镜对手的执着足以让他推迟实施向藩库完全提解火耗。无法重现在河南的表现，总督田文镜只能同意禁止州县官征收额外的费用，并将火耗的征收率降至 16%。[83] 后来，巡抚费金吾不再同意州县保留火耗的一定比例作为公费，他下令每一州县扣留的公费数将依据需求和该地区距离省城的远近所需的解费进行厘定。18 世纪 30 年代中期，布政使孙国玺请求将火耗

---

[81] 《雍正朱批谕旨》，田文镜，雍正六年十月二十七日；《雍正朱批谕旨》，田文镜，雍正六年九月初八日。

[82] 《雍正朱批谕旨》，田文镜，雍正七年三月初六日。

[83] 《雍正朱批谕旨》，田文镜，雍正七年八月初三日。

全部提解藩库，州县官从布政使那里取得养廉从而最终完成了改革。[84]

尽管山东火耗归公改革差不多用了7年的时间才臻于完善，但
152 该省官员早在雍正元年就已开始应对他们中间的腐败问题。而在江南及东南沿海省份，官员们对于皇帝要求改革的反应则慢了许多。

江苏在帝国之中地丁钱粮额最高，是唯一对皇帝要求执行火耗归公表示拒绝的省份。直到雍正四年（1726），江苏巡抚才想到讨论这一问题，即使在此时，他主要关注的是为弥补通省的亏空寻找收入来源，然而，雍正皇帝勉强同意江苏实施改革并不在于该省的巨额亏空。至1726年，这些亏空达到了2 000 000两[85]，但并不比山东的亏空更为糟糕。更为重要的是该省8 810 000两的欠赋，这一数字超出了帝国其他各省的欠赋总和。[86] 尽管雍正皇帝同意了这些欠赋可以用带征的方式加以解决，但州县官也早已证明他们每年归补的数字不可能超过100 000两。[87]

江苏官僚极其无能，无法完成赋税额，体现出的财政腐败和无序，远比山东披露的情况糟糕。雍正初期，皇帝就已接到有关江苏赋税的报告，说江苏鱼鳞册杂乱不全，赋税包揽盛行，胥吏和士绅采用各种手段隐匿他们的土地，并重新分配他们应缴的赋税。[88] 只有查清和制止这些不法行径，否则一切对于地方财政改革的努力都将是徒劳的。长期的欠赋将会阻碍火耗的征收和足额递解，而且，

---

[84] 《雍正朱批谕旨》，山东布政使孙国玺，雍正八年四月十一日。

[85] 《宫中档》14316，总督范时绎，雍正四年七月二十日。这一数字是从范时绎的说法中得出的。他说每年偿还189 000两，需要十年时间清偿该省的全部亏空。

[86] [87] 《宫中档》14662，江苏巡抚张楷，雍正三年十二月十一日。

[88] 参见《雍正朱批谕旨》，江苏巡抚张楷，雍正四年正月初一日。

如果赋税方法不正规化，甚至不可能说清楚，这巨额欠赋有多少是百姓未缴税造成的，又有多少进入了官吏的腰包。如果是后者窃取了这八百多万本属于中央政府的赋税，那么更有必要加强控制，保证火耗向藩库的提解。

为江苏的改革清理道路，雍正皇帝首先宣布彻底地清查该省的欠赋和征税程序（见第六章）。只有这一清查顺利地进行，才可以保 *153*
证实施火耗归公。

任命江苏布政使陈时夏出任巡抚是为了帮助实施这一任务。陈时夏此前在河南、直隶任职，有相当多的改革经验。在与继任布政使张坦麟就使用何种火耗归公方法简短论辩后，陈时夏于1728年公布了向藩库全部提解火耗的方案。[89] 对所有地丁钱粮以及习惯上向负责漕、河、驿和盐等的道员解送的一些数量小的赋税征收10%的火耗率。[90] 在离职前夕，陈时夏提交了最初的养廉方案。雍正皇帝对这些数字的批评融进了用表4-10所表述的最终方案之中。除了布政使和按察使的养廉银皇帝认为过高外，在最终方案中几乎其他每位官员的养廉银都做了修订，有了提高。其他省的做法，也对江苏养廉最终分配有着影响。例如，最初对于负责河工的十四位同知、通判并没有制定他们的养廉，巡抚后来决定仿照河南和山东的做法给予这些底层官员养廉，以防止他们为了自己衙门开支和盘费而过多地上报工程费用。[91] 另外，提高江苏州县地方官的养廉，做到与

---

[89] 新任布政使张坦麟赞成湖广实施的部分提解模式。《宫中档》18637，苏州巡抚陈时夏，雍正五年十一月初六日；《宫中档》11350，江苏布政使张坦麟，雍正五年十一月初一日。

[90] 《宫中档》14845，苏州巡抚陈时夏，雍正六年七月二十五日。

[91] 《宫中档》19634，署理苏州巡抚王玑，无具文时间（雍正时期）。

那些财政状况好的省份相当。名为备公银的地方公共款项也建立起来，从中每年每个州县额外得到 200 两至 600 两不等。

改革时期，江苏每年赋税额是 3 719 000 两，其中，2 271 000 两直接解送布政使，产生约 272 100 两火耗。另外 997 800 两被分别解往负责漕、河、驿和盐等的道员，允许他们保留这些赋税火耗的 30%，以补充他们向中央政府递解赋税的费用；剩余的 69 800 两，也解至布政使。如此，江苏共有 341 900 两可以用于养廉和公费。

154 江苏赋税额巨大，但可以支配、用于全省开支的款项要少于北方各省。表 4-11 显示了江苏某年的额支款项。这些经费 80%多用于完成向中央应尽的义务，或是正项之外的工程津贴。除了额支款项外，江苏仅有 3 600 两用于本省的机动开支，很难满足城垣和道路、堤坝、仓廒等的修建，而这是全省官员每年必然遇到的问题。而且，当需求增多时，这一数目也难以保证，甚至是在改革之后，欠赋平均每年带来 70 000 两的火耗收入损失。

表 4-10　　江苏官员养廉银　　单位：两

职官	数额
总督	6 000
巡抚	12 000
巡察	1 200
清查御史	1 000
学政	1 500
水利郎中	1 000
布政使	10 000
按察使	8 000
江镇、苏松和淮扬 3 人（2 500 两/人）	7 500

续前表

职官	数额
江宁和苏州 2 府知府（3 000 两/人）	6 000
松江、常州、镇江、淮安和扬州 5 府知府（2 000 两/人）	10 000
同知 7 人（500 两/人）	3 500
通判 8 人（400 两/人）	3 200
管河同知 9 人（500 两/人）	4 500
管河通判 5 人（400 两/人）	2 000
州县 66 人养廉并备公银（1 200～2 400 两/人）	103 900
微员出差路费银	3 000
总计	184 300

资料来源：《宫中档》19634，署理苏州巡抚王玑，无具文时间。

为给全省公费提供可靠的经费，巡抚尹继善于 1731 年请求，将两淮盐商呈送给盐运使的陋规纳入全省预算。这些所谓的盐规引费每年总数超过 10 000 两。利用它们，江苏能够保证修建费用，并且能够同北方省份一样，给微员提供养廉。[92]

表 4-11　　江苏每年固定公费支出　　单位：两 155

额支款项	数额
修建战船贴费	50 000
起解京饷补平银[a]	40 000
办解颜料锡蜡贴费	11 512
办解架木札篨贴费	1 523
解送部科册籍纸张等	4 980
总督衙门纸张火药吏役工廪工等银（其余由江西、安徽二省公办）	1 773

[92] 《宫中档》20845，尹继善，雍正九年四月初九日。

续前表

额支款项	数额
巡抚衙门纸张火药吏役工麇工等银	4 343
江宁、苏州二织造处柴薪等银	1 346
巡察衙门缮书工食银	108
布政使衙门表笺纸张等银	1 179
提塘报资、塘兵工食粮饷奏册等银	2 742
岁修江宁省城银	500
崇明备修火药银	1 358
总计	121 364

注：[a] 用于百姓缴纳、作为起运钱粮的白银其成色达到户部要求所需的经费。
资料来源：《宫中档》19634，署理苏州巡抚王玑，无具文时间。

官员头脑不清以及缺乏创造精神，对于改革来说，其巨大的阻碍作用同欠赋和财政腐败一样。在非正式经费体系下，江西的大员们是收入的受益者，并未受到雍正陋规禁令的影响。[93] 与正项钱粮一起，每个州县每两额外解交1分7厘5毫，是为平费。以每年平均税额1 500 000两计，产生银26 000多两，这些在巡抚、总督和布政使间分配，用于衙门和公费开支。允许州县官征收火耗用于他们自己的开支，大小官员没有多少动力要求火耗归公。

雍正七年（1729），江西的火耗提解方案最终出台，其中的养廉银分配方案是各省中最不实用的。正项钱粮额在9 000两及以下的州
156 县，不要求提解任何的火耗。正项钱粮额在10 000两到60 000两的州县提解它们火耗的61%，正项钱粮额60 000两以上的州县提解它们火耗的70%，余下的作为它们的养廉。高层官员的养廉以他们辖区内州县官征收火耗的一定比率计算，同时在应得火耗中，要扣除每

---

[93] 《宫中档》1765-1，江西布政使常德寿，雍正三年四月初三日。

个人可能得到的盐规数。[94]

皇帝对这一方案并不热心，他即刻建议应当重新考虑，使养廉额更能接近反映地方行政单位的真实财政需求。他所得到的答复近乎滑稽可笑。布政使并没有依据州县离省城的远近和公共事务的繁简程度厘定数额，只是简单地修订了提解火耗的比率，计算每一个地方能够得到的数目，并将这一数目换为固定数额。以这种方式得到的养廉数字彼此各异，很明显省里不可能加强对州县财政的监督。[95] 高层官员们的养廉遵循着同一种模式（参见表 4 - 12）。皇帝再一次警告江西大员编制公平并能消除侵贪和欺诈的养廉方案。深思熟虑的结果是一种全部提解火耗的制度，征收正项钱粮的 10%，大多数州县官，同时还有许多府里的官员，在新的方案之下养廉得到提高，28 位武职官员第一次给予了养廉。所有这些都做到了，并给省里节约了 40 两。[96]

在安徽，皇帝的影响对于改革的结果来说也是一个重要因素。这里，一开始就提出提解 10%的火耗。然而，不是养廉额，而是公费引起了全省官员的混乱。表 4 - 13 所列的是巡抚魏廷珍的全省预算，那些标星号的款项是因无所凭据而被皇帝否决的。我们将这些款项与那些皇帝保留的做一比较，就会明白，雍正皇帝同意的经费全部是行政开支，包括办公开支、胥吏的工食银等。他所不同意的，

---

[94] 《宫中档》署理江西巡抚张坦麟，雍正七年四月二十六日。

[95] 例如，赋税额在一二万两之间的 15 个县最初允许保留火耗的 39%作为养廉，现在修改为 50%，这样形成了 15 个不同的数额，从武宁县的 995 两到信丰县的 513 两。尽管赋税额高的县现在保留火耗的比例更小，但每个县的养廉数量却随着赋税总数的增多而增加。《宫中档》10982，江西布政使李兰，雍正七年二月。

[96] 另有 8 000 两从省里的公费银中拨出，为微员提供薪俸。

是对分散在各处、暗中对以前官员所得陋规和节礼的补偿。这其中包括大员从事监督政府工程时从属下得到的规礼及礼物，比如每年向巡抚衙门呈递的锦衣，而且，款待和盘费的花销要从官员的养廉中支出。对官员分内的职责进行额外的补偿与雍正皇帝火耗归公的改革观念是不一致的。

表 4-12　　江西官员养廉银调整前后的变化　　单位：两

职官	数额	
	调整前	调整后
总督	4 400	6 200
巡抚	8 800	7 000
布政使	8 547	8 500
按察使	5 762	6 000
粮道	3 262	3 500
驿盐道	1 968*	3 000
饶九道	1 608	2 000
赣南道	1 568	2 000
南昌府知府	2 763	2 400
南昌府同知	1 105	600
南昌府通判	2 096	600
瑞州府知府	1 267	1 400
瑞州府同知	647	600
瑞州府通判	503	600
袁州府知府	1 298	1 400
袁州府同知	659	600
临江府知府	1 562	1 400
临江府通判	819	600
吉安府知府	3 074	2 000

续前表

职官	数额		
	调整前	调整后	
吉安府同知	1 229	600	
吉安府通判	1 359	600	
抚州府通判	688	600	
建昌府知府	1 403	1 400	157
建昌府同知	641	600	
建昌府通判	323	600	
广信府知府	1 494	1 600	
广信府同知	597	600	
广信府通判	412	600	
饶州府知府	2 187	1 800	
饶州府同知	874	600	
饶州府通判	1 014	600	
南康府知府	1 285	1 400	
南康府同知	654	600	
南康府通判	331	600	
九江府知府	1 383	1 600	
九江府同知	633	600	
南安府知府	1 285	1 400	
南安府同知	594	600	
赣州府知府	1 450	2 000	
赣州府同知	580	600	
赣州府通判	600	600	
南昌县知县		1 600	
新建县知县		1 400	

续前表

职官	数额	
	调整前	调整后
24 大县	**	28 000[a]
26 中县	**	26 000[b]
25 小县	**	20 000[c]
运粮守备千总领运 14 人	—	3 360[d]
运粮守备千总停运 14 人	—	1 400[e]
总计	154 800	154 760

注：* 加盐规 1 929 两。
** 依正项钱粮百分比而变化。
[a] 每人 1 200 两。
[b] 每人 1 000 两。
[c] 每人 800 两。
[d] 每人 240 两。
[e] 每人 100 两。

资料来源：《宫中档》10983，李兰，雍正七年二月；《宫中档》15061，署理江西巡抚谢旻，雍正七年十一月初九日。

158 **表 4 - 13　魏廷珍提出的安徽省预算** 单位：两

公费	数额
* 总督衙门赍表路费银	120
* 总督衙门修理执事银	96
总督衙门吏书各役廪工纸张火药	1 630
* 总督衙门奏清书银	200
将军衙门纸张、旗尉工食银	300
将军公衙皂役工食银	180
* 将军总督阅操银	140
* 锦衣卫役工食银	27
总督巡抚衙门攒造各标营粮饷各案奏册纸张银	242
巡抚衙门吏书廪工银	1 200

续前表

公费	数额
（遇闰加银）	100
巡抚衙门各役工食银	973
巡抚衙门心红纸张、本章包袱、本箱银	510
巡抚衙门南北提塘纸张、饭食银	166
巡抚衙门京中提塘公费银	400
* 巡抚衙门岁修执事银	120
巡抚衙门造报马田奏销银	60
巡抚衙门 3 年一次捐河工桩木银	375
总漕衙门旗手人役工食银	224
提学衙门心红纸张、书役承差各役廪工银	1 188
巡察衙门缮奏书役工食银	120
每年户部户科奏销费用银	4 700
每年刑部饭食银	1 800
又水脚银	90
文武科场供应，除正项外仍协贴银（6 年一次）	6 000
* 坐京提塘工墨盘费银	1 000
江宁塘饷银	1 000
* 江宁养喇嘛银	183
每年藩库解饷到部需解费等项	20 000[a]
粮道每年解饷到部	4 000
* 每年藩司衙门采办物品每年市价低昂不一，需协贴银	20 000[a]
布政使衙门各节表笺银	140
布政使衙门书吏廪工银	1 200
布政使衙门造册纸张银	960
驿道奏销部科解费银	2 200
总计	71 144

159

续前表

养廉银	数额
总督	6 000
巡抚	8 000
学政	1 500
巡察 2 人（1 200 两/人）	2 400
布政使	8 000
按察使	6 000
粮道	3 000
驿道	3 000
凤阳道	2 000
知府 7 人（2 000 两/人）	14 000
同知 7 人（300 两/人）	2 100
通判 7 人（300 两/人）	2 100
大州县 9 人（1 000 两/人）	9 000
中州县 30 人（800 两/人）	24 000
小州县 21 人（600 两/人）	12 600
卫 11 人（400 两/人）	4 400
总计	108 100
公费、养廉合计	179 244

注：* 雍正皇帝不同意。
[a] 约数。
资料来源：《宫中档》8630，安徽巡抚魏廷珍，雍正七年正月初十日。

160 良好的愿望和对改革的理解都不能保证火耗归公的成功实施。在浙江，正是过分的热忱，反而造成了地方行政管理中的困难。浙江的火耗征收过去是 5%～8%，这种低征收率部分是由于该省的官僚可以从盐政和商业税中得到许多经费。[97] 然而，黄叔琳在雍正二年（1724）初出任浙江巡抚，他不仅遵照皇帝指示，禁止陋规的收取，而且将火耗率降到了统一的5%。[98] 后来的官员发现来自火耗的收入不能满足他们的需求，该省的欠赋盛行，数目不断增大，财政更为困难，只有130 000两可以用作养廉和公费。黄叔琳的继任者请求特别准许继续公捐俸工，这本已在上一年被雍正皇帝所禁止。无法说服皇帝相信他们缘由的正当性，巡抚和布政使只能任凭在一个很低的基础之上实施火耗归公，州县官员继续以5%征收火耗，他们保留3%自用，2%提解藩库作为全省公费。[99] 没有为高层官员制定养廉，他们继续从盐商那里收取陋规。[100]

等到雍正皇帝最信任的三位督抚之一的李卫于1727年出任浙江巡抚，才带来了在浙江实施改革的命令。然而，改革的荣耀不能全部归于李卫。他有着皇帝大力褒扬的行政才能和正直，能将这些带到任上，但无法创造出经费，因为原本不存在经费。他的前任石文焯，曾经有过评论，使用火耗解决浙江所有的开支，就 161
如同“无米之炊”[101]。毋宁说正是皇帝自己，为浙江带来了财政管理合理化的良机。

雍正皇帝在雍正五年冬天的一道上谕中表示了他的慷慨，对浙江百姓允诺两项优惠。为减轻赋税负担——这是造成欠赋的重要因

---

[97] 《宫中档》20458，云南道监察御史田嘉谷，无具文时间（雍正时期）；《宫中档》3730，法海，无具文时间（雍正三年初）。

[98] 《雍正朱批谕旨》，浙江布政使佟吉图，雍正二年八月二十八日。

[99] 《雍正朱批谕旨》，浙江巡抚石文焯，雍正二年十月十五日；署理浙江巡抚傅敏，雍正三年十一月二十七日。

[100] 《宫中档》3730，法海，无具文时间（雍正三年初）。

[101] 《雍正朱批谕旨》，浙江巡抚石文焯，雍正二年十月十五日。

素——他减少了嘉兴和湖州所谓的浮粮。[102] 这自然更进一步减少了浙江火耗赖以征收的税基，因此，雍正皇帝也同意赋予浙江不同寻常的特权：将未受降税影响的 9 个府本应向中央政府解送的正项钱粮保留 5%，以供自己使用。结果，浙江火耗提至 10%，除此之外百姓没有任何额外负担。另外还有 100 000 两可供使用，仅有的前提条件是，它必须全部提解藩库并在通省官员内公平分配养廉。[103]

雍正皇帝对浙江的赏赐，使得该省能够消除陋规并根据需要分配养廉。而且第一次，该省被赋予了充足的经费以弥补亏空，津贴修建战船，支付赈灾费用、水利工程，以及应对其他可能出现的紧急情况。[104]

实际上，只有利用皇帝的赏赐和吸收地丁钱粮以外的收入，东南各省才可以应付公共开支经费的短缺。江西较少的正项产生的火耗远比江苏和浙江为少，然而，较少的税额并不标志着较小的官僚队伍，江西官员所需要的养廉同那两个省一样多。另外，部费以及向京师解送漕粮和赋税的运费占去了江西公费的一半以上（参见表 4－14），仅靠火耗不足以支付全省的所有开支。幸运的是，江西的

---

⑩② 明朝和清初，江苏苏州、松江和浙江嘉兴、湖州四府被课以极高的赋税。在击败元朝争夺中国的统治权时，该地区的士绅支持明朝开国皇帝的对手张士诚，高赋
339 税率是对他们的惩罚。将富户的土地编为官田，课以与租佃私人土地同样的赋税。清朝继续着这些高税收，直到雍正三年，废除了苏州和松江的浮粮。在浙江，当证实百姓情愿抛弃他们的“恶习”时，也采取了同样的废除措施。

⑩③ 《大清世宗宪皇帝实录》，雍正五年十月乙酉，谕户部。

⑩④ 《雍正朱批谕旨》，李卫，雍正五年十二月初三日。浙江也将一小部分盐务规费和盈余补充火耗收入。例如，雍正十二年盐课之外，盐驿道上缴藩库的零星盈余有 14 000 两。《宫中档》3114，浙江布政使张若震，雍正十二年九月二十一日。

官员有着各种各样商业收入来源，这从根本上增加了他们的可支配收入。每年来自盐规和九江、赣州关税的盈余银两数以万计。[105] 江西省每年也能够从中央政府拨款中安排数千两，支付向中央解送赋税或协济他省。[106] 江西可能在公费和微员养廉上经费不足，这种关注促使

表 4-14　　江西公费支出　　单位：两 162

额支款项	数额
解部饷帮费银	32 000
地丁奏销部科银	3 527
刑部饭食银	1 200
兵米奏销户部银	500
漕项奏销户部银	500
驿站奏销兵部银	1 300
驿站奏销盘费	62
起解颜料水脚银	1 500
起解檀木水脚银	200
起解苎布部饭食银	181
漕臣盘费银	660
漕臣塘兵报资银	250
总督衙门开支：	
吏役工食银	1 571

[105] 《宫中档》15062，署理江西巡抚谢旻，雍正十年八月初六日；《宫中档》6639，署理浙江巡抚谢旻，雍正十一年七月二十八日。

[106] 《宫中档》3480，江西布政使刁承祖，雍正十二年九月二十二日；《宫中档》6639，署理江西巡抚谢旻，雍正十一年七月二十八日。该项称作水脚银。雍正三年（1725）递解赋税时的此项津贴从每两缴1分降至8厘。该省实际的转运费用每两仅3厘，其余的归为公费。至雍正十一年（1733），仅这一项已累积超过15 000两。

续前表

额支款项	数额
纸张银	700
火药银	200
巡抚衙门开支：	
吏役工食银	2 899
纸张银	500
本箱银	130
按察使衙门开支：	
吏役工食银	636
纸张银	224
秋审修监等费	338
各提塘廪给及塘兵工食银	2 726
省城普济堂盐菜银	300
德化、建昌二县渡夫工食银	96
关帝庙、龙神庙春秋祭祀银	64
布政使书吏饭食银	800
总计	62 204

资料来源：《宫中档》15061，江西巡抚谢旻，雍正七年十一月初九日。

163 户部决定，江西也可以保留一些正项钱粮。因此，在雍正八年(1730)，允许江西保留它的田房契税和落地税的盈余。[107] 户部的慷慨并未就此终结。接下来的一年，向皇帝奏报每年火耗收支情况的奏折中，江西就出现了盈余。[108] 大多数未花销的经费都源自“耗羡

[107] 《宫中档》10569，署理江西巡抚谢旻，雍正八年正月二十日。

[108] 《宫中档》15052，署理江西巡抚谢旻，雍正九年六月二十四日。

饭食支剩银”。这些经费本是普遍用于补偿户部的行政开支的，因此，这很可能是户部为了地方财政的稳定，放弃了江西对它应尽的大部分义务。至雍正十一年（1733）江西积累余银约112 800两。[109]

福建官员面对他们的财政困难就不能如此应付裕如。福建正项赋税在东南地区是最低的。即便是以14%的火耗率计算，它的收入也只等于其他省份用于养廉的数目而已。[110] 在对福建极少提解火耗的制度略加奚落后，雍正皇帝显然不同意强令福建的官员设置养廉银，因为那样做，他们的养廉银必然远低于别的地区所享有的标准。

福建的问题因它应向中央政府所尽的义务而复杂化了。这些不是部费，而是为了海岸的防卫开支。福建是中国海上力量的前哨，承担重大的军需以及战舰的建造和维修责任。[111] 来自福建库帑的这些支出对于帝国安全极为关键，这致使福建成为唯一一个要视公费拨款后的剩余数目，每年不断改变养廉分配的省份。

中央政府的干预再一次将该省从财政的困境中拯救出来。1729年，户部同意福建每年拥有11 320两商业税盈余及过桥费。另外，允许福建保留30 739两来自台湾官田的收入。[112] 这些经费能够使福建提高它的养廉额（参见表4-15）以及为知县以下的微员提供养廉。 165

---

[109] 《宫中档》6639，署理江西巡抚谢旻，雍正十一年七月二十八日。

[110] 《雍正朱批谕旨》，福建巡抚刘世明，雍正七年六月十六日。

[111] 《宫中档》15371，署理福建巡抚毛文铨，雍正五年六月初四日；《宫中档》11196，福建巡抚朱纲，雍正六年八月初八日；《雍正朱批谕旨》，福建巡抚刘世明，雍正七年正月二十五日。

[112] 《宫中档》19111，怡亲王，无具文时间（雍正时期）；《雍正朱批谕旨》，福建巡抚刘世明，雍正七年十月十三日。

164 表 4－15 福建增订养廉额 单位：两

官职	原议养廉	增加额	新订养廉额	总计
总督	7 000	9 000	16 000	16 000
巡抚	7 000	5 000	12 000	12 000
布政使	6 000	4 000	10 000	10 000
按察使	4 000	2 000	6 000	6 000
观风整俗使	3 000	1 000	4 000	4 000
道台 4 人	1 500*	500*	2 000*	8 000*
福州知府	2 400	600	3 000	3 000
泉州、漳州知府	2 000*	400*	2 400*	4 800
兴化、延平、建宁知府	1 800*	200*	2 000*	6 000
邵武、汀州知府	1 500*	300*	1 800*	3 600
府佐厅等 24 人	300*	200*	500*	12 000
闽县、侯官知县	1 300*	300*	1 600*	3 200
晋江等 5 知县	1 000*	200*	1 200*	6 000
福清等 15 知县	800*	200*	1 000*	15 000
长乐等 14 知县	600*	200*	800*	11 200
闽清等 21 知州知县	500*	100*	600*	12 000
新增订养廉总计				133 800

注：* 指每人的养廉额。

资料来源：《宫中档》19111，怡亲王，无具文时间。

更为重要的是，户部要放宽福建用于本省的公费。户部确信建造和维修战船、兵营及其他与军事防护有关的工程对福建薄弱的财政是巨大的负担，就责成总督和巡抚将所有这些开支在题本中加以说明，它们可以从正项中支出。[113]

---

[113] 《宫中档》19111，怡亲王，无具文时间（雍正时期）。

即便户部如此大度，还是不足以将福建从财政困境中完全拯救出来。在逃税问题上，福建与江南一样历史久远，有经济上和政治上的动机。非土生土长的管理者对福建所做的评价，并没有考虑该省桀骜不驯的民众的因素，此时紧张的形势就如同当年福建作为最后一个武装抗清基地所起的作用一样。尽管欠赋对于火耗收入的冲击在福建官员中间常常是热烈讨论的问题，但大家普遍承认，每年该省地丁钱粮大约30%是收不上来的。[114] 由此带来的不足，一部分被过去欠赋的缴纳所抵补，但是即使是最保守的估计，该省不可挽回的火耗损失每年将近20 000两。18世纪30年代中期，皇帝发现，他对江南的赏赐超出了它的需求，额度正好是这个数目，因此每年20 000两的津贴从浙江转到了福建。[115]

雍正皇帝为了保证每个省的财政健康以及成功地实施火耗归公改革，甚至动用中央政府经费，直接拨付给那些认为有着特殊经费需求的省份。这种赏赐的先例在雍正朝初期就已见到，当时直隶的宛平和大兴县各被赐10 000两，这是承认它们因临近京师所担当的责任。雍正八年（1730）皇帝扩大了赏赐范围，一次性拨付200 000两至300 000两，给全国各地那些为军费开支负有非同寻常责任的高额开销地区。[116] 尽管江苏、江西和安徽并非军事敏感地区，但是它们在经济上和政治上的重要性，也促使雍正皇帝同意每省拨款
100 000两，以备紧急事件的发生以及中央政府用钱紧张时可能造成 166
的延误。[117]

---

[114][115] 《宫中档》12230，福建总督郝玉麟、巡抚赵国麟，无具文时间（雍正时期）。

[116] 《大清世宗宪皇帝实录》，雍正八年十月壬子。

[117] 《宫中档》14494，署理两江总督史贻直，雍正八年十二月初二日。

至雍正末年，对所有地丁钱粮的单一附加税的合法化已演进成一种复杂的计划，在这个幅员广大、条件各异的帝国中，它被各省所采用，以满足其特有的财政需求。陋规已被取消，商业和矿业等收入早已公开地列入为地方政府服务的清单，甚至一部分中央政府自己的税额也出于财政改革的利益需求转归地方财政。问题仍旧存在，在接下来的数十年间，对它们的解决将不止一次地检验这一新财政制度的生命力。不论怎样，当清朝第三位皇帝去世时，合理的地方财政体系是他留给继承人和臣民的最丰厚的遗产之一。

第五章

地方改革的多样性与基本原则

奏折制度的发展和实施火耗归公改革的地方财政，一并反映了 167
清初决策结构的重要转变。两者都显示出雍正皇帝努力操纵官僚联系渠道，以绕开中央官僚决策机构，在皇帝及其各省代言人间建立直接的联系。权力的这次重组有两重目的。一方面，它使得雍正皇帝比从前的任何一位清朝皇帝享有更多的主动性和控制权。更为重要的是，权力结构的这一变化允许行政改革中存在创造性。没有雍正皇帝对奏折制度的强化，将获知雨雪粮价的一个非正式渠道发展成为皇帝和报告地方诸事务官员间的一种制度化联系，那么，耗羡归公改革绝不可能发生。

奏折所传递的信息率先提醒雍正皇帝注意地方财政真实的不稳定状况。正是在对奏折的批答里，皇帝能够以个人的力量指引改革
的方向。尽管朝廷反对诺岷和高成龄在奏折中所表达的思想，但奏 168
折制度使改革在全国得到推广而未受到中央政府官僚的干预和潜在的阻挠，这些官僚的管理思想要比皇帝和他信任的地方官员远为保

守。地方实施改革的多样性以及所采用的奏报和审核制度上的不确定性必须从这一点上予以理解。

雍正皇帝关心的是，在处置火耗经费时必须保持各省的自主，目的是确保地方政府有效管理的灵活性。出于这一原因，他下决心，阻止户部对于火耗账目进行如同奏销正项钱粮的那种逐项的监管。然而，皇帝对某些省份改革方案的干预，表明他将改革完全放手给地方并不满意。为什么当时皇帝不简单地为所有省份的改革颁发上谕，公布统一的模式呢？第一，雍正皇帝坚信“因地制宜”的原则。① 可以想见，一个详尽的省级财政方案对于地丁钱粮收入多而商业税收相对很少的地区比如山西，将是有效的，而对于农业生产低下和矿藏资源税收起重要作用的地区比如云南，将是灾难性的。为确保地方财政合法化和合理化的计划成功实施，适应各省特殊需求的唯一办法，就是允许各省制定各自的改革方案。同时，当各省大员制订他们的改革计划时，雍正皇帝通过奏折向他们提出建议，可以保证各地方虽存在差异，但都将坚持火耗归公的基本目标。

现在我们知道了许多秘密的交流，通过这些交流，皇帝和各省的官僚制定了我们称之为火耗归公的方案。然而，对于当时的官员来说，特别是对中央官员而言，雍正皇帝的指导作用看起来远不如今天了解到的明显。而且，雍正皇帝自己常常故意不加评
169 论，将日常的决定权置于各省最高层官员之手。这一策略不仅可以鼓励各省官员在地方财政的决策上起更大的作用，而且，假如以后的改革失败，皇帝可以推卸自己的责任。表面上雍正皇帝对

① 参见雍正皇帝在廷议时为高成龄在山西实施火耗归公方案进行辩护的上谕。

改革的实施决定没有成见，但如有必要，他可以介入并使之改变，而又似乎与他自己的谕旨不相抵触。正是出于同样的原因，改革最初的提议是出自山西官僚的一份“基层”方案而不是以上谕的形式发出的。

从前面对于火耗归公改革的描述，我们可以知道，经济资源、正项钱粮甚至是地方官员在改革中的作为这些不同导致了地方财政重组在时机选择上和结构上的多样性。皇帝自己坚决主张地方应有主动性和计划性，为的是保留一些非正式经费体系之下固有的灵活性，这可能会使我们认为改革缺乏统一的政策、规定和目标。事实上，一切都没有脱离实际。各省地方财政计划中的收入款项不同，火耗用于支付养廉及各省公费的分配比例的确各有差别。在许多地方，改革延迟进行，而且各省并不都采用同一种火耗提解方法。然而，将改革作为整体进行考察，就揭示出体现在各种政策和规定中的强有力的划一概念，尽管它不总是以行政法规的形式发布，但在每个省的官员中，广为人知并加以遵循。现在我们探讨这些普遍性的指导原则并对改革做一评价。

一、公费

公共开支和中央政府

火耗归公所包含的最重要概念之一，是省和地方行政单位应有它们自己的正式经费，这种经费应有明确的税收来源并免受中央政府和
本省上级行政单位的剥夺，这一经费被称为公项。用它们开支的项目 170

常被称为公用或公事，因公事拨付的公项收入被称为公费。[②]

省和地方部分收入指定作为公项，这是将它们和中央政府控制下的正项区别开来。这一区别很重要，不仅可以避免过分担心供各省开支的收入转为正项收入，而且划分了中央和各省在地方的资助项目的责任。火耗归公并不是通常认为的，要将中央政府从以前所承担的各省财政责任中解脱出来。对各省一些零星的正项分配资料的考察显示，与上面说法相反，这一时期，作为提供地方偿付能力的手段从而清除亏空的整个运动的组成部分，中央政府承担的地方开支份额可能增加了。

各省收入有了正式的来源，但这也并没有使中央政府放弃自己的首要责任：与军事安全相关的更多的开支。相反，非正式经费体系的消亡激发了更高的觉悟：防止这一支出成为普通民众的负担。发生在陕甘总督查郎阿和甘肃巡抚许容之间的争论对此做了诠释。为满足甘肃应付军事突发事件的需要，许容已下令加紧欠赋的征缴。该省纳税人的抵制促使查郎阿上疏户部，对这位过度热心的属下抱怨不已。在就此事向皇帝的奏报中，身为户部尚书的怡亲王谴责许容的所作所为并提出政府负责军事行动经费的看法：军费粮饷若有短缺，可以题请朝廷划拨额外的经费。[③]

18 世纪二三十年代是中央政府资助重大的赈灾和建设项目意识增强的时期。雍正皇帝斥责那些因赈灾而请求公捐俸工的官员，部
171 分反映出他有意将正项用于此目的。[④] 同样，当审查福建火耗分配

② 公费术语的详尽研究，参见岩见宏：《雍正时代的公费问题》。
340 ③ 《宫中档》19812，怡亲王，无具文时间（雍正时期）。
④ 参见雍正皇帝在甘肃巡抚石文焯奏折上的批答。《宫中档》15831，甘肃巡抚石文焯，雍正三年十一月十六日。

时，怡亲王对该省将自己经费用于本应属于中央政府的开支感到困惑。因此，他下令总督和巡抚从正项中支付诸如战船修建和建造营房的开销，并用题本向户部上报这种开支。⑤

在雍正皇帝去世后不久，中央政府资助公共项目的角色问题被再次提出。这不是中央政府是否应该为各省的这些项目负责，而是向当地人民摊派以支付这些项目的做法在根本上是否允许的问题。在呈递给新皇帝的一份奏折中，工部尚书来保等官员指出，对于工部而言，为河防和堤岸、城垣、闸坝等工程拨款是惯常的做法。然而，在直隶、山东、江南、四川，官员时常向百姓特别加派，以支付这些工程。这些获允加派的工程清单上报皇帝，以帮助他决定这种例外的财政责任制度将来是否可行。⑥ 在给皇帝的建议中，工部的官员明确地支持禁止这些所谓的捐助，并认为重大工程拨款的所有责任应由中央政府承担。他们的意见真正地反映了火耗归公改革的精神，尽管他们承认这种捐助许多是自愿的，出自公心，但他们

---

⑤ 参见《宫中档》19111，怡亲王，无具文时间（雍正时期）。

⑥ 《宫中档》5558，署理工部尚书来保，雍正十三年十二月初十日。以前公捐工程清单如下：

一、康熙二十九年，山东巡抚佛伦题请征派 53 400 多两挑挖济宁、临清等处运河；

二、雍正六年，江南总督范时绎题请每亩捐钱 5 文以供松江海塘岁修之用；

三、雍正七年，为挑挖运河，江南总督范时绎题请在江南八府州依漕粮额按比例均派银 6 000 两；

四、雍正八年，四川巡抚宪德为数州县城垣岁修堤岸，题请按亩派银 1 厘至 2 厘不等，共 1 300 两；

五、雍正十一年，河道总督王朝恩题请直隶十一州县按每亩 1 厘征派帮贴银，每年 5 500 两以供挑挖运河之用；

六、雍正十三年，江南总督赵弘恩题请为大修，靖江等四县里民情愿业户出钱、佃户出力，而长洲等三十三州县按亩派钱 1 文至 5 文不等。

还是担心，任何建立在非正式捐助之上的财政政策将招致高层官员对当地百姓横征暴敛。⑦

正项收入就是应该满足中央政府在各省的应尽职责所需，这种认识甚至导致了存储方法和正项赋税经费分配的改变。朝着这一方向的做法早在康熙末年就已开始，当时中央财政收入“盈余”储备在东北地区的仓库，同时各满洲将军、副都统、城守尉也皆有库储。⑧ 将这些经费从京师转至各省储备，便于应对军事突发事件的
172 出现。后来这一政策扩展，包括了民间库储，这是政府为避免正项收入拨款延迟，有可能导致普通纳税人负担更重的结果。雍正五年(1727)，决定将额外的经费向中国内地省份划拨，在各藩库存储。这些省被分为三组，各省得银一二十万两不等。乾隆四十一年(1776) 增加了存储的数额。⑨ 这些经费是存留之外的数额，由各省每年从向京师递解的正项中扣留，是合计的积储额度，并不是每一年的减扣额。与存留经费不同，这些储备仍是中央政府的财产，

---

⑦ 《宫中档》5558，署理工部尚书来保，雍正十三年十二月初十日。这一决定并不适用来自富商的捐助。我们将会看到，这种捐助常被合法化并融入了新的地方财政制度。

⑧ 参见王庆云：《石渠余纪》卷四，《纪库》。

⑨ 王庆云：《石渠余纪》卷四，《纪库》。这些款项的分配如下：江苏、安徽、
341 江西、浙江、湖南、甘肃、广西、贵州各300 000两，福建300 000两有奇，山西、河南、湖北、陕西、广东、云南各200 000两，山东100 000两。

由于直隶靠近京师易于从户部银库拨付应急款项，因此开始时，直隶并没有存储专门的款项。乾隆三十六年，提高了江苏存储的款项，它的两个司库，即苏州和江宁司库，各存储银300 000两。乾隆四十一年颁布的增加额，各省留贮应急经费如下：

四川：1 050 000两；云南：480 000两；江宁：480 000两；苏州：480 000两；贵州：450 000两；安徽：400 000两；福建：400 000两；湖北：400 000两；广西：380 000两；江西：370 000两；河南：350 000两；湖南：320 000两；陕西：310 000两；山西：310 000两；浙江：300 000两；甘肃：280 000两；山东：250 000两；广东：200 000两；直隶：30 000两。

用于应对各省紧急事件的发生。在藩库存储是为避免紧急事件发生时由中央向各省解送银两的费用和时间的耽搁。[10] 对这些开支的审查可能要远比直接拨付给省里的款项严格得多，擅动这些经费要处以极刑。

除了将经费储存在藩库，雍正皇帝也开始了一项将中央政府的收入存贮于更基层仓库的做法。开始没有制定储备数额，但在雍正八年（1730）这些储备正式化。在府州县库的储备数量分为四级，从十万至三十两不等。[11] 中央政府在基层行政单位以这种方式储备的经费，称为分贮之款。[12]

中央政府对正项收入有效拨款的关注，是火耗归公改革期间倾力关注地方财政的结果。公共项目应由公共经费支付，为此适当征收公共经费并做出预算的原则，迫使中央政府重新评价自己对于各省行政经费应有的贡献。不是鼓动中央政府蚕食地方经费，改革似乎是为了明确每一级政府的各自责任。那些用于公项的经费与正项完全不同，监督、上报、分配这些经费的方法都显 173
示了它们的特质。

减轻百姓负担

火耗归公改革的主要目的之一，就是减轻从前以支持地方行政

⑩《宫中档》14494，署理两江总督史贻直，雍正八年十二月初二日。

⑪《宫中档》14494，署理两江总督史贻直，雍正八年十二月初二日。分配到每省府州县的款项细目如下：陕西、甘肃、四川各 300 000 两，福建、云南、贵州各 200 000 两，直隶、山东、山西、河南、广西各 150 000 两，广西、安徽、江苏、湖南、湖北、浙江、广东各 100 000 两。

⑫《宫中档》14494，署理两江总督史贻直，雍正八年十二月初二日。当乾隆五年数额提高时，分配的方法稍微有所变化。

为借口对百姓任意加派所造成的负担。只要向官员、胥吏提供充足的生活经费，人们就认为与税收过程相关的大多数腐败的动机可以清除掉。更为明确的是，提供养廉可以废除许多费用，虽然它们不是敲诈性的，但却是非正式经费体系运作的关键所在。

一个引人注目的例子是关于从前加派供给各省学政的费用。这些人在各省负责岁、科二试，掌士习文风之政令。学政是隐性花销很大的官员，他们频繁出巡，与地方行政多有联系。在大多数省份，由州县官供应学政主持考试的开支，也负责他个人的开销。⑬ 这些费用通常向州县居民收取。在陕西，这一费用称为“考棚供应”，向时值考试地区的百姓征收。在四川，学政的花销由贽仪抵偿，通常每人三四两，由参加考试的士子向学政呈送。随着学政养廉的建立，这些费用被禁止，至少为当地百姓减少了一种额外的负担。

我们已经注意到，中央政府允诺为各省主要的公共项目提供经费。然而，小型项目还是各省的责任，在过去，尽管法律取消了力
174 役之征，但经常需要号召地方百姓为这些工程提供劳力和费用。可靠的公项收入使得各省官员能够利用现款执行大多数地方上的建设和行政事务。

例如在广东，修缮营房和墩台，从前的做法是在当地居民中分派劳力和物料。总督自然担心会造成对百姓的滥征，但他也更关注实际。劳役在百姓中平均分派对于修建来说不敷使用，军事工程的

---

⑬ 《宫中档》2954，湖南学政习寯，雍正七年三月十三日；《宫中档》0449，陕西总督岳锺琪，雍正五年五月十三日；《宫中档》13093，四川巡抚宪德，雍正五年八月十八日。

力役之征引起士兵和百姓间关系的紧张，百姓专业技能的缺乏导致了工程潦草和工期的延误，通过盛行的“公捐”获取供应也为书吏和衙役的侵渔提供了大量的机会。总督因此请求效仿以前山东的做法（事实上，其他很多省也是如此），从公项中拨付经费。⑭ 皇帝对于总督郝玉麟请求的回答，表明为公共项目动用火耗经费是普遍实行的，并且是改革的最初应有之义：“公用银两原为汝等兴地方此等事用者，今如此利益兵民之举，何弃而不为之？汝等酌量行之。”⑮

对各省上报皇帝的一些预算考察⑯显示出，经费总是拨付给比如上面所提出的维修以及小型的建设工程。如此一来，许多以公共工程为幌子对百姓实施的加派被取消了。而且，禁止官吏公捐俸工银，改革也消除了一个非指定性加派的主要借口。

二、公费的分配

公费一词，前文已述，是指所有由省里征收、不必像正项经费一样解往中央或是向官员个人以养廉银形式发放的经费。这些经费 175
的预算和发放，每个省各不相同。不过，这种拨款可以分为四类：给予州县官员的经费，以支付“外部”的花销；给予大员的津贴，

⑭ 《宫中档》17345，广东总督郝玉麟，雍正九年二月二十一日；除了人道主义动机，郝玉麟对于效率的关注也值得注意。拨款购买军需以及雇用人夫的政策一个极大的好处，是减少了浪费并提高了政府项目的工艺水平。

⑮ 《宫中档》17345，广东总督郝玉麟，雍正九年二月二十一日。

⑯ 参见第四章。

以支付衙门的运作；专门拨付储备藩库，以应地方和省里的非正常和突发事件急需；支付解送赋税、物品以及与中央政府公文来往的费用。

州县官的公费

我们已经看到，火耗收入以养廉的形式分配给州县官的部分，用于官员的生活费用和衙门的运作。衙门以外的开销，最突出的是赈灾和工程建设，并不由官员的养廉支出。

至少有一些省份，为州县设有一种独立经费，用于辖区内的公共支出。向州县官单独拨付公费，山东早在雍正三年（1725）就已有这样的做法，在该省每年火耗收入总数中，140 000两用于全省公共开销。然而，山东部分提解火耗的政策，允许州县官保留他们总火耗的22%，作为自己的公费和向布政使递解赋税的费用。⑰ 这超出了布政使向他们拨付的养廉额。在该省所有公共花销中，120 000两由州县保留，仅有20 000两提解藩库，作为全省整体上的开支。⑱

山东州县公共经费意义非同寻常。总体上看，向基层行政单位拨付的经费很少，被视为养廉的补充以及应付紧急情况。除此之外，应对重大开销是省里的责任。举例而言，当甘肃巡抚决定
176 增加该省极低的养廉支出时，如州县官他们每年得到统一的600两养廉银，也给予了不同的公费。这些经费的多少依据他们辖区公务的繁简程度，从兰州知县600两到中等州县360两再到偏远州县160

⑰⑱ 《宫中档》17111，山东布政使张保，雍正四年四月十五日。

两。[19] 陕西也有给予州县不同公费的做法，但我们没有这种拨款额度的材料，不过，陕西巡抚张保说过："州县官于养廉外，分晰地方繁简，酌量给以公费。"[20] 尽管省里向皇帝提交的簿册里养廉和公费列在一起[21]，但它们被视为不同的款项，下面的规定强调了这一事实：那些同时兼职的官员只给予第二个官职养廉银的一半，但可以得到两个官职的全部公费。[22] 因为养廉用于官员的个人花销和官员衙门内部的运转，它不需要与两位占据不同官职的官员的养廉一样多。然而，一个县的"外部"开支，在知县暂时空缺时也不会减少。[23]

同样的动机也已在直隶向州县官员提供公费时发挥着作用。雍正七年（1729）以后的某个时间，国子监司业崔纪上折，提出需要向地方官提供特别的经费以防备突发事件。[24] 崔纪指出，未可预料的事件时常在地方发生，急需经费，如果州县官已经在他们辖区征收赋税，通常会将这些正项钱粮用于应急。如果没有新近已征赋税可用，或是他因担心挪用经费而遭揭参，他将会从盐店、当铺、富户借贷，或是暂时向百姓征派，借贷称为"另比"。在突发事件得到解决后（也可能应急经费早已由省里拨付），所借的款项要归还。然而，通常归还的要少于原先的数目，或是可以用相当长的时间归还

---

⑲ 《宫中档》11817，甘肃巡抚许容，无具文时间（雍正时期）。

⑳ 《宫中档》17130，署理陕西巡抚张保，雍正五年九月二十五日。

㉑ 参见表 4 - 4。

㉒ 《宫中档》17130，署理陕西巡抚张保，雍正五年九月二十五日。

㉓ 值得注意的是，为四川征收帮贴辩护的部分理由是陕西的州县既有养廉也有公费，而四川官员的经费还不足以养廉。《宫中档》0448，川陕总督岳锺琪、四川巡抚宪德，雍正五年九月初四日。

㉔ 《宫中档》20269，日讲官、国子监司业崔纪，无具文时间（雍正时期）。 342

款项，结果，百姓和商人的负担加重。此外，崔纪相信，“奸商豪富”正利用这一时机，强迫官员为了他们的利益而结成联盟。

177 崔纪请求按照皇帝在雍正七年所制定的先例予以纠偏。“挪移经费”在直隶顺天府的大兴县和宛平县造成了长期的亏空，为了解决这两个县的财政压力，因为两者都位于帝国京师周边，雍正皇帝同意分别将10 000两存储于两县仓库，在紧急情况下可以动用。知县动用款项时向顺天府上报，不必等后者批复，就可以直接使用所需款项。紧急情况过后，要将款项归还县库，这样，手边总是保持10 000两结余。㉕

尽管崔纪承认别的州县没有要求给予大兴和宛平这样的经费储备，但他认为，“挪移经费”和向百姓借贷是国家各地方都存在的严重问题，因此请求皇帝下令每位督抚依据属下州县公务的繁简，将解送至省的一部分火耗、落地税、田房契税等分配给他们。崔纪建议，最冲繁者可以得银1 000两，稍次的可以得到500至800两，简僻无事者，依据崔纪的说法，根本就得不到任何急需款项。

雍正皇帝未对崔纪的奏折有任何批答，我们难以知道他对此建议的态度，或是否将崔纪的观点公之于众。然而，很显然，即使是在改革之后，各级官员关注的仍然是州县官除了他们最初的养廉银外，若没有一些补充的经费，他们能否执行公务。

雍正十二年（1734），直隶总督李卫直接奏明州县挪移经费问题。当火耗归公改革最初在直隶实施时，削减了许多州县的养廉，因为当时假定它们将从辖区内的驿站继续得到一部分“羡余陋规”。在直隶改革的过程中，这些费用被取消，结果造成了一些州县的经费短缺。雍正十

㉕ 《宫中档》20269，日讲官、国子监司业崔纪，无具文时间（雍正时期）。

二年，李卫向皇帝上报火耗时，提议增加这些地区的养廉，使它们达到省里其他地区的水平。㉖ 178

李卫并未就此止步，还指出许多地方官继续着因公借贷的做法。为了支付衙门以外的花销，州县官也时常被迫公捐养廉。为了纠正这一问题，李卫请求每位州县官可以保留“办公银两”，以公务繁简程度为基础。㉗ 通过为州县官申请特别的公费，李卫再一次肯定了将养廉和“外部”花销分离的原则。

不清楚别的省份是否为州县直接拨付了单独的公费。例如，雍正三年（1725）高成龄上报的山西预算显示，其中10 158两是作为州县的杂费等费用。㉘ 然而，不可能从这份材料确知这一经费是否与养廉一道拨付给州县官，或是保留在藩库以备地方每年申请建设经费之用。*

对于直隶、陕西、四川、山东以外的州县公费，我们没有直接证据，但并不意味着它不存在。河南北部安阳的县志里详列了以前通过非法加派完成的各种地方开支。在地方志的作者看来，一旦火耗归公政策得以实施，所有这些款项都包括在了每年正项钱粮15%的单一火耗征收之中。㉙ 如果我们假定所有开列的官员及教职人员的薪俸、学子的膏火、祭祀开支和孤贫救济的款项都从地方

㉖ 《宫中档》16357，李卫，无具文时间（雍正时期）。

㉗ 《宫中档》16348，直隶总督李卫，雍正十二年四月二十八日。经皇帝同意的办公银两分配如下：蓟州等十六州县各200两，大兴等十八州县各160两，霸州等二十五州县各120两，文安等八十二州县各100两，清苑县400两，天津县300两。

㉘ 《宫中档》20208，山西布政使高成龄，雍正三年二月初八日。

* 根据诺岷雍正元年十一月初二日的奏折，大州县除养廉外，解费及销算造册等杂费再拨银300两，中小州县拨杂费银150两。这笔经费应与养廉一道拨给州县。中国第一历史档案馆译编：《雍正朝满文朱批奏折全译》，上册，469页。——译者

㉙ 《安阳县志·田赋志》。

正项的存留中支出，安阳县仍需 6 171.78 两的火耗拨款以支付正常的县衙运作费用和县里行政所产生的“外部”开支。因此很可能，除了知县自己的养廉外，还应有一笔相当数目的经费。如果河南的情况如此，那么对于其他那些资料不复存在的省份来说也应如此。

省里高层官员的公费

179 现在还能看到差不多所有省份的省级预算，大员们除他们的养廉外，还提供有正式的经费。大多数情况下，这些经费以专款形式拨付，用作心红纸张和胥吏的工食。两笔款项经常是分立的，可能被视作省里公共开支的组成部分，因为这些并没有扩展至布政使以下的官员。

在安徽，雍正七年（1729）由巡抚魏廷珍上报的预算㉚包括了单独为总督、巡抚、将军、布政使衙门办公的书吏工食银支出，也包括了将军和总督手下的旗尉、锦衣卫役的工食银。督抚及布政使衙门的一些心红纸张开支也用省里的经费支出。甚至也为学政提供了心红纸张费用，当学政衙门胥吏因事公派外出时，也有津贴。㉛

在为所有大员提供开支方面，江苏的预算不如安徽慷慨。然而，它确实包括了总督和巡抚衙门的心红纸张、火药、书吏工食银，而仅为布政使提供了心红纸张费用。㉜ 在江西，除了为布政使和按察使的胥吏提供工食银外，也为巡抚和总督制定了同样的经费。还给

㉚ 参见表 4 - 13。

㉛ 《宫中档》8630，安徽巡抚魏廷珍，雍正七年正月初十日。

㉜ 《宫中档》19634，署理苏州巡抚王玑，无具文时间（雍正时期）。

予藩臬两司一项特别的经费，以支持他们的合法开支。㉝ 贵州特设的公费预算似乎仅限于巡抚和总督衙门，省里仅提供了总督衙门的心红纸张开支，但对巡抚衙门的规定则包括心红纸张、书役工食银、标下军费、烛炭、幕宾脩金。㉞ 这些非同寻常的拨款至少可能解释这样的事实：制定这一预算的时候，还没有为巡抚提供养廉。㉟

给予省里大员养廉以及特别的公费以支付衙门的开支，在相当 180
程度上照顾了居住在省城里的官员们财务上的需求。这当然也反映出，那些负有处理全省事务之责的官员的花销巨大。然而，最初的对于亏空和腐败的批评——改革从中产生——也不容忽视，它们认为大员应负大部分的责任。如果政府要保证大员认真担当起监督属下财务行为的职责，那么这些官员必须完全摆脱对州县财政的依赖。㊱

通省公费

每个省都有专项收入存储在藩库，以支付省里的公共开支，这一银两储备最好视作省里自由支配的经费。除福建外，各省以这种

㉝ 《宫中档》10982，广西巡抚李兰，雍正七年二月。

㉞ 《宫中档》13741，署理贵州巡抚石礼哈，雍正三年八月初三日；《宫中档》13738，署理贵州巡抚石礼哈，雍正三年八月初三日。

㉟ 也有资料显示在甘肃和山东，公费津贴也提供大员书吏的工食银。参见《宫中档》11817，甘肃巡抚许容，无具文时间（雍正时期）；《宫中档》1717，山东布政使张保，雍正五年正月十二日；《宫中档》17126，山东布政使张保，雍正五年五月二十九日。

㊱ 尤其有意义的是，火耗经费向衙役和超编书吏提供工食银。在第六章会看到，衙门中的这两类人导致了各级政府财政的不法行为长期存在。这是他们精通所执掌的业务，控制着日常的财务登记，以及正式经费制度没有向他们提供足额工食银的结果。我们没有足够证据认定州县官们是否做过同样的努力，以提高地方衙门人员的薪水。未能做到这一点，是一些省份未能拥有足够的地方收入来源进行火耗归公改革的一个重要原因。

方式储备的火耗收入数目，不由每年开支需求所决定，而是建立在扣除官员养廉和其他固定开支后可以支配的盈余基础之上。㊲

在考察各省公共经费支付的项目种类时，这样一种制度的内在逻辑关系是显而易见的。河南巡抚田文镜向皇帝的奏报是公项开支的代表性例子。1725 年，使用火耗经费为政府资助的寺庙购买石碑，同时，也向遭受严重水灾、土地被沙掩没的贫穷农民放贷，以购买耕牛，耕种多沙的田地。另外，拨付 8 000 两修缮省里的营房。㊳ 1727 年，拨款 612 两购买 8 艘官船，装备地处要津的一个渡口，以及一笔未见有明确数字的经费重建一座寺庙。㊴ 拨款 2 000 两给南汝道用于固始县的水灾赈济，这是一个经常遭受水灾和小股土匪出没的地方。㊵

在皇帝对河南火耗盈余有所批评之后，数个大项目于 1729 年上
181 马。拨款 65 550 两给 19 个州县以修缮城垣，指定这些经费用于人夫和物料。拨款 5 836 两建造 2 400 个新的贡院号舍，以满足前来省城参加乡试的众多学子的需要。拨款 4 700 多两为按察使衙门修建一座新的监狱。㊶ 最后，6 750 两用于修建仓廒，州县用新的砖砌谷仓取代现有的草和泥土的设施。㊷ 1730 年，用火耗经费重修《河南通志》。㊸ 而且，1731 年又一次开展修缮城垣工程，是用更经久耐用的

㊲ 这里所指的固定开支，包括专门分配给大小官员的公费以及向中央解送和奏
343 销赋税的支出。后者将在下一部分讨论。

㊳ 《雍正朱批谕旨》，田文镜，雍正三年四月初二日，雍正三年二月二十九日，雍正三年二月十二日。

㊴ 《雍正朱批谕旨》，田文镜，雍正五年六月初三日。

㊵ 《雍正朱批谕旨》，田文镜，雍正五年八月二十八日。

㊶ 《雍正朱批谕旨》，田文镜，雍正七年三月二十日。

㊷ 《雍正朱批谕旨》，田文镜，雍正七年闰七月初十日。

㊸ 《雍正朱批谕旨》，田文镜，雍正八年二月二十五日。

砖结构取代以前的泥土城垣。[44]

河南的情况并不是特例。在上报皇帝的各省预算中，具奏人经常提到赈灾、河工、建设项目及军需作为省里公费的种类，在那些给予州县单列公费的省份，这些很可能是一些不需要省里干预、更具地方性的项目。然而，在河南等省，火耗经费紧紧控制在省里，通常州县官不得不申请公项经费，就如同固始县为赈灾申请经费一样。改革的结果是，大部分的省内盈余由地方转移到了省里，削弱了州县官对财政的自由支配权。这种地方主动性的丧失在一定程度上得以弥补，即省里掌控巨额公费以负责州县不可能承担的项目。而且，如同修缮城垣或大规模建设贡院事例一样，可以大规模地采买物料。如果在过去，依赖薄弱和控制严格的地方财政基础，这样的工程不可能实施。

因缺乏各省每年火耗支出的详尽记录，故而很难判断公项经费是否在属下各行政单位平等分配。就我们确切知道的河南为数不多的支出而言，火耗经费似乎确在全省范围自由地分配。在城垣和仓 *182*
廒的修建中，较贫困地区可能受影响至深，因为重点是放在从前劣质物料建设的升级改建上。然而，这样肯定存在着危险：省城集中了全省的盈余，将造成省城周边州县经费分配比例失调。这似乎可以从 1726 年陕西省预算的例子中看出[45]，它也可能反映了这样的事实，即给予了该省其他州县单独的公费津贴。

各省自由支配经费制度的建立满足了各个层次对政治经济的弹性需求。行政开支被视为固定的、永久性的，而由省里公费支付的

---

[44] 《雍正朱批谕旨》，田文镜，雍正九年五月二十四日。

[45] 参见表 4－4。

开支被视作暂时性的，常有突发事件引起支出上升，并要求巨额经费支出。中国某些地区水旱灾害频仍，但没有人能知道下一次会在何时何地发生。另一方面，诸如城垣和义冢等建设工程，一代人只需建造一次。它们完工后，对其维护常常交付当地机构。因此，省里不必动用他们自己的人员和经费，不必成立城垣修缮的永久性部门。若有持续性经费需求，如同福建建造战船，或是全国范围内定期的堤坝维修一样，就要建立单独的预算类别。

这并不是说上面所描述的工程种类是在完全特别的基础之上实施的。对于特定项目的监督，通常是指派一群固定的人员，由就近的知府或道员为首。[46] 还包括了候选官员，他们利用这些机会学习并证实他们的行政能力。[47] 在拨款之前，由负责的官员估算人夫和物料。[48] 这些数字交由巡抚批准，如果涉及中央政府经费，也要交户部批准。[49] 负责工程的官员既受时间也受经费的限制，常常制定工期以避免拖延和腐败的发生。[50] 如果工程超过一年，那么每年都必
183 须提交簿册，以保证没有浪费经费以及最后不会过度超支。完工时，要提交最后的清册，凡有结余都还给省里的公项。[51]

---

[46] 《雍正朱批谕旨》，田文镜，雍正二年十月二十六日。

[47] 《雍正朱批谕旨》，田文镜，雍正八年七月初八日。

[48] 《雍正朱批谕旨》，田文镜，雍正七年十二月初八日，雍正八年正月初二日，雍正八年七月初八日。

[49] 《雍正朱批谕旨》，田文镜，雍正三年三月初三日，雍正二年十二月十五日。

[50] 《雍正朱批谕旨》，田文镜，雍正八年二月初一日，雍正八年二月二十五日，雍正二年十一月二十日。

[51] 《雍正朱批谕旨》，田文镜，雍正三年五月十六日；《宫中档》16268，直隶总督李卫，雍正十三年四月二十九日；《宫中档》6639，江西巡抚谢旻，雍正十一年七月二十八日。

支付中央政府的费用

应该说一说正项支出的最后一类——各省向中央政府应尽责任的经费。前面已经强调过，火耗归公改革并不是中央政府要剥夺地方政府的大部分盈余。即使如此，这些经费除了部分用于弥补亏空外，省内公项的一部分以及一些地方相当可观的经费，确实直接或间接地流向中央政府。要知道，所有这些开支都会发生，不论是否实施改革。火耗归公改革的结果是，将曾由省内大员个人支付的费用转为全省公项的固定支出，督抚藩臬因此也卸下了另一项负担，减轻了他们自己从属下收受贿赂的需求。

向中央政府支付的费用分为三大类：解送赋税和簿册时向中央各部缴纳的费用，解送那些赋税、簿册的运费，为购买、运送京师物品对于户部拨款的添加费用。尽管有这些开支的直接证据的省份只有 6 个，但有理由推定，每个省都有这样的一些经费。当了解到中央官员最终也是从各省这一解送费用支出养廉时，情况更应如此。

向中央转送款项的数目似乎取决于原先向各部呈送陋规的多少、向京师供应物品的责任以及本省赋税额的大小。江南地区用于此项开销的预算特别高。安徽公费总额为 71 144 两，其中 50 000 多两用于对本省没有什么益处的开销。这包括：奏销时向户部和户科缴纳 184
的费用，刑部的饭食银，向户部解送赋税的解费，以及购买物品高于部价所需的追加经费。[52]

在江苏，约有 56 000 两用于支付解送赋税以及追加解往京师的

---

[52] 《宫中档》8630，安徽巡抚魏廷珍，雍正七年正月初十日。

颜料和白蜡的开支。[53] 然而，因为江苏总的公费预算要高出安徽许多，因此向中央政府的支出费用对于江苏的盈余损失不大。江西的情况不是这样，它的额定 62 204 两公费中，几乎一半用于部费和解送正项钱粮及向京师运送物品。[54] 直隶，帝国京师的所在地，它以解费为形式，为各部提供开销的责任尤巨。如果 1729 年的数字具有代表性的话，则该省的部费与省内其他公共开支的经费一样多。[55] 当然这些数字仅仅是指每个省的额支款项。因为共有 4 个省拥有火耗和公费盈余，这些可以作为省里自由支配的经费，因此被中央政府蚕食的各省收入所占比例，尽管很高，但并不像开始时表现的那样巨大。

除了这两个地区之外，所拨付的部费大概相当低，尤其是新开发的农业生产力低下地区，中央政府会在对地方资源提出不合理的要求时犹豫不决。甘肃省用于养廉和公费的 79 740 两中，只有 2 000 两以书吏费用的形式，送往户部和刑部。[56] 同样，贵州用于此的开销仅有 2 200 多两。[57]

奏报和审核

官员向中央政府奏报火耗收入和支出的方式，提供了一个极好的例证，从中可以看出雍正皇帝拥有以个人权威应对省里官僚阶层

---

[53] 《宫中档》19634，署理苏州巡抚王玑，无具文时间（雍正时期）。

[54] 《宫中档》15061，江西巡抚谢旻，雍正七年十一月初九日。

[55] 《雍正朱批谕旨》，署理直隶总督杨鲲，无具文时间。

[56] 《宫中档》11817，甘肃巡抚许容，无具文时间（雍正时期）。

[57] 参见表 4 - 8。

的信心。如同采纳火耗归公是在正常官僚机构之外的沟通渠道所决定一样，皇帝也是如此将对省内新经费的日常管理与户部的日常审查脱离开来。征收和分配正项钱粮，因奏销制度的存在而受制于户 185
部严格的监管，然而，雍正皇帝特别指示各省不要向部里上报他们的火耗收入，而只是通过奏折向皇帝报告他们的决定而已。[58]

所有的决定，包括火耗征收率、养廉、公费的分配、提解的方法等都由省里的总督、巡抚和布政使做出。尽管没有关于他们自己对此深思熟虑的材料，但基层官僚提出建议的可能性极小，只是限于请求资助特别的项目而已。一旦一个省制订了火耗改革的基本计划，就仅仅要求巡抚和布政使向皇帝以黄册的形式提交年度报告，这与向皇帝奏报正项钱粮是相同的。[59] 这些黄册遵循四柱的固定格式，仅开列总经费数。通过这种方法，告知皇帝一省总的收支数目，而将支配细节的权威留给各省的督抚大员。

偶尔也上奏更为详细的火耗支出，特别是当省里人事变更的时候。[60]

---

[58] 雍正五年，浙江提督石云倬向皇帝上奏，关注的是某些绿营兵饷分配的问题。其中提到的所谓“空粮”是指军队中实无其人的士兵的津贴，如此得来的款项常常归为军队的公费。石云倬担心因隐匿这些款项而遭弹劾，决定用题本向兵部上报它的存在。然而，他又忧虑这样做会违反禁止通过日常的途径报告公费问题。皇帝告知他，上报这些款项的程序应与处理火耗收入一样。唯一合适的渠道就是用奏折直达御前。《宫中档》6486，浙江提督石云倬，雍正五年四月二十一日。事关田文镜的同样事例见孙嘉淦《办理耗羡疏》。在这一事例中，皇帝提醒说，禁止官员将火耗事宜报部的主要原因是防止火耗被视为正项钱粮的一部分。

[59] 这类报告的例子可参见《宫中档》12640，山西巡抚觉罗石麟，雍正九年九月十二日；《宫中档》11854，河南巡抚田文镜，雍正三年二月二十四日；《宫中档》16465，山东布政使费金吾，雍正七年六月初八日。

[60] 更为详尽的事例，参见《宫中档》15181，直隶总督唐执玉，无具文时间 344
(雍正时期)；《宫中档》0686，岳锺琪，雍正六年五月初七日；《宫中档》17126，山东布政使张保，雍正五年五月二十九日。

这些报告与官员离任时作为正式管理正项钱粮证据的交代奏报一样。对于黄册和更多不定期的官员离任时的报告，皇帝常常未加批答就将奏折返回或仅在清单末尾书一“览”字。

这种处理有着两方面的含义。一方面，显示出雍正皇帝一直关注着各省的财政自主。火耗归公改革要取得成功，就要保证各省拥有在非正式经费体系之下同样的经费分配的灵活性。如果各省财政也适用正项钱粮分配那样的逐项审查制度，那么各省就不可能对突发事件迅速做出反应，或是依据地方变化的情况做出反应。皇帝承认他不可能和地方官员一样了解各省的情况，因此将火耗开支的细节交给这些官员是合乎逻辑的。

186 雍正皇帝也似乎对中央官员干预地方财政事务特别反感。在围绕实施改革的争论中，那些与地方日常管理事务相脱离的京官的保守主义，很明显地表现出来。尽管皇帝迅速地对各省最高当权者进行了人事调整，在这些关键位置上任命那些忠贞及行政思想信得过的人，但要改变中央官僚的立场则远为困难。许多官员在雍正皇帝的父亲时期就身居其位，他们对地方财政的解决之道可以从康熙皇帝不情愿将火耗合法化以免打破地方财政力量的平衡中窥得。而且，雍正皇帝也认识到，这些人仅用腐败来解释亏空，不承认各省和地方上真实的经费短缺，不可能同情各省的开支需求。

皇帝的确赋予了督抚和布政使对各省经费很大的处置权。事实上，他愿意承受比官员们自己所认可的更多的地方独立性，这自有原因。每年奏报的黄册是皇帝特别要求的仅有的奏报。然而，从上面提到的交代式的奏报到两三行文字的通报，而不论多大的一笔经费用于何种目的，可以说皇帝所受蒙蔽日深。这些报告是清代官员中普遍存在的一种官僚主义偏执狂的症状。即便是被赋予了分配各省经费的权威，各省的大员感到有必要将他们的行动向皇帝报告。从所有的可能性考虑，他们希望保护自己，以防继任者质疑自己任上经费的开支情况。这种担心的产生在于，官员的仕途过分强调他们对赋税的处置。结果，尽管火耗收入不需要正项钱粮那样的批准和审查，但错误处置赋税和弹劾之间的联系似乎已过分地进入官员的集体意识，而不能允许他们在这些事务中运用其自主权力。

与省级大员经常性的自我强迫报告形成对比的，是皇帝对这些奏报的反应。皇帝对于处理火耗经费的奏折有所批答，常常是 187
鼓励具奏人在决策时担负起更大的责任。他往往只是简单地说，由具奏人定夺，就如同广东督抚上奏为微员分配养廉时的情况一样。[61] 更常见的情况是，皇帝径直说他对奏折中的这种事不感兴趣[62]，或说他习惯上只是过目，仅此而已[63]，表示他不干预地方财政事务。偶尔地，当官员继续请求俞允他们自己已经做出的决定时，雍正皇帝甚至表示愤怒，在江西巡抚一份请求提高部分官员养廉额的长折后面，他用极为调侃的语气写道："好，应增给，则增给。"[64]

并不是说火耗收入的管理完全不要监督。通过奏折制度，雍正皇帝密切关注着各省财政，尽管他表面所说的与此相反。如同我们在讨论改革实施时看到的一样，雍正皇帝并不反对批评巡抚处理提解、分配和支出火耗收入的方式，他在确保分配的平等方面起着重

---

[61] 《宫中档》12203，广东总督郝玉麟、署理广东巡抚傅泰，雍正八年三月十一日。

[62] 《宫中档》13848，魏廷珍，雍正四年六月初八日。

[63] 《宫中档》18076，湖广总督迈柱、湖南巡抚王国栋，无具文时间（雍正时期）。

[64] 《宫中档》15053，江西巡抚谢旻，雍正九年六月二十四日。

要的作用，参与制定一个省的资源按需要重新分配。而且，作为唯一了解每个省改革情况之人，雍正皇帝通过告知官员改革在别处是如何执行的，确保各省品级和责任相近的官员养廉额不要存在过分的差异，从而起到了促进改革进程一体化的作用。[65] 尽管巡抚和布政使实际负责养廉的管理和分配，但这些经费名义上归于一切收入及法律的终极来源——皇帝。甚至是官员定下了自己的养廉额时，也要上折感谢皇帝恩赐这些新的收入，这种情况并不少见。[66]

皇帝偶尔会介入各省的财政事务，但并无蚕食各省权威的企图。
188 从清朝法律体系的权力结构来看，这一做法对于加强地方领导权力，同时加强皇帝抑制这种领导权力滥用起着重要的作用。但是各省没有将一些带有普遍性的监督职责分给户部，从而也就无法强化它对于来源于地方基层经费的控制。因为火耗收入并未融入法定的户部正项收入，因此允许各省在处理火耗上，与处理正项相比，自主程度更高，这就保证了经费分配上相当的灵活性。然而，这里存在的严重的弊端，源于清代法律制度的两面性。有关普通人犯的司法案件，各级官僚可以审理和定谳，尽管可以向朝廷和皇帝上诉，但各省官员并不希望中央政府干预大多数案件。可是有关官员渎职的案件并不是这样，在这些案件中，尽管省里的大员可以建议采取处置的办法，但对于官员处理的决定应交由部里和皇帝。而且，可以

---

[65] 省内大员也筹划着减少养廉。例如，当田文镜被任命为河东总督时，发现山东的道员每人得银6 000两，而河南的道员只有3 000两，因此，他将山东道员的养廉减去一半。《雍正朱批谕旨》，田文镜，雍正六年九月初八日。

[66] 官员谢恩皇帝赏赐养廉的例子，参见《宫中档》16173，署理陕西巡抚刘於义，雍正十年九月十三日；《宫中档》2954，湖南学政习嶲，雍正七年三月十三日；《宫中档》9053，山西太原总兵（无具奏人姓名），雍正二年闰四月二十四日。

弹劾的犯罪必须限定在各部的则例之内，这些则例共同构成官员应遵循的法典。为了保留各省财政的自主，火耗事务并未进入官方的法典，因此，在火耗归公实施中，腐败或是不服从行为就不能通过正常的渠道，依法进行处置。各省大员只有一个办法来处置新创建的火耗归公制度中的渎职行为，就是用奏折直接上报皇帝，请求对有关官员予以特别处置。

一旦亏空弥补清楚，正如第四章指出的，山西的州县官就不情愿继续向藩库提解火耗。这一问题不只发生在山西省。雍正十年(1732)，湖北巡抚王士俊就此问题请求皇帝的指示。雍正元年至三年，12 个州县官未能将总数为 4 232 两的火耗提解至省。尽管数目很小，但是这些案件显示出在控制火耗收入方面所遇到的困难。对 *189*
于弹劾属下以及责令抵补正项亏空，巡抚拥有明确的权威。但是他不知道在遇到公项亏空时是否可以采取同样的办法。[67] 雍正皇帝明确指出，省内的公费亏空是比正项收入短缺更为严重的事情，建议对待这些地方官不要心慈手软。严厉的经费补苴程序因此付诸实施，这一程序如果没有皇帝的授权，巡抚可能不会实行。

雍正皇帝对日常行政事无巨细都格外关注，这是众所周知的。将他亲自批答的上万件奏折浏览一遍，人们就可以看出他对于地方事务的关照和同情。他要绕开正常的官僚机构渠道，通过与各省官员直接联系来处理地方事务，雍正皇帝每天身在其位，除了亲自处理众多的奏折外别无选择。然而，有证据表明，皇帝个人不能够担当全部的重担。现存极少数关于财政事务的处理意见是由身为户部尚书的怡亲王向皇帝提交的，这表明，皇帝在处理各省财政事务时

[67] 《宫中档》17769，湖北巡抚王士俊，雍正十年三月初八日。

有时确实求助于他最信任的财政谋臣。尽管奏折只有皇帝和具奏人可以阅看，但雍正皇帝的确有时将有关火耗和养廉的奏折下发户部。此外，在极少数场合，甚至抄录这些奏折并保存在户部的档案之中。[68] 虽然如此，当讨论这些奏折时，户部仅提出建议，而不拥有对正项簿册或准或驳的那种检查权力。

雍正九年（1731），户部修改包括额外收入在内的上报制度。部文令所有的督抚，养廉额凡有增加都要报部。然后由户部讨论应否增加，最后的意见将呈报皇帝。户部也建议，他们要核议每年上报
190 皇帝的各省火耗簿册。[69] 这似乎未成为要求各省官员以奏销册的形式上报他们每年火耗簿册的法令，而只是户部意图的表示，在于继续对用奏折提交的簿册向皇帝做出非正式的建议而已。直到乾隆朝，各省处理地方财政真正的自由处置权才被中央政府侵蚀。

三、养廉

养廉分配的变化

雍正初年设立养廉时并未将它视为一种静态的数额。在改革的

---

[68] 参见《宫中档》19901，无具文时间，关于鄂尔泰请求增加广西养廉额；《宫中档》19802、19894、19895，怡亲王，无具文时间（雍正时期），议覆由直隶总督杨鲲提交给皇帝的火耗黄册。

[69] 《宫中档》13846，魏廷珍，雍正九年七月十三日；《宫中档》12640，山西巡抚觉罗石麟，雍正九年九月十二日；《宫中档》12641，山西巡抚觉罗石麟，雍正十年七月初一日。

第一个十年间，为满足官员的需要，有大量养廉增加和偶尔减少的例子，有时是增加通省所有官员的养廉。其他一些时期，同意增加个别官员的养廉，认为其花销大于该省开始实行火耗归公改革时制定的经费。最初增加养廉，经常是该省官员自己考虑并实施，但1731年后，在户部的鼓动下，养廉额数的变化则要得到皇帝的批准。

全面增加养廉最明显的例子发生在福建和河南。福建最初制定的养廉额和中国中部其他省份同等官职的相比低很多，这既是该省征收低火耗率的结果，也是该省经费过多地用于管理和军事防御的结果。第四章已经讲过，皇帝对福建养廉的分配不敷支用极为关注，下令用官田和杂税盈余补偿省里经费的短缺。福建养廉还需要40 000多两才能满足地方官员的实际需求。[70] 当赏赐的盈余收入无法满足所有的养廉、公费开支时，上谕同意额外从正项收入拨 191
20 000两补充福建藩库。[71]

引起河南养廉增长的原因与福建正相反。藩库盈余不断增加，表明火耗归公改革在河南的成功。1728年，针对这一不断增大的收入，雍正皇帝令田文镜为了百姓和政府的利益，设法花掉更多的收入。对此田文镜建议增加基层官员的养廉。他一方面认为每年分配给每位道员3 000两就够了，而另一方面请求为州县官增加400两，直隶州知州增加300两，提升后的养廉为：直隶州1 800两，大的州县1 400两，中等州县1 200两，小的州县1 000两。[72]

---

[70] 参见表4－15。
[71] 《宫中档》12230，福建总督郝玉麟、福建巡抚赵国麟，雍正十一年五月初一日。
[72] 《雍正朱批谕旨》，田文镜，雍正六年三月初二日。

也有许多为个别官职增加养廉的例子。这通常由巡抚或是布政使提出。雍正五年（1727），李卫请求将浙江学政的养廉由1 000两升至2 500两。[73] 雍正九年（1731），江西巡抚谢旻提议数个边界县和拥有大量“棚民”的小县应划归中等县和大县，它们的养廉也相应地提高。[74] 这样的改变是承认控制边界地区和防止百姓流入邻省以逃避纳税乃困难之事。江西粮、驿二道最初仅负责漕、驿和盐务，然而在雍正时期，每位道员巡视三个府并分别负责所属州县的所有刑名案件，结果他们要增加盘费，并要延聘更多的擅长地方行政和刑名案件的幕宾，因此也就有了提高他们养廉的请求。[75]

陋规解送的变化也引起养廉分配的调整。改革最初付诸实施时，
192 河道总督从盐商处得到捐助，构成他养廉的主要部分。这些捐助取消后，河道总督仅剩下少部分商人的捐助以及河库盈余银，总数在5 000两左右，这不足以支付视察工地的盘费、资助巡抚、犒劳标下士兵、延聘私人幕宾等，因此，请求提高这个官职的养廉。[76] 取消资助河道管理的各种费用并用提高的养廉银取而代之，也反映出地方行政朝着财政更为合理化方面逐渐发展的趋势。

官员时常请求为他们自己的职位增加养廉。雍正六年（1728），湖北布政使徐鼎抱怨，他得到的约11 600两养廉和行政费用太少，向户部解送簿册，众多的私人幕宾及长随，为省里最高财政衙门配备人手，这些都要求巨额开支。徐鼎自称，因为省里预算所提供的

---

[73] 《宫中档》22360，浙江学政王兰生，雍正五年七月初八日。
[74] [75] 《宫中档》15053，江西巡抚谢旻，雍正九年六月二十四日。
[76] 《宫中档》20843，尹继善，雍正七年七月初九日。

经费不敷使用，他被迫依靠父亲的帮助以解决衙门的开支。在改革以前的财政体制中这种情况是根本不存在的。而且，过去皇帝对诸如徐鼎此等要求的通常反应是，劝勉在他的私人生活上和公务上更加节俭。徐鼎自己对于这样一种答复的担心证明是多余的，这就验证了财政责任的概念在改革之后的转变。雍正皇帝没有惩罚徐鼎的过分支出，还赞扬了提高养廉的方案，声明，王朝从没有这样的政策，即要求官员的家庭资助他履行职责。⑦⑦

到了雍正末年，官员有时积极力争他们有权得到丰厚养廉。四川总督黄廷桂提出增加养廉的请求，雍正皇帝将对此的讨论公诸朝廷，对于这样的处理方式黄廷桂极为气恼。黄廷桂上奏说，四川总督的养廉只有 6 000 两，请求增加 4 000 两。通过廷寄他得到了大学士张廷玉和蒋廷锡的答复，其中皇帝的上谕说 6 000 两的确不敷使用。然而，因为黄廷桂同时兼任提督，因此上谕令大学士调查黄廷 193
桂是否可以因为第二个官职得到养廉，并对于他未在奏折中提到这一额外的养廉表示不快。⑦⑧

黄廷桂的整个奏折对此予以反驳，坚持说他并不是要从个人职位捞取好处，提督一职并无养廉，一年仅有薪俸和亲丁粮饷约 2 800 两。黄廷桂说，他早已陷入经费短缺，被迫挪移经费和从巡抚那里借银 1 000 两，至今尚未归还。而且，他的提督经费已经支付两次凉山之役，用于犒赏士兵和雇用劳役。最后，黄廷桂抱怨，总督的职责至为繁重，可是巡抚和布政使每年养廉则有 19 000 两和 10 000 两。在奏折结尾，他将原请求的数目加倍，请求每年 20 000 两作为总督的养

⑦⑦ 《宫中档》9135，湖北布政使徐鼎，雍正六年九月二十五日。

⑦⑧ 《宫中档》17457，四川总督黄廷桂，雍正十年正月十六日。

廉。这得到了皇帝的认可，在奏折上写下一个简单的“览”字。[79]

一般说来，皇帝将养廉额的决定权交给各省官员，但他也确曾干预过，最常见的是在给一个职位第一次设立养廉的时候。这种情况下，皇帝是作为官员养廉银的提倡者，以保证所厘定的养廉能充分满足官员的需求。举例来说，安徽、江苏、江西三巡抚商议为两江总督提供养廉，建议三省共捐助 14 000 两，雍正皇帝感觉这不够用，提议 20 000 两更为合适。[80] 皇帝的干预对于保证湖南巡抚拥有充足的养廉也起到了作用。布政使朱纲建议为巡抚每一季度补助 1 000 两，那么一年就是 4 000 两，皇帝答复：

194 巡臣一千金如何敷用？前者卜兰泰奏将伊家资变卖使用，朕已大说不是批谕矣。尔等养廉当与接任斟酌敷用方是理，似此尔等矫廉尚可，朕未有令封疆大员枵腹从事之理。湖南布政使此数年你自然洞悉……秉公为之。[81]

极少有官员请求减少养廉的情况。雍正十一年（1733），山西巡抚奏称，新任署理按察使仅将他每年 10 000 两的养廉花去了 7 000 两，因此请求将剩余的 3 000 两归还藩库。[82] 然而，这是个人养廉的减少，可能并不意味着这个省将来所有的按察使养廉额都会调整。仅有的一个养廉向下调整并产生了制度性影响的例子是田文镜从河

---

[79] 《宫中档》17457，四川总督黄廷桂，雍正十年正月十六日。个人养廉增加的例子，参见《宫中档》5215，广东布政使王士俊，雍正八年四月十一日；《宫中档》19833，怡亲王，无具文时间（雍正时期）；《宫中档》6151，云南总督鄂尔泰，雍正八年三月二十六日。

[80] 《宫中档》16490，江西巡抚布兰泰，雍正六年七月二十七日。

[81] 《宫中档》11162，湖南布政使朱纲，雍正五年正月二十二日。

345 [82] 《宫中档》12635，山西巡抚觉罗石麟，雍正十一年九月十三日。

南巡抚擢升至河东总督时，拒绝接受额外的养廉。[83] 然而，这一职位是专为田文镜设立的，在他死后不久就撤销了。

养廉范围的扩大

财政合理化的趋势，并不仅仅反映在对于证实最初养廉额不足的职位增加养廉。当改革确立之时，同意为官员设立养廉的范围也扩展到了各省所有的文职官员。我们已经看到数个省被忽略的巡抚和总督的养廉都很快得以弥补。[84] 有许多省份，数年之后才为学政提供养廉，这是因为他们常常拥有一种非正式的收入，而这种收入被认为是合法的并可以代替养廉。总体上讲，这种收入与科举考试有关，举例而言，在陕西，学政前往一个地区主持初等的科举考试，都由那些士子所在州县供应物品，这些物品叫作考棚供应，其实是 195
向当地百姓的额外征收。[85] 在湖北，学政向学生售书获取费用，每一套要收取二三两，每年获利 6 000 两。[86] 人们广泛认可这些经费，以至于雍正五年（1727）广东学政杨尔德请求提高他的养廉额时，巡抚在奏折中并不同意此意见，认为学政应由他主持考试所在的州县供应经费。[87]

皇帝将该问题交给各省，让它们决定是否同意给学政养廉。总体上，他认为一年四五千两养廉比较合适[88]，而且他希望，为学政

---

[83] 《雍正朱批谕旨》，田文镜，雍正七年五月初四日。
[84] 《宫中档》13973，广东巡抚杨文乾，雍正五年二月初十日。
[85] 《宫中档》21927－1，川陕总督岳锺琪，雍正五年五月十三日。
[86] 《宫中档》17339，湖北学政于振，雍正六年四月十六日。
[87] 《宫中档》13973，广东巡抚杨文乾，雍正五年二月初十日。
[88] 《宫中档》13093，四川巡抚宪德，雍正五年八月十八日。

提供养廉可以激励他们各司其责。[89] 皇帝没有中止对这些官员的捐助，也没有坚持在全国范围内为学政提供养廉，其中的原因可能是担心，一些官员仍将继续因主持考试而需索费用，因为这费用是由那些参加科考的人直接支付，并不是官方同意就可以简单予以制止的，不可能保证一纸法令就可以清除这样一种被广泛接受的做法。[90] 尽管皇帝在这件事上缺乏指导，但最终在数个以前依靠非正式经费的省份努力之下，为学政设立养廉也汇入了改革的主流。[91]

火耗归公最初改革时，仅为州县及以上的文职官员设立了养廉。那些亲民之官，包括州县的佐贰官员和大量与衙门行政事务有关的官员，比如经历、司狱、各学教职，以及其他八品、九品、未入流的杂职官员等，没有包括在新的经费体系之内。这种忽略有两个原因。
196 因。一是州县官以下官吏并不被认为是官僚体制的主体部分，这些职位常常是由那些未能通过最高层次考试的人担任或是通过捐纳得到的。除了极少数情况，他们没有资格升到更高的位置，并且尽管是官员，但他们的地位被官场其他官僚视为与这些人手下的书吏和衙役相去不远。而且，他们没有高层官员才有的功能齐备的衙门，也不需要高层官员才有的大量胥吏。各省经济上的紧张也是将他们排除在养廉名单之外的原因。在改革的头几年，人们总担心，火耗收入不足以满足所有省内行政的开支。将这些基层的官员包括在养廉范围之内，大概被认为对省级资源来说是一种过重的负担。

---

[89] [90] 《宫中档》0044，川陕总督岳锺琪，雍正五年三月二十五日。

[91] 《宫中档》13093，四川巡抚宪德，雍正五年八月十八日；《宫中档》0044，川陕总督岳锺琪，雍正五年三月二十五日。

雍正皇帝对于首次将微员纳入养廉预算的反应，也证实了这种看法。河南巡抚田文镜于雍正三年（1725）初第一次建议为基层佐杂官员提供养廉，他指出，这些官员职责十分重要，不断有因公派遣，然而他们的物质报酬可怜，品级很低，没有什么动力使之遵守规章制度。田文镜他自己是从县丞升迁上来的，认为这种位置上的人有些是极有才能的，他提议如果皇帝推恩向他们供给养廉，他们在履行职责时自然会恪尽职守。[92]

雍正皇帝并不像田文镜一样对该政策的功效充满信心，尽管再一次强调所有这种决定都取决于总督和巡抚，但是他还是接受了通行的看法，即这些基层佐杂官员没有多少是真正出类拔萃的，在新近颁布的恩赐法令下，极少有人有机会擢升至更高职位。雍正皇帝未同意给这些属下增设养廉，认为增加州县官的养廉使他们提升州县普遍的行政水平，这样做会更好些。然而，雍正皇帝真正的关心 197
反映在朱批的最后几行：

> 斯论未免稍近于刻，尔等细加筹度，毋即以朕谕为是，遂乃中止也。更虑者，此非止行豫省之事，倘遇他省耗羡不敷，将从何分惠？亦不得不一思。[93]

换句话说，他关注的是，若允许河南的基层官员得到养廉，这似乎显得他对一个省官员的恩惠超出了其他省份。在实行改革过程中允许地区的差异存在，只要财政管理的大体结构与整个国家大体保持一致就可以。河南的盈余不能用于向它的官员提供好处，因为别的省无法做到，只要还不清楚其他省能否追随其后，那么允许河南一

---

[92] [93] 《雍正朱批谕旨》，田文镜，雍正三年三月十七日。

省进一步采取如此重大改革步骤是不明智的，不论这在清除地方腐败和地方财政合理化管理方面会带来多大好处。

到雍正六年（1726）初，改革成功的迹象已很明显，各省大概都已找到充裕的经费以扩展它的养廉预算，将所有的官员包括在内。年初，田文镜又一次提议向基层官员提供养廉。这一动议的真正意图是清除官僚机构底层的腐败，这从田文镜的让步可以看得很清楚：不需要考虑那些不直接亲民的官员的养廉问题。然而，有些官员比如各州的州同、州判、吏目，各县的县丞、典史，他们监督和调查地方事务的作用使他们与百姓日常生活联系紧密，应该给予80两至120两的养廉。[94] 这一次皇帝感觉田文镜的提议既公平又适中，因此告知他可以付诸实施。

尽管官员已设有养廉，但还继续收受陋规，对此的关注促进了
198 将新的向微员提供养廉的改革内容扩展至河南以外的省份。1728年年中，田文镜升任河东总督一职，他上任最先采取的措施之一就是揭开山东仍继续收受陋规作为筹措经费的做法。田文镜的奏报促使皇帝发布上谕，向省内所有官员发放养廉，作为永久清除这些腐败和不规范经费交易的最有效手段。

在雍正六年八月的上谕中，雍正皇帝承认一些官员不顾他们既有养廉的事实，而继续收取陋规，这令人痛心。他下令各省督抚逐一调查属下并将情况上报。他依然认为，要解决这一问题就要确保每位官员有足够的养廉，因此，下令督抚查明属下是否还有未及养廉之人并向这些人提供养廉，同时，他公开赞同向布政使提解全部

---

[94] 《雍正朱批谕旨》，田文镜，雍正六年二月初三日。

火耗，并从藩库进行公开的再分配。[95]

湖南是对此最早做出反应的省份之一。上谕敦促湖南根据山西—河南模式将部分提解火耗改为全部提解，湖南官员也利用这一机会为省内所有微员测算养廉。根据田文镜制定的原则，仅为那些与百姓有直接联系的官员或是经常因公外出的官员设立养廉，这些人包括布政使和按察使衙门的理问、照磨、库大使、司狱、典史、经历以及州县的杂职官员。[96] 湖南的火耗收入没有河南多，故而湖南的养廉额较低，尽管如此，省里还是可以补充这些预算外的开支，利用的是以前送给粮道、现已归公的 8 000 两盐规。[97]

并不是每个省都如此迅速地遵循皇帝的谕旨。在许多情况下或是增加现有的养廉额，或是仅向那些以前未包括在省预算内的省内 199
高层官员提供经费。正是在对这样事例的处理过程中，怡亲王和户部开始发挥作用并最终可能导致他们在养廉问题上的更大权威。例如，雍正七年（1729），直隶总督杨鲲向皇帝上报该省向每位官员提供充足和公平的养廉银的讨论意见。怡亲王和户部认为所议数额恰当，并建议皇帝令杨鲲依此分配养廉并将原始的簿册上报户部。这一方案向直隶州及府属州的州同、州判提供养廉，却未考虑向县丞

---

[95] 《宫中档》18076，湖广总督迈柱、湖南巡抚王国栋，无具文时间（雍正时期）。文中所讨论的上谕，是两位官员在雍正六年八月二十五日接到的。

[96] 《宫中档》18076，湖广总督迈柱、湖南巡抚王国栋，无具文时间（雍正时期）。

[97] 《宫中档》18076，湖广总督迈柱、湖南巡抚王国栋，无具文时间（雍正时期）。新的养廉分配如下：布政司理问、按察司照磨各 50 两，布政司库大使、按察司司狱、驿粮道库大使、府经历 7 人、司狱 6 人、州同 3 人、州判 5 人、县丞 12 人各给银 40 两，典史 56 人、吏目 8 人、巡检 48 人各给 30 两。8 000 两的剩余部分用于改土归流地区官员的养廉。

及以下官员提供养廉。鉴于在分配约 220 000 两养廉后，直隶藩库还有近 80 000 两存银，户部建议向其余的微员每年提供养廉，数额从数十两至一百两不等。[98]

见到户部的意见，皇帝即令杨鲲重新考虑微员的养廉问题。杨鲲同布政使商议并向皇帝上报黄册，开列有异议的官员可能的养廉额。令人惊奇的是，皇帝的反应是，养廉额偏高，他担心这会造成省里资源的巨大损失。雍正皇帝再一次将田文镜治理之下的河南财政管理作为榜样，告诉杨鲲，他会暗中调查该省这些官员得到的养廉额。[99] 此时，杨鲲的总督一职被左都御史唐执玉取代，唐执玉再次提交削减后的养廉计划，微员养廉每年用银 8 600 多两，该省的公费盈余还剩 30 000 多两。[100] 这些新的额数以黄册的形式奏报皇帝，同时以清册的形式向户部上报，这揭示户部在养廉问题上的作用越来越重要。

微员养廉是一个新的概念，许多省花费了数年来贯彻执行，偶
200 尔对养廉额有争议而延迟实施的。在广东，当权者已接受向这些官员提供养廉的思想，然而，对薪俸作用的不同看法致使对厘定养廉额产生分歧。总督和署理巡抚都将这些新增养廉看成象征性的报酬，与皇帝以俸银赋予官员报酬的思路相同。因此，他们提议，只是从火耗中向每位官员提供经费，数额与他们的俸银额一样，如此一来，

---

[98] 《宫中档》19892，怡亲王，无具文时间（雍正时期）。

[99] 《宫中档》15155，署理直隶总督唐执玉，雍正七年九月二十六日。

[100] 《宫中档》15155，署理直隶总督唐执玉，雍正七年九月二十六日。同意给予
346 直隶微员的养廉标准如下：州同每人 60 两，州判每人 45 两，经历、县丞等每人 40 两，主簿 33.114 两，按察司司狱、府司狱、仓大使、巡检、吏目、闸官、典史等每人 31.52 两。拨付这些官员的养廉另需银 8 641.486 两。

他们会得到双倍的薪水。[101] 布政使不同意这种方法，他指出养廉不仅是为了支付官员个人的开支，而且是为了满足衙门行政以及衙门以外的公务开支，如果实施督抚的方案，官员只能养活他们的家庭，仅此而已。[102] 皇帝将决定权留给了省里当权者，他们最后赞同了布政使的观点。结果，为微员的养廉设定在 60 两至 80 两，这一决定使本来已紧张的广东省预算新添了 17 520 两的开支。新添养廉的经费从广东的税契羡余银中支出。[103]

考虑到关涉人员的数量，高层官员对给微员养廉而拨付大量经费一事犹豫不决，就不足为怪了。仅在广东，增添养廉的官员就有 225 人，最多的是典史（78 人）和巡检（126 人）。[104] 这后一数字的意义尤其重大，因为它显示出，至少在一些县，不仅有一位佐贰官，而且在他之下至少有一位巡检，这说明县级管理要比普遍认可的更为亲民。通过向这样的官员提供充足的行政经费，很清楚，政府在清除不合法加派和敲诈勒索上，正采取着很重要的步骤。

当各省官员寻求经费为微员提供养廉之际，控制和清除底层行政的腐败，似乎是他们最重要的想法。当向皇帝上报方案时，江南总督和安徽巡抚所表达的问题是人们共同关心的。安徽最初 201
未给微员提供养廉，因为藩库火耗不足。这些杂职官员无法支付他们的行政花销，所以他们私取里下，擅受民词[105]，这一点众所周知。雍正十年（1732），人们发现安徽约 30 000 两盐规被送往大小

---

[101] 《宫中档》14244，广东总督郝玉麟、署理巡抚傅泰，雍正七年十一月二十四日。

[102] [103] [104] 《宫中档》12203，广东总督郝玉麟、署理巡抚傅泰，雍正八年三月十一日。

[105] 《宫中档》9685，江南总督高其倬、安徽巡抚徐本，无具文时间（雍正时期）。

各级衙门。经由皇帝和内阁同意，总督高其倬和李卫决定将这些经费归公，用于省里的公共支出。结果，他们能够向最亲民的163名微员每人分配50两，希望消除他们所采取的资助地方行政的非法手段。[106] 事实上，正是吸纳了以前的陋规和商业税、关税盈余收入，才扩大了养廉的范围并使火耗归公有了成功的可能。

四、改革后的陋规

在第二章，我们考察了火耗归公改革前地方政府得到财政资助的非正式经费体系。一旦向官员提供正式的薪水和公费，这些各式各样的“节省银两”、贿赂、陋规等将何去何从？与我们的预料相反，并非所有这些经费都被定为非法并从省内预算中清除，一些则继续征收，但不是以贪赃的形式进入个人腰包，而是送进藩库“充公”。雍正的改革者保留一些过去进入非正式经费体系中的非法收入的来源，而拒绝另外一些，这绝不仅仅是权宜之计。为了弄明白这些决定是如何做出的，我们必须考察帝制晚期官僚腐败概念背后的价值观。

在整个中华帝国的历史中，薄赋被视为仁政的根本前提条件。
202 在清初，这与相对停滞的农业生产力有关，康熙皇帝“滋生人丁永不加赋”的上谕是对此最充分的表达。[107] 尽管这一禁令并没有剥夺

---

[106] 《宫中档》9685，江南总督高其倬、安徽巡抚徐本，无具文时间（雍正时期）。

[107] 萧公权：《中国乡村：十九世纪的帝国控制》，89～90页。

政府从日益增长的土地生产获得新增收入，尤其是土地开垦所带来的收入[108]，但它的确防止了对于已编审土地的合法赋税额的任何增加。康熙皇帝承认地方官员有补充收入的需求，但认为允许他们拥有非法收入要比允许加赋更为安全。降低中央政府对于地方官员的行为控制，这种风险要远低于这样的行为对皇帝作为仁慈君主的信任度可能造成的伤害。当抗粮风起云涌，一个外来的王朝正试图建立它作为中国统治者的合法性的时候，对帝国形象的维护要比实际统治更重要。

只要“国计”和“民生”不受太大负面影响，如此境况就可能维持下去。当非法经费自身的运转对国计民生造成了威胁时，就需要调整现行的财政制度，即便这意味着加赋并有损皇帝个人的声誉。

如果我们视雍正朝的改革是重新调整帝国财政管理，目的在于保护“国计”和“民生”，那么有选择地取消与合并在非正式经费体系中各项经费的做法就好理解了。非正式经费体系中两种类型的经费在改革中遭严禁：私派和官员间收受的陋规。前者被视作造成百姓的财富枯竭，以及在正项赋税征收中形成拖欠的基本原因。后者通过榨取基层官员的经费，被视为藩库亏空的主要原因。由此形成非正式的庇护联系，成为官僚操守廉洁的主要障碍，而且，当这些形式的贿赂互相交织，他们就会结党奥援。对陋规日益增长的需求，迫使基层官员加大对百姓的加派。这些经费的非法转移会带来亏欠，
为了使自己免受纪律处分，他们情愿向上司呈送陋规。正因如此， 203
私派和陋规才作为改革的主要标靶，改革就是要消除这些费用以及

---

[108] 参见《雍正朱批谕旨》，田文镜，雍正三年八月初三日，雍正三年九月十一日。这些奏折处理赋税册以外的新垦荒地和隐地问题。

加派，在地方建立合理和合法的经费体系。

甚至在改革前，雍正皇帝就对加派和陋规发布了明确的禁令。实施改革后，他继续警告官员禁止这样的敲诈，在上谕中，要求将养廉推广至以前没有纳入养廉预算的所有官员，再一次地谴责陋规的征收，并特别强调了养廉与消除这些非法行为间的关系。[109] 甚至雍正七年开始的大规模对于江南欠赋的清查（见第六章），部分原因也是对地方不正规税收的回应，它违抗了加派的禁令，妨碍了国计民生的康宁。

然而，一些非正式经费体系内的项目类别在改革之后继续得以征收。事实上，我们对于该体系内经费种类的了解，依赖于当这些经费归公作为公费的补充时各省向皇帝的奏报。来自购买大米、建设物料等的盈余被认为是合法的公费来源。举例来说，先前征收实物，以供给当地仓廒或是完成中央政府的漕米定额，现今都以额定的现款来缴付。购买大米时市场价格波动很大，其间地方政府所获的任何利润都不被认为是对中央政府或是百姓的朘削。福建的官员可以从“米价”中获取盈余 50 000 多两。[110] 山东也奏报来自购买和出售仓米的同样盈余。[111] 山东布政使奏称平均每年归公漕米税收盈余银 30 000 两。[112] 与购买物料所得的意外收入相比，通过利用不标
204 准的砝码获得的经费被认定是腐败，因为，它已超出了百姓应缴的赋税额，任何时候都要取缔这种做法，在一些事例中，新的砝码颁

---

[109] 《宫中档》18076，湖广总督迈柱、湖南巡抚王国栋，无具文时间（雍正时期）。

[110] 《宫中档》12962，福建总督郝玉麟、巡抚赵国麟，无具文时间（雍正时期）。

[111] [112] 《宫中档》16468，山东布政使费金吾，雍正七年六月初八日。

发给了省里的衙门。⑬

盐规

在改革中，所有非正式经费中被各省所采纳的最重要的是盐规。差不多每个省都依赖由盐商提供的定期款项来补充藩库的收入。⑭通常情况下，在产盐的省份，例如云南，官员从盐井和省内销盐中获取盈余收入。⑮ 皇帝下令禁止收受陋规，盐规是否包括在禁令之内，对此的认识相当混乱，许多官员担心禁收盐规，就立即向皇帝上奏，证实他们是为公共目的而动用盐规。例如，山东巡抚黄炳，在担任按察使的 6 年间，总共收受盐商规礼 30 000 两，其间，他动用这些经费在该省六府各建一所义学，延聘教师，津贴学子膏火银，资助亡故官员家口回籍，赈济逃荒饥民，修造桥梁、道路，置建义冢，向囚犯提供衣食。另外，康熙六十年（1721）山东出现盐枭时，黄炳声称动用部分盐规，以增派兵卒和巡稽人员协助剿捕。⑯

官员担心皇帝的禁令，但他们并未如同向百姓加派一样即刻停止盐规的征收。一方面，这笔出自盐业的规费，作为各省大员的一项收入来源特别重要，不可能不加考虑就予以取消。而且，

---

⑬　参见《宫中档》3730，法海，无具文时间（雍正三年初）。

⑭　参见《宫中档》13436，湖北巡抚马会伯，雍正五年九月二十二日；《宫中档》13436，湖北布政使徐鼎，雍正七年十月初三日；《宫中档》0448，川陕总督岳锺琪、四川巡抚宪德，雍正五年九月初四日；《宫中档》16664，江西巡抚张坦麟，雍正七年四月二十六日；《宫中档》3730，法海，无具文时间（雍正三年初），关于浙江事宜；《雍正朱批谕旨》，田文镜，雍正七年二月初一日。

⑮　《宫中档雍正朝奏折》，云南巡抚杨名时、总督高其倬，雍正元年十二月十九日；《宫中档》3114，浙江布政使张若震，雍正十二年九月二十一日。

⑯　《宫中档雍正朝奏折》，山东巡抚黄炳，雍正元年十一月二十二日。

这些出自盐商乃至所有商人的规费，在人们的认识上，不同于对
205 百姓的压榨所得。土地的生产力被认为是有限的，地方官员的额外压榨就必然意味着或是中央政府或是百姓收入的减少，而盐业却是不断膨胀的，可以提供额外的需求，并不会对商人造成太大的伤害，事实上也不会对中央政府应得的收入造成损失。更为重要的是，这些规费出自盐商，而盐商是由于皇帝惠允他们参与官方的垄断才获得财富的，因此，人们很自然地认为，他们应当捐助生意所在地区作为答谢。

事实上，那些赞成继续收受盐商规费和捐助的官员所提出的主要论点是，这些规费是自愿缴纳的，它们和强制压榨百姓不可同日而语。[117] 一群河东盐商的例子具有典型性，雍正三年（1725），在山西颁发100 000道新的盐引，该地区的盐商借此获取了巨额利润，雍正六年（1728），他们自愿每年捐献5 000两作为该省的公费，用盐商自己的话说，他们如此做，不仅因为他们从增加的盐引中获利，而且因为是王朝为国家带来了繁荣，人口不断增长，对食盐的需求也持续上升。[118]

一位名叫张洪裕的商人，深感国恩，除了盐商集体缴银外，他情愿每年额外捐献2 000两。张洪裕称，他祖父是家族中第一个从事销盐的，父亲与他承袭祖业。起初他们只是在乡村售盐的小贩，当时还没有盐商来转销食盐。当他从盐池转运食盐后，甚至没有权利出售这些食盐。现在，张洪裕说，他承办河南唐县所有的盐

---

[117] 《宫中档》14367－1，长芦巡盐御史莽鹄立，雍正三年正月二十日；《宫中档》16500，江西巡抚布兰泰，雍正六年七月初三日。

[118] 《宫中档》4336，陕西按察使兼管河东盐务硕色，雍正六年九月二十一日。

课，每年额引是4 787道。唐县户口日繁，年岁丰稔，他额引销完，同时还领销余引。[119] 张洪裕表示，要将他的部分利润捐作公费以报答官府。户部在确认这些商人乐捐的7 000两的确是来自余引的 206
“余息”后，才同意了商人的请求。注意到这一点十分重要。[120]

从上面的例子可以看出，官府对于商人自己的福祉并非无动于衷。盐规继续作为省里收入的一个来源，这种情况常常是，盐商所提供的数额要比以前非正式经费体系之下的水平有所减少。在河东盐区，以前从盐商处征收超过100 000两，既补充公共经费，又为官员补充养廉，还有书吏、衙役和巡缉兵卒的工食银。人们认为这一数目过多，在盐政的监督下得以削减。[121] 在湖广，盐规从160 000两降至3 000多两。[122] 同样，直隶和山东的盐规也有所减少，尽管幅度不大。[123] 材料的缺乏并不意味着别处的盐规没有降低。然而，不论规费在各省降低与否，这些经费的提解和管理的方法，可能会依据各地在雍正改革时期所建立的经费章程的不同而有所改变。正是这些变化，对地方财政管理产生了绝大的冲击。

在火耗归公改革之前，盐规由商人直接呈送给他们生意所在地区的官员。额外的费用也由众商人向省城的大员呈送。养廉银制度建立后，普遍认为官员已经有了足够的经费用于自己的行政

---

[119] 《宫中档》4336，陕西按察使兼管河东盐务硕色，雍正六年九月二十一日。

[120] 《宫中档》4336，陕西按察使兼管河东盐务硕色，雍正六年九月二十一日。见奏折封内的户部议覆。

[121] 《宫中档》3379，署理河东盐政孙嘉淦，无具文时间（雍正时期）。

[122] 《宫中档》14093，傅敏、布兰泰、朱纲，雍正五年七月初九日。 347

[123] 《宫中档》19215，天津总兵徐仁，雍正元年七月；《宫中档》14367－1，长芦巡盐御史莽鹄立，雍正三年正月二十日；《宫中档》19177，山东盐运使漆绍文，雍正三年八月十八日；《宫中档雍正朝奏折》，长芦巡盐御史莽鹄立，雍正二年四月十五日。

开支，而且，因为各藩库已有公共经费，州县也不再需要为省内的公共建设进行公捐，因此，命盐商直接将盐规解往藩库，或解给布政使或省里盐业主管官员，由他们负责向省城转送。[124] 现在，解送盐规的数目得以固定，也不再取决于盐规所呈给官员的一时兴致。

盐规和盈余收入用于各种各样的目的，其中一些对商人特别有
207 利。火耗归公改革鼓励将以前通过非正式经费体系所提供的服务，纳入正规官僚机构奉命行事的链条之中。举例来说，署理两淮巡盐御史伊拉齐奏报，在从前旧体系之下，巡盐御史向泰州、高邮以及扬州北桥口岸委派承差以检查载盐船只，盐商向三处承差呈送陋规，每年每处承差收入约 6 000 两。伊拉齐的报告说，所有这些经费都进入三处承差的腰包。这些承差作为衙役，已有固定的工食银，足以养活家口，伊拉齐认为他们再从盐商那里获取规费是不合适的。而且，他已经委官视察堤防和桥梁，因此委派额外的衙门长随以检查卸货过程是不必要的。[125]

伊拉齐废除了三处委派的衙役，但并没有清除呈送给他们的陋规。他解释说，取消这 6 000 两仅意味着盐商个人利润的些微增加，而保留这些，对于补充衙门行政开支很有价值。他提议，继续征收以补偿巡缉私盐的开支，这不仅是因为在食盐销售过程中官府消除

---

[124] 《宫中档》3730，法海，无具文时间（雍正三年初）；《宫中档》13654，署理直隶总督宜兆熊，雍正五年九月十五日；《宫中档》4288，河东总督田文镜，雍正七年三月十一日；《宫中档》19552，江西巡抚布兰泰，雍正五年十月十八日；《宫中档》6583，署理江西巡抚谢旻，雍正七年十一月初九日；《宫中档》乾隆 3548，班第，乾隆十八年四月十一日。

[125] 《宫中档》17147，署理两淮巡盐御史、江西布政使伊拉齐，雍正九年十月初十日。

了非法竞争，维护了商人的利益，而且也减轻了商人因向官府提供资助所遭受的无规律加派负担。

在这种新的巡缉制度下，官员、衙役、衙门长随都沿食盐转运路线占据扼要隘口。这要动用盐运使衙门经历、知事、巡检，因为这些官员已有薪水，因此巡缉中不需要额外的开支。另外五位低级官员包括了四位试用官，也将委以此任。伊拉齐估计，每月需银400两，每年用银5 000两，以支付额外官员的薪水，以及雇用必需的船只和人手。将剩余的1 000两储备起来，当需要建立另外的巡缉队伍时再行使用。[126] 这种方法下，对食盐行销的监控就与衙门官员正式的监管职能有机地融为一体。同时，对这些服务的资助顺理成章，也不再需要向盐商额外加派，这样就清除了衙门个人任意敲 *208*
诈的条件。

来自盐商的陋规也用于支付盐政官员、书吏、衙役的俸工银。《户部则例》规定官吏的俸工银从盐课中扣除，就如同文职从正项地丁钱粮中扣除他们的俸工银一样。然而，如同在正式的管理机构一样，这些津贴根本满足不了胥吏工食、心红纸张以及临时雇用人手的所有开支，因此，在改革之后，盐政官吏继续征收固定的陋规，以满足自身的行政开支。[127] 这些陋规也用于社会性的服务，比如奖赏商人酒席及赈恤被淹灶户等。[128]

当然，盐规一旦归公，就不能只用于与盐政自身有关的事务。

---

[126] 《宫中档》17147，署理两淮巡盐御史、江西布政使伊拉齐，雍正九年十月初十日。

[127] 《宫中档》3379，署理河东盐政孙嘉淦，无具文时间（雍正时期）；《宫中档》17145，署理两淮巡盐御史伊拉齐，雍正八年十一月二十七日。

[128] 《宫中档》17145，署理两淮巡盐御史伊拉齐，雍正八年十一月二十七日。

在许多省份，这些盐规是对地丁钱粮收入的重要补充。特别是当要求为微员提供养廉的上谕颁布后，许多省份为了所需经费被迫求助于盐政和关税陋规。[129] 盐规也构成了省里盈余的重要部分，并常常用于机动性的开支，比如购买赈灾粮食和为受灾者提供资助。

关税和商业税盈余

对于关税和商业税盈余归公的决定要远比盐规归公困难。从本质上讲，关税收入比其他税收具有更大的变动性，在帝制晚期控制这些资源是对中央和地方政府行政管理技能的挑战。关税收入随着年份和征收地点的不同而波动极大，因此从逻辑上说，只能是下令
209 执行尽收尽解，无法设立定额。然而，正是这种弹性，迫使帝制晚期的政府设立关税收入定额，这是充分认识到定额与实际的收入几乎没有任何关系。

许多因素影响特定关口的贸易量。自然现象常常阻断商业活动。山东临清关在明朝时设立了定额。然而，春天的涝灾和冬天的严寒常常使人们无法利用通向关口的汶水和卫河，而且夏秋时节，当船只能够通行时，南向的水路船闸常常关闭，引起商船阻塞，交通停滞。[130] 商人要么在临清南卸货，用大车载运货物北上[131]，要么绕过运河的临清关，经由济宁和东昌[132]。到了雍正时期，只有来自河南和山东前去天津的运粮船只继续通过临清关。然而，雍正末，有一

---

[129] 参见《宫中档》6583，署理江西巡抚谢旻，雍正七年十一月初九日；《宫中档》14093，傅敏、布兰泰、朱纲，雍正五年七月初九日，关于湖广事宜；《宫中档》20845，尹继善，无具文时间（雍正时期），关于江苏事宜。

[130] [131] 《宫中档》12322，署理山东布政使岳濬，雍正六年十月二十八日。

[132] 《宫中档》12282，山东巡抚岳濬，雍正十二年四月初六日。

年河南、山东大获丰收，而直隶和山东交界州县遭受了自然灾害，这刺激了源源不断的商人队伍往来于临清关。不同于以往的不足定额，这一年临清关的关税盈余超过了40 000两。[133]

在那些贸易普遍繁盛的地区，迟到的降雨和糟糕的收成会使商业活动减半，给个别关口带来灾难性后果。[134] 甚至是当整个国家喜获丰收时，地区间价格的差异可以彻底搅乱大宗贸易。淮安关的收入主要来自贩往南方的大豆。1727、1728年，江南大获丰收，豆价下跌，结果，商人无心前往江南做大豆生意，淮安关未完成定额。[135]

贸易也受到国家政策的影响，有时法令的颁布，常常是人们所预想不到的。四川和江苏间通过船只沿长江往来贸易，江苏向四川运输纺织品，而四川向江苏运送藏红花和大米。夔关五六成的收入
来自这些货物。当运送布匹和藏红花的船只开始减少时，夔关监督 210
穆克德布调查此事，发现原因在于皇帝禁止携带四川大米出境。长途贩运商人的证词说，过去所有运往四川的布匹都集中在重庆府，便于向周边的乡民出售。大米常常是布匹的主要交换物。既然反对大米出省的禁令已经生效，商人就不愿意用大米换布，而要求用银支付。结果，布匹堆积卖不出去，进入四川的布匹越来越少，关税收入严重流失。[136]

---

[133] 《宫中档》12282，山东巡抚岳濬，雍正十二年四月初六日。

[134] 参见《宫中档》2929，四川夔关监督佛保，雍正十二年八月初十日。

[135] 《宫中档》22250，淮安关监督年希尧，雍正六年九月二十四日。雍正皇帝给年希尧奏报的批答非常有意思：“据奏，因江南丰收所以关税不及。朕但愿年年似此不及。从来淮关预难定准，系通国皆知者。”

[136] 《宫中档》4210，夔关监督穆克德布，雍正十年十一月二十八日。

考虑到这些收入的不可预见性，就建立了一种双重的提解制度，一方面保证中央政府可以获得最基本的收入，另一方面也允许有足够的灵活性以保证至少超出定额的部分收入也提解京师。正额每季度递解户部。所征收的超出正额部分积累起来，每年一并解至内务府。[137] 这些超出部分，称为盈余，每年变化不一，并不是官员政绩的表现和评价标准。这种安排是为了保护商人免受那些要力图超过他们前任征收纪录的官员过分的盘剥[138]，这只是为内府提供一个收入来源而已。因为官员的升迁与陟黜并不在于盈余收入的精确统计，因此大部分关税盈余从不上报中央，而是进入了与关口管理有关的地方官员、衙役和书吏等人的口袋。[139]

在地丁钱粮收入征收和分配改革的同时，雍正皇帝也着手整饬关税收入的管理。同火耗改革的部分意图在于防止百姓遭受官员的敲诈一样，关税管理的改革旨在防止商人遭受不公正的加派。关税盈余的分配趋于合理，在满足地方要求关税作为收入补充的同时，
211 也保证向中央政府最大可能地提解。制定这样的方案，部分原因在于火耗归公自身的要求。通过向省内官员提供充足的收入来源，人们希望减少对关税陋规的需求。在许多地方采取了严厉的措施以减少或消除对长途贩运商人的加派，而这些以前都进入了非正式经费

[137] 《宫中档》康熙1719，浙江巡抚朱轼，康熙五十八年五月初八日。

[138] 《宫中档》4211，夔关监督穆克德布，雍正十年十一月二十八日。

[139] 积累“盈余”和提解的事例，参见《宫中档》1972，管理浒墅关税务海保，雍正十年七月二十七日；《宫中档》13229，广东巡抚鄂弥达，雍正九年八月二十四日；《宫中档》15081，江西巡抚谢旻，雍正十年正月初二日，关于九江关和大姑塘事务；《宫中档》15080，江西巡抚谢旻，雍正九年十月二十四日，关于赣关事务；《宫中档》1305，管理福建海关事准泰，雍正九年六月十三日；《宫中档》14643，江苏巡抚张楷，雍正三年十月初二日，关于海关和龙江关。

体系。[140]

管理关税的措施同样遵循着在农业部门税收中实行的原则：统一、公开税率并改进簿册登记手段。雍正四年（1726）六月，雍正皇帝发布上谕，要求国家所有的税关官员将所有关税盈余尽收尽解。[141] 为了鼓励官员上报他们关口实际的可能收入，给予他们一年的期限上报并对以前未上报的盈余收入予以带征。[142]

中央政府控制关税收入有两个阻碍因素：一是个别关口对于法定的税则全然不顾，二是通过复制登记簿册来隐匿关税收入。为了消除第一个障碍，朝廷颁布法令，要求所有的关口遵循户部颁行的税则。为了保证依照这些税则征税，税则被刊刻、印刷，张贴在每一个征收点，一览无遗。这与命令官员将地丁钱粮税率张贴在每个州县的重要征收点的做法是一样的。[143]

对上述规定的强制执行很快就遇到了困难。尽管官定税率是依据货物种类制定的，但因经过关口的货物数量庞大，加之税关人手缺乏，就迫使一些关口以船只的载重量作为征税的标准，而不考虑货物的种类。江西九江关，早在顺治二年（1645）当关口第一次开放时，就已使用这种方法。最初，税收无章可循，只要

---

[140] 有资料表明取消了向出入奉天边关的大车以及牛骡等所收的陋规（《宫中档》
22307，奉天府尹杨超曾，无具文时间），取消了江西赣关征收的多余费用（《宫中档》 348
16516，江西巡抚布兰泰，雍正五年十一月初一日），取消了广州及太平关的“挂号”费（《宫中档》13940，杨文乾，雍正四年二月十二日），取消了出入福建海关的商人礼物和费用（《宫中档》1299，管理福建海关事务准泰，雍正八年五月二十六日），取消了江西各关书役的盘剥（《宫中档》15124，江西巡抚裴徫度，雍正二年十二月十八日）。

[141] [142] 《宫中档》21603，川陕总督岳锺琪，雍正六年九月初九日。

[143] 《宫中档》15125，江西巡抚裴徫度，雍正三年二月二十六日；《宫中档》1297，管理福建海关事务准泰，雍正七年五月十二日。

能完成 99 000 两的定额，户部就表示满意。顺治十二年（1655），在税关监督费达带领下，将经过九江关的船只编号，这些数字与
212 船只规格一起报部。然而，当众多船只停靠一起时，关口人员很难去丈量每一船的货物，尽管货物的数量已成倍增加，但关口人员只能目测估计每船的货物量，以每石货物大约 2 分白银的统一税率征税。[144]

朝廷和省里官员早就知道这种方法的无效率。事实上，管理上所有的努力都变得无用。船只的大小宽窄深浅各不相同，新旧各异，关口人员看一眼不可能判断这些不同类型船只的载货量。[145] 在山东，关税也是以船只的载货多少征收，船商改建船只，货物可以装得更深更宽，借此骗过官方人员的检查，因为他们只是从岸上做粗略的估计而已。[146] 而且，船载货物的种类不一，价值差别很大，但税率却是统一的。对这种不正常的做法已向朝廷报告了多次，但是担心人手不足及征税过程中的混乱将导致正额短缺，从而阻止了对于正在实施的征收体制的任何变革。[147]

抵制变革反映出各省和朝廷官员不愿意冒险。官员们更倾向于保持一种无效率的征税方法，这最起码可以保证一个可靠的最低定额，而不愿意转变为复杂的体制，虽然可以为政府创造更多的收入，但也可能在特定年份里会造成更大的问题。而政府求助于官僚程序上的改进，以保护商人免受关口人员的过分需索，并向中央政府提供有关通过关口的实际交易量的更有用信息。这是通过向每个关口

---

[144][145] 《宫中档》15125，江西巡抚裴律度，雍正三年二月二十六日。

[146] 《宫中档》12332，署理山东巡抚布政使岳濬，雍正六年十月二十八日。

[147] 《宫中档》15125，江西巡抚裴律度，雍正三年二月二十六日。

颁发号簿来实现的，其中记录了关口的名称、日期和从每位商人那里征收税银的数目。为了避免弄虚作假，商人们要亲自填写号簿。而且，同地丁钱粮征收中使用的三联、四联印票一样，关口检查人员的"完税串根"部分，表明了缴纳关税的多少，也要一起上报户部，以便与商人所填号簿数字彼此核对。[148] 213

需要对计账方法进行改进，福建的关税征收就是这方面生动的实例。该省在清初共有十六处口岸，尽管规定要求所有关税交易都要有记录，但每年年终，通省的定额只是简单地在所有关口分配，而仅以南台和厦门两口岸为名捏造填写数字。[149] 任何正额以外的盈余大概在所有十六处口岸的成员间分配，同时还以陋规的形式向省内的文职官员呈送。改革的结果是，不仅计账方法更为严格，而且一省之内各关之间及一关之内的各种各样的税则也趋于统一，这样简化了征收，确保了因征税所引起的价格上涨在整个福建的消费者中更为平等地分担。

火耗归公的改革以及同时旨在向京师递解所有盈余收入、清除税关腐败的法令，一并在地方上引起了一些惊恐和混乱。在早期实施改革的一些地区尤其如此。第二章已解释过，除了弄虚作假窜改关税收入外，许多关口通过征派费用得到额外收入，以弥补关务管理和向上级官员呈递陋规的费用。因为向上司呈送陋规已被消除，官员们已给予了养廉银，那么关税现在应按部颁税则征税，不能说没有道理。然而，当皇帝发布谕旨，要求盈余尽收尽解，许多关口官员担心没有了额外的征税，他们递解的盈余将减少，会被指控为

---

[148] [149] 《宫中档》1297，管理福建海关事务准泰，雍正七年五月十二日。

婪赃。因此，一些地方的官员继续以高于部颁税则征收关税。[150]

雍正皇帝保证，有关盈余的上谕只是要确保依法征收关税的全
214 部递解，这似乎缓解了一些负责关税收入官员的担心。然而，如同盐规的例子一样，不久就出台一些规定，允许关税收入的一部分继续向藩库解送，皇帝消除关税加派和陋规的命令并没有统一执行。一些官员认为对于商人的额外征收是有理由的，因为商人能够支付得起，并欣然接受，只要他们能被管关人员记住。[151] 尽管所有人都同意隐匿和贪污关税收入是不可饶恕的，但各省官员关心的是，没有一些盈余进入税关的银库，则关务自身就无法运转。常赉曾是管关官员，他指出广东关口的差役征收各种各样的检查费用，用于支付工食、盘费等。在一份言辞激烈的请示中，他向皇帝发问，管关的书吏、差役以及其他人员岂能枵腹从公？[152]

关注这一点的不只是常赉一人。闽海关监督准泰认为，税关雇用的人员数量远远超出编制，这些人员费用的增加是巨大的，只有通过允许征收沿袭已久的陋规来资助他们，才能保证阻止更为严重的贪赃和亏空。[153] 江西巡抚布兰泰对于他所在省份的税关费用描述得更为细致，声称，将递解中央政府的收入留用一部分势在必行。为了弥补部费和公文、赋税的递解费用，数千两的白银是必需的。这些开支可以出自正额的耗羡，也可出自每处口岸征收盈余中扣除的解费。为支付衙役的生活费，一种名为“单银”的费用向商人所

[150] 《宫中档》0555，岳锺琪、西琳，雍正六年九月十六日。

[151] 《宫中档》1299，奉天府尹杨超曾，无具文时间（雍正时期）；《宫中档》22312，奉天府尹杨超曾，无具文时间（雍正时期）。

[152] 《宫中档》15289，云南巡抚常赉，雍正六年六月初四日。

[153] 《宫中档》1299，管理福建海关事务准泰，雍正八年五月二十六日。

提交的每一种应纳税物品征收，而且，每月有400两至700两的积累，因为官平和市平的差异以及所收银两的成色不一。这一“临关零税”交给每个口岸的监收官员，以支付他的日常花销、心红纸张、幕宾脩金、书吏工食等支出。岁末要上报所有的盈余并解送至巡抚 215
衙门。[154]

为了满足税关的需要，最终出台了一项规定，在盈余向国库解送之前，所有的税关开支从中扣除。[155] 这些经费用于支付税关官员的养廉和书吏、衙役、幕宾的酬金，以及行政支出和编制簿册、递解赋税的开支。只有在这些扣除并用奏折上报皇帝之后，盈余的剩余部分才送往户部以交付给内务府银库。这样一来，所递解盈余并不代表关税的全部盈余，只是开支后的节省部分，因此它也常常称为“节省盈余”。

盈余总数既是超出了部颁税则之外的费用征收，也是因货物量的增加所带来的收入。然而，依据改革精神，陋规的数量也要公开，以便商人明确知道他们需要缴纳什么，而且，税关人员不再私人占有费用，衙门的支出从超额的收入中列支，每月发放津贴以资助关口雇用人员，防止腐败的发生。[156]

尽管禁止收受陋规，但盐规等税规继续在各省的财政中发挥着

---

[154] 《宫中档》16516，江西巡抚布兰泰，雍正五年十一月初一日。

[155] 削减盈余用于关务管理的例子，参见《宫中档》1300，管理福建海关事务准泰，雍正十三年四月二十四日；《宫中档》1980，管理浒墅关税务海保，雍正十年七月二十七日；《宫中档》14573，广东巡抚杨永斌，雍正十一年七月初九日；《宫中档》11559，湖广总督迈柱，雍正六年八月十八日；《宫中档》4076，兼管广东海关税务毛克明，雍正十一年十一月二十七日；《宫中档》21603，川陕总督岳锺琪，雍正六年九月初九日。

[156] 参见《宫中档》4085，兼管广东海关税务毛克明，雍正十一年三月二十八日；《宫中档》4080，兼管广东海关税务毛克明，雍正十二年六月初十日。

作用。随着改革的进行，以前交给各省大员的规费被充公，以帮助通省的公共开支。在许多事例中，督抚们对改革的第一反应是强调，因为税规收入也属于中央政府，所有以前的陋规应与正项收入一并解往京师。每当官员提出这样的请求，皇帝就拒绝接受这些收入，并令它们在原出省份使用，补充公共开支。

雍正皇帝在给署理江苏巡抚何天培的特别批答中，阐释了对此
216 事的看法。何天培上奏，在江苏，除了沿海关税正额和已支出部分外，还有5 732两盈余不属于任何人。何天培并没有掩盖这一盈余的存在，将此上报皇帝并建议解送京师。皇帝批答：

> 如此羡余漏规原不可定数，尔虽忠诚据实奏闻，朕不便允从缴解。凡如此等，尔只管奏闻，一面暂浮留司库，或地方有公用，或你有赏犒之需，原是你当得之物，奏请讨用。[157]

雍正皇帝坚持关税陋规归公的政策。在江苏，关和盐的规费用以支付微员的养廉。[158] 广西的地丁钱粮收入极少，雍正五年（1727）发布上谕，准许该省拿出关税盈余15 000多两补充官员的养廉支出。当发现广西可以拿出另外的31 400两关税盈余时，雍正皇帝也将此交付巡抚，命令对该省府州县官和佐杂官，酌量官职大小、地方繁简分派养廉。[159] 山东、福建、奉天也存在关税盈余归公的材料。[160] 以上种种事例，允许保有陋规或是盈余收入的基

---

[157] 《宫中档》18847，署理江苏巡抚何天培，雍正元年九月初九日。

[158] 《宫中档》6583，署理江西巡抚谢旻，雍正七年十一月初九日。

[159] 《宫中档》15629，广西巡抚金鉷，雍正七年二月初四日。

[160] 《宫中档》12431，山东巡抚岳濬，雍正八年五月二十二日；《宫中档》13355，福建总督高其倬，雍正六年十一月初六日；《宫中档》22312，顺天府尹杨超曾，无具文时间（雍正时期）。

础，似乎它们都是商人们所自愿缴纳的，不会影响到中央政府正额的完成。[161]

杂税收入

改革过程中，关税不是作为地方合法化收入的商业税收的唯一形式。有关各省地方商业税收入的材料不是很多，但这也是改革的一个焦点。

我们在描述火耗归公实施中已指出，田房契税、落地税、牙行
执照费用等在数个省的收入中起着重要作用。同地丁钱粮和关盐赋 217
税一样，从法律上讲，地方的商业税也是中央政府的收入，也应尽收尽解。然而，我们讨论改革之前的非正式经费体系时已指出，这些所谓的杂税，对于中央政府来说是最难控制的部分。因为商业的交易量每年起伏变化，州县官只是普遍地向中央政府解送习惯上商定的额度，保留盈余的部分以备未来年份的缺额，并支付他们自己的开销和捐助上级管理机构的开销。[162]

在整个清前期，随着土地和房产交易量的上升，中央政府进一步严格了交易和赋税的递解。地方商业活动不同寻常增多的一个标志是18世纪初期颁给牙行的牙帖数量的增加。牙行是领有执照的中介人，在地方的定期市场中，他们在决定价格和介绍买卖方面起着

---

[161] 在陋规去留的许多讨论中，“无碍”一词用来表示一项费用不会对官方正额 349
的征收造成阻碍，也不会过分有害于缴纳该费用的集团的利益。参见《宫中档》22312，奉天府尹杨超曾，无具文时间（雍正时期）。

[162] 《宫中档》17849，广东布政使王士俊，雍正七年七月二十四日。贵州的数据尤其显著，参见表4-7该省实际杂税征收水平与解送中央正额的比较。杂税在非正式经费体系中的作用，见第二章。

特别重要的作用。[163] 为了控制地方交易量以及确保赋税支付并保持“公平”的价格结构，中央政府对各省发给牙帖的牙行数量进行限制。在湖北，雍正四年（1726）户部设定布政使向每个州县发放执照即牙帖的数量，以保证牙行是在它们的辖区之内。从法律上讲，只有在废除一个旧牙行的执照后，才能批准新的牙行取而代之。尽管如此，通过巡抚魏廷珍的奏折可以知道，至雍正九年（1731），由各州县发放的牙帖数量已经超过了五年前限定数量的十倍以上。[164] 出售牙帖所得收入甚少，发放费为上行 5 钱、中行 3 钱、下行 1 钱 5 分，多出售 1 000 个牙帖，省里可能增加的收入至多 300 两，因此突破定额可能反映的是，要求增加牙行以应对交易增长的现实需要，
218 而并不是官方要挣得额外的收入。户部承认这一事实，同意了魏廷珍的请求，不再控制属下定额发放牙帖和征收商业税。[165]

各省的确从商业交易的赋税征收中获得了实实在在的盈余。因为这一超额收入是合法赋税征收而不是加派或是货币投机的结果，因此它不必应用针对陋规的规定。雍正皇帝并没有要求中央银库对此盈余拥有更大的份额，而是允许各省保留商业税的盈余以自用。

尽管史料缺乏，但对每一个省来说，商业税盈余可能构成了其收入的组成部分。例如雍正八年（1730），户部同意江西保留落地税

---

[163] 曼素恩（Susan Mann）认为：“中国交易制度中，牙行起着三种基本的作用：(1) 介绍买家和卖家；(2) 保证买卖满意交割；(3) 调解并核准买卖双方在交易中有争议的度量衡以及货币的兑换率。尽管最常见的是被认作是市场的中间人，但他们也是货物批发商和营运商。”曼素恩：《前社会主义中国作为企业家的牙行》（Brokers as Entrepreneurs in Presocialist China），“海内外中国企业家地位，1900—1982 年”讨论会论文，康奈尔大学，1982 年 10 月 1—2 日。

[164] [165] 《宫中档》14999，湖北布政使锺保，雍正十一年九月十三日。

和田房契税。[166] 正是在那些火耗收入最低的地区，来自商业税的收入在该省公项中起着最重要的作用，第四章已经指出，广西和云南主要依靠来自采矿、食盐、商业税的盈余。[167] 在广东，至少有 35 000 两的收入盈余来自落地税，另有 48 448 两来自田房契税。[168] 到雍正十二年（1734），仅这两项税收盈余就已超过 120 000 两，其中 70 000 两用于通省养廉和修建船只，剩余 50 000 两储存藩库应急。[169] 依靠商业税收而改革成功的最生动例子是贵州，通省归公收入仅有 18%来自地丁钱粮火耗，59%则是来自盐税和商业税。[170]

这些省份为了不时之需以及补充养廉和公费而依赖盐、关和杂税，证明商业部门的赋税“盈余”和规费的作用远远超出了正额所揭示的数字。尽管对于地方库储来说，在总量上它们仍然无法和来自地丁钱粮的部分相比，但离开了这些非农业收入的补充，仅有少数省份可以支撑下来。在华中和华北平原以外地丁钱粮收入少的地 *219*
区，商业收入对于改革的成功至关重要。与加重百姓负担和有损官员廉洁的陋规不同，来自盐、关、商业的赋税利用中国人口和商业活动的增长，为地方经费提供了一个不断扩展和合法的来源，这些经费既不违背朝廷的法律，同时也不危及普通大众的生活。

---

[166] 《宫中档》15069，署理江西巡抚谢旻，雍正八年正月二十日。光绪时期（1875—1908）编制的一份黄册显示，来自盐商的规费以及商业税盈余对于湖南、浙江、安徽的地方财政仍然是重要的来源。见《耗羡银两册》，见《内阁大库现存清代汉文黄册》，第 942 号。

[167] 这两个省使用商业税盈余补助火耗的例子，参见《宫中档》6151，云南总督鄂尔泰，雍正八年三月二十六日；《宫中档雍正朝奏折》，总督高其倬，雍正二年五月二十八日。

[168] 《宫中档》17849，广东布政使王士俊，雍正七年七月二十四日。

[169] 《宫中档》17028，广东布政使甘汝来，雍正十二年三月初七日。

[170] 参见表 4 - 6。

第六章

改革的障碍：基层腐败与江南清查案

220 将亏空认定为制度而不是道德的问题，这一认识是近代中国国家发展的重要步骤。由“私”到适当地归于“公”的转变，是对于政府和人民关系重要的重新诠释。这一理解不仅仅适用于有着以牺牲王朝来寻求扩大个人利益的险恶动机的腐败。改革运动的本质在于认识到政府应对众多的公共服务担当起责任，这在以前财政困窘时期是不可能做到的。而且，向底层的官僚提供足够的收入，使他们能够遵循儒家的价值观以及行政法规，从而提升官员的道德水平。

大多数地方官员对于新财政制度的反应，相当兴奋，满怀希望，甚至州县官的担心似乎也随着时间而消退。然而火耗归公最初的成功，并不能消除它灭亡的征兆，因为作为一种将地方政府财政合理化的机制，改革要实现其使命，一个关键的条件必须满足，即必须缴纳赋税。尽管一些省份靠非农业收入填充它们的库储，但火耗仍旧是地方收入的主要来源，作为地丁钱粮的一种加

派，火耗在财政管理中的角色不可避免地要和王朝正项钱粮的征 221
收联系在一起。

火耗归公改革打击了各级官僚的亏空，但清政府鲜有力量对官僚之外破坏其财政的势力施加影响。同一个非正式经费体系，在雍正改革以前，一方面维持了官僚体制运转，但也已滋生了地方社会内部的腐败。如果不是听任衙役、书吏和地方精英分子对缴税人口巧取豪夺额外的收入，那对州县官来说，也就不可能去支持火耗归公取代非正式经费体系。这些地方上的安排一旦确立，要将它们清除则远为困难。

欠赋和逃税、基层官僚腐败依旧是乡村生活的一部分。其他任何地方都不如江南三省即江苏、江西和安徽的情况严峻。

一、消除欠赋的措施

早在顺治十五年（1658），江南就是帝国发起清查欠赋的焦点地区。总督郎廷佐奏报说，1651—1656 年未缴的赋税累积超过了四百万两①，这促成了对于盛行的抗粮的早期调查。顺治皇帝去世后不久，江南地区发生了 1661 年的奏销案，再一次成为帝国赋税清查的中心。② 严惩江南士绅，以作为对逃税的告诫，但这三个省在整个康熙朝依然欠赋累累。尽管该地区百姓是这一时期多次赋税蠲免上

① 《皇朝食货志》卷二，《赋役二》，顺治十五年。

② 参见安熙龙：《马上治天下：鳌拜辅政时期的满人政治（1661—1669）》，102～108 页。

谕的受益者，可在1712年，康熙皇帝仍感觉到必须对江苏纳税人的未缴赋税特别予以蠲免。③ 继这种恩赐之后，雍正皇帝即位的第一
222 年又有两次蠲免。④ 即便如此，至雍正三年（1725），江苏的官僚仍要努力完成总数达8 810 000两的欠赋征缴，这几乎是该省每年赋税额的3倍。⑤

为减轻江南的欠赋，朝廷采取了一些措施，减少一些地区明代以来就已存在的浮粮。然而，在雍正朝最初几年里，这里官员所关注的焦点，同帝国其他地区一样，是对亏空案件的调查和清理。对于百姓欠赋的分析依旧简单化，将高额民欠大都归罪于州县官的诡计，指责他们在账目上弄虚作假，将新缴赋税转移弥补旧有亏空。雍正四年底至五年初，江西至少有二十一位州县官因侵贪或是新增亏空而被革职，其中大多数是以民欠为名掩盖他们的账目。⑥

地方官员未能纠正这一问题的部分原因在于，很难发现玩忽职守造成的欠赋。时任署理江西巡抚迈柱指出，任何内部的调查几乎无济于事，只要有消息传出，说知府准备盘查下属账目，辖区内的州县官就会窜改作为每天征税记录的流水红簿，然后窜改由户房保存的作为纳税收据的串根，以弥缝这些弄虚作假。只有那些已由州县解送给布政使的赋税才会如实登记在册，而州县官将其余的已缴纳赋税归入民欠。依照迈柱的说法，即使是对农村进行全面的调查，也不可能使不法行径大白于天下，因为负责乡村税收的经承与衙门的人通同一气，内外勾结。⑦

---

350 ③④ 《苏州府志》卷一八，《田赋七》。

⑤ 《宫中档》14662，江苏巡抚张楷，雍正三年十二月十一日。

⑥⑦ 《宫中档》10456，署理江西巡抚迈柱，雍正五年正月二十四日。

考虑到江南地区令人震惊的财政管理状况，雍正皇帝选择它作为自己亲自过问的民欠调查的焦点地区，就毫不奇怪了。到了雍正六年(1728)，除江南地区外，火耗归公改革在各地取得了相当大的成功。事实上，正因为江南税收管理混乱不堪，一开始皇帝就禁止这三个省参与改革。在同一年，雍正皇帝向各省督抚颁布上谕，提醒他们注意，现在中国改革最薄弱的地方不在各级官僚，而是在各级官僚之下，那是 223
火耗归公改革无法渗透的地方。如不密切关注，这一基层腐败将会葬送皇帝和他的改革已取得的一切成就。

雍正皇帝将胥吏中饱确定为导致基层腐败盛行的最重要原因。长久以来胥吏是官员们漠视的对象，在地方管理出现问题时常常作为替罪羊。然而，雍正皇帝并未被花言巧语所欺骗，如同在实施改革时的表现一样，他致力于揭露腐败的种种表现和伎俩。只有通过税收管理的结构性变化或是改进现行法律，官员才会想出办法根除国家肌体的枯萎症。

雍正皇帝举出了好几种胥吏用来侵夺百姓赋税的方法，其中有包揽、私改印票、私开封柜偷盗钱粮以及向欠税粮户征收赋税却隐瞒他们的名字。雍正皇帝感觉到这些做法之所以长期存在，是因为地方官极少拿出时间，告知百姓应缴纳赋税和他们个人名下欠税的数目。州县官可能不是有意成为赋税欺诈的共谋，然而，为了确保旧的非正式经费体系的运转，他们也只能无视旨在使个人完成其应缴赋税责任的政府规章制度。结果就是，百姓认为已全额上缴了赋税，官员却认为仍有欠赋，其实，是胥吏在玩弄阴谋诡计，欺骗双方。⑧

---

⑧ 《宫中档》10456，署理江西巡抚迈柱，雍正五年正月二十四日。

作为矫正胥吏欺骗行径的第一步，雍正皇帝下令州县在每个乡、里设书手⑨，让他们提交自己辖区内所有已缴赋税和欠赋的清单。接下来，州县官要将这些清单和自己手中的簿册逐行核对，如果两者没有差异，州县官就要在这些清单上加盖他们的官印，并在相关的里或乡张贴，告知每一户确切的欠赋数额。如果张贴的数目与纳
224 税人自己对已缴数目的看法不一致，纳税人可以带着他的串根前往衙门，控告胥吏的中饱私囊。⑩ 通过这种方法，雍正皇帝希望阻止胥吏打着公务的幌子从事打劫的勾当。需要指出的是，雍正皇帝再一次将重点放在了个体纳税者和政府的直接联系之上，放在了向纳税人公开全部信息之上，使他们能够保护自己的利益，免受衙门贪婪人员的侵害。⑪

州县官自身在欠赋长期存在的问题上并非没有过错。各省积欠数字巨大，百姓将之完清困难太多，雍正皇帝同意臣民以带征的形式缴纳欠赋。偿还的期限平均为十年，视所欠数目和纳税人居所离县城的远近而定。在皇帝看来，这是他对于百姓宽仁的一种表示，给予百姓充裕的时间轻松地向政府偿还他们的欠债。然而，雍正皇帝听说在一些地区，肆无忌惮的州县官业已组建非官方的书手以登录每年征缴欠赋的数目，若百姓的缴纳多于每年订立的带征数目，

---

⑨ “书手”一词最初指县衙书吏。明朝里甲制度下，赋税登记时他们起着显著作用。这里大概是指住在衙门外的书吏，他们负责地方赋税登记，编制县内小部分人应缴赋税。

⑩ 《清朝文献通考》卷三，《田赋三》，雍正六年上谕。

⑪ 在征收关税时也使用相同的方法以消除腐败。不仅税则公开张贴，而且为制止胥吏们的不法行为，要求商人们亲自填写他们的税单。尽管没有资料说明这样一种防止盘剥商人政策的效果如何，但很清楚，在保护农民遭受税收者的额外剥削方面，它作用有限。

州县官就会解送原定的数额而将其余的侵吞，因为已按规定的数字解送布政使，因此，布政使不会对州县官的簿册做进一步的调查。而那些出于公心、欠赋缴纳多出该年应缴数目的百姓，还要被迫去缴纳欠赋，好像他们根本就未偿还过。百姓对这种做法的绝望，才是皇帝要追查抗粮增多以及延迟缴纳的原因所在。他提出的解决之道，是再一次公示带征数目以及每户已完纳数额。⑫ 而且，对于那些纳税超过带征数目的“良民”，不但不予惩罚，还要给予奖赏，州县官要将他们的行为向上司汇报。

雍正皇帝有关欠赋的上谕引发了一场新的赋税调查风潮，湖广、浙江和江南的规模最大。⑬ 然而，正是在江南，对于欠赋的调查发展成为全面的清查，持续了三年之久，不仅所有的省内官员卷入其中，同时也涉及中央政府的特派人员。

二、江南清查的起源

巡抚张坦麟遵照皇帝调查欠赋的旨意，上报了自己对江苏形势 225
的评价。最令人吃惊的是该省百姓应向政府缴纳的赋税额。江苏欠赋的数字不能简单地归结于其正项钱粮数额太大，也反映出江苏偿还欠赋出奇地缓慢。例如，在雍正四年（1726），仅有11％多一点

⑫ 《清朝文献通考》卷三，《田赋六》，雍正六年上谕。

⑬ 湖广和浙江征税过程调查的描述，参见《宫中档》8027，大理寺卿性桂，雍正六年九月二十八日；《宫中档》16897，浙江观风整俗使蔡仕舢，雍正六年十一月十九日；《宫中档》14405，署理浙江总督性桂，雍正七年四月二十日；《宫中档》10512，湖广总督迈柱，雍正六年九月初八日。

应缴欠赋征解到了州县衙门。⑭ 从中央政府的宽大偿还政策角度来看，这种过错只能说明地方赋税管理中存在着缺陷。

照张坦麟的说法，他所在省份税收最大的障碍是州县赋税编审人手不足。辖区广阔，州县官职责繁多，要精确核定作为税收依据的簿册十分困难。在土地编审中，各地都有遗漏和窜改，时常出现上百户共用一个户名的情况，而有时，一户财产却是在数十个不同的户的名下填报。前一种情况，不可能找出真正应缴税的粮户；而后一种情况，由于将巨额欠赋在众多虚构的土地所有者中分散开来，就变得隐而不露。结果，江苏的赋税很少能足额征缴。

不精确的土地编审对江苏富户有利，而不可信的赋税数字又迫使州县官将完成政府赋税额的责任转交给了衙门和乡村的胥吏，故而江苏包揽盛行。纳税人和政府之间横插进来的第三者造成了欠赋和长久的拖欠。书吏和衙役必然将部分赋税据为己有，并在衙门的簿册上记为欠赋。为了掩盖自己的侵吞，这些官场不入流人员经常煽动大众拒不缴纳欠赋并怂恿百姓抗粮。⑮

226 巡抚张坦麟曾猜测，普通百姓不应对江苏如此巨额的欠赋负全责。当新的催征欠赋开始时，他再度产生了这种想法。清查伊始，各种请愿书雪片般飞向江苏的州县官，关切的是清查给江苏穷苦之人带来的后果。在向巡抚所上的呈请中，请愿者声称，江苏大部分的欠赋是由于贫穷的所有者出卖土地所致。耕作的是已转让给新所有者的土地，但是过去的欠赋却仍由最初导致欠赋的农户负担。请愿者担忧这些百姓无法偿还所欠政府的赋税，请求所有的欠赋应该

⑭ ⑮ 《宫中档》11368，署理江苏巡抚张坦麟，雍正六年八月十五日。

在目前土地拥有者中间平均分配。

来自该省各地的同样内容的请愿引起人们对于这样的请愿活动的内在本质的怀疑。张坦麟对这些出于“公心”的臣民身份进行调查，他相信，在重新分配欠赋的提议背后，正是事实上的那些控制包揽的粮户。这些粮户对大部分未缴赋税负有责任，因此对于积欠进行再分配，可以将自己的责任转嫁到他人头上。然而，张坦麟拒绝这一方案还有一个更为重要的原因：即便是江苏所有的粮户同意将现有欠赋再行分配，这样的动议对于根除包揽和逃税还是无济于事，数年之内，将会再一次面对欠赋问题，只有全面的清查才能一劳永逸地矫正赋税征收体制并消除弊端的根源。

张坦麟熟悉清查的方法，因为他的堂弟张坦让以前在邻近的浙江省协助过这样的清查。在堂弟的帮助下，张坦麟奏请皇帝在江苏也进行全面的赋税清查。张坦麟所提议的清查与例行的省内财政盘查的不同之处在于，负责清查的官员来自省外。平时，巡视下属州县的赋税簿册是同知和通判的职责，张坦麟以减轻这些官员过重的负担为名，请求赋予吏部和各省督抚挑选还没有正式任命的官员来执行这一任务的权力。苏州、松江、常州府亏空和欠赋数目最为巨 227
大，张坦麟建议向每府派四名官员，派到其他府的专职清查者的数目会少一些，根据各地欠债数目的多少和预计遇到的问题而定。张坦麟估计共需要二十四名候选官员来该省各府对税收簿册和征税过程进行调查，并且协助编纂新的精确的编审册，杜绝将来不法行为的发生。另外，张坦麟提议，一旦任务完成，这些人还留驻该省以协助实施要求更多人手的土地清丈，确保政府掌握最新的土地占有情况。[16] 张坦

⑯ 《宫中档》11368，署理江苏巡抚张坦麟，雍正六年八月十五日。

麟打算在江苏一试身手的时候被调往江西，但是他的提议很快被新任巡抚、年轻的满洲旗人尹继善所采纳。

尹继善所面临的任务甚至比前任所预想的还要艰巨。不仅省里承担着要将欠赋的重担置于无辜的纳税人身上的压力，而且皇帝要求更严厉地催征旧欠，这一切很快就引发了对政府派驻乡村的赋税征收人员的公开抵抗。早在雍正六年二月，嘉定知县就已遭遇了对旧欠的拒缴。这一事件中，“刁民”鸣锣召集村民，煽动他们切断浮桥，阻止税收人员进村。⑰ 对于无锡县加强有关赋税拖欠者制裁的反应则更为剧烈。同年六月，为催征旧欠，无锡知县江日容命将所有欠户披戴枷锁。这一命令下达不久，一群“刁民”大闹县衙，释放拘押在县牢里的囚犯。最后，他们甚至烧毁了县里的船只，阻止县里捕役捉拿他们。⑱

并不是所有的州县官都同嘉定和无锡知县一样勤勉用心。一些
228 人害怕省里的征缴旧欠与官员的升迁相联系的决定。通省虽喜获丰收，可政府开始收到一些县庄稼因涝绝收的报告，包括安东、桃源、沭阳。随后的调查发现，只有地势低洼的个别乡村因雨受到了些微损失。⑲ 巡抚尹继善的确下令布政使向这些实际受灾的少数人提供赈济，但情况显然是，那些县的知县，因无力征收全额的欠赋，故而夸大自然灾害，寄希望于皇帝能蠲免他们辖区的赋税。尹继善认为这些人也受到了地方强势“刁民”的影响。

这些“刁民”是些什么人呢？这一用词在官方的文牍中极为常见，可能除了“头脑简单、愚昧无知的农民”以及地方官员自身外，

⑰⑱⑲ 《宫中档》10248，尹继善，雍正六年十一月初九日。

任何腐败者和无法无天的作奸犯科者都可以用如此含混的词语加以描述。这种不明确性，部分是有意为之，因为腐败已深深植根于江南税收之中，若没有一个全面和可靠的调查，该省的官员们无法确知谁是“刁民”以及他们是怎样要弄聪明把戏的。然而，甚至是在调查之前，越来越多的官员渐渐相信士绅——国家政治的支柱——不能逃脱阴谋破坏地方财政的过错责任。

张坦麟不是唯一怀疑本地区长期以来的欠赋并不完全是民众抵制税收的结果的人物。来自江苏江宁府的年迈士绅王锦，向皇帝奏报说，过错并不在于州县官缺乏赋税征收技巧，而在于绅衿大户滥施淫威。王锦在湖南和浙江做知县时发现，那些拥有不多土地的“小民”往往能及时缴纳他们的赋税，正是那些拥有大量资财的绅衿大户，通过诡寄的办法力图逃避赋税。然而，若没有书吏和衙役的纵容，完全隐匿是不可能的。[20] 如此一来，“刁民”拖延征缴，盼望着最终皇帝将他们偿付欠赋的责任豁免。这类仁慈的上谕大量存在， 229
从中我们可以看到，欠赋越多，豁免的可能性就越大，这一假设并没有错。

法海，雍正朝前半期出任浙江巡抚，早已力劝皇帝调查江南地方士绅的非法行径。他也将欠赋归于豪绅和“地棍”的包揽和抗粮，还有县胥里书的侵吞。[21] 法海感觉到没有多少官员明白此情，他称赞布政使鄂尔泰以及丹徒、无锡两县知县是江南官僚中仅有的、能全身心地治理欠赋的人员，他们既不为地方豪强所左右，也不为赢

⑳ 《宫中档》20997，候选知县王锦，无具文时间（雍正时期）。有不少这种没有具文时间的奏折，出自那些职位过低、通常认为不能用奏折直接与皇帝联系的官员。这种奏折可能是这些官员调任新的职位前，在京陛见皇帝时呈递给皇帝的报告。

㉑ 《宫中档》3731，法海，无具文时间（雍正时期）。

得百姓的感激而表现出过分仁慈。

一些最终执行江南清查的官员对于其他借民欠而渎职的事实也很敏感，而那些已在江南调查早期亏空的官员尤其如此，这些人中间有监察御史伊拉齐。为了揭开苏州、松江等地区实际亏空数目，伊拉齐和手下的清查者令每一府州县编制民欠簿册。在这些所开列的民欠中，伊拉齐发现许多可以归为官员及其属吏的侵贪。然而，他也认为，大部分的真正欠赋并不是由普通民众而是由士绅造成的，而且，在这些有罪士绅中间，大部分来自那些拥有大量田产的家庭，很明显，这群人拖欠赋税不是因为经济上的贫困，而是有意抗欠。㉒

巡抚尹继善逐渐同前任一样，对那些叫嚣重新分配欠赋的所谓的百姓代言人心存疑问，这并没有什么可奇怪的，因为甚至当后者的提议被拒绝后，这种动议的压力也并未减轻。松江府属州县居民的联合请愿书送达尹继善，其他州县的请求也纷至沓来。士人和普
230 通民众结群前往巡抚衙门，请求他就此事具折上奏皇帝。这些人群此种持续的做法只能令巡抚更加确信先前调查者所认为的，即在册的欠赋极少真正归罪于那些无力措办的穷人。尹继善坚持认为："其余归之于大户之抗玩，图书之包揽，吏役之侵蚀，花分诡寄，易册改名。"㉓ 宣称这些欠赋为"无着"，即任何人不用对此负责，这只有在产去粮存的农户贫穷无力时，才能这样做。如果这些欠赋是由地方权势之人侵蚀造成的，那么，应追究责任，赔补经费。

尹继善本人对请愿者身份调查的结果和张坦麟所得结论一样，证实了许多人有大量的积欠，他们的立场是要从未偿付的欠赋中捞

㉒ 《宫中档》17135，御史伊拉齐，雍正七年二月十一日。

㉓ 《宫中档》10254，尹继善，雍正六年十二月十一日。

取好处。㉔ 其他被巡抚贴上了地痞、劣绅、滑吏、蠹役标签的人，希望阻止任何可能干预他们控制赋税的调查。尽管有相当一批地方官员被请愿者消除欠赋方案的简易性所吸引，尤其是一些人欠赋已有数十年，但尹继善的决心已下——必须清查。

三、清查开始

江南清查，正如它最终在尹继善的监督之下所进行的那样，包
括了至少二十七名挑选出来的诚实可靠和“精于钱粮”的官员。㉕
应特别强调指出，将清查和正常的官僚事务分离，是为保证这些从
事审查地方赋税活动的官员，摆脱任何有损调查的关系，能全身心
地投入工作。来自江南官僚集团以外的三个层次的官员被指派进行
此次调查。最高一级，两名钦命总理清查钱粮官员，他们是工部侍 231
郎马尔泰、御史安修德。㉖ 在他们之下是九名分查大臣，分别负责
江南不同的地区。㉗ 这些分查官员主要来自道员一级，负责地方调

㉔ 这类人中的典型人物比如松江府生监出身的张棠、太仓州的大地主王奕清，是来自积欠最多的两个地区。两人都是签名请愿之人，被发现逃税多年。见《宫中档》17135，御史尹拉齐，雍正七年二月十一日。

㉕ 《宫中档》10248，尹继善，雍正六年十一月初九日。被派往调查江南欠赋的
一些人是满洲旗人。很显然，数位督察官员，尤其是巡抚尹继善，希望任命满人以防 351
止对地方士绅中反抗分子的宽大处理。尽管这次没有 1661 年奏销案那样特别的种族
色彩，但是从管理人员构成以及削减士绅特权角度看，针对当地百姓的这种压迫的相
似性似乎没有消失。

㉖ 《宫中档》22108，工部侍郎马尔泰，雍正七年闰七月二十四日。

㉗ 《宫中档》19630，户部侍郎王玑、吏部侍郎彭维新，雍正七年四月十三日。

查的日常监督工作。[28] 清查官员最低一级是协查官员，这些人是从微员、候选州县官员以及同知、通判中挑选出来的。[29] 那些在清查方面表现出有前景的官员可以得到擢升，在官僚体系中获得更稳固的位置。

尽管江苏省的亏空数目最为巨大，但清查一开始也包括了江西和安徽两省。派往浙江的官员也偶尔被咨询，因为人们认为影响江苏的许多问题在江南都是普遍存在的。[30] 大多数的现存材料都专指江苏，但可以想见，一般的程序和发现的问题对于整个江南都具有典型意义。要调查如此广大的区域，集中监督不得不有所改变，清查人员可以在基层见机行事。[31] 而且，督抚和清查官员将该省分成不同的区域，便于分查官员更为深入的调查以及所有调查活动可以更好地协作。所有这些清查官员听命于皇帝，要经常见面以共享信息，协同创造出有效的审核方法。

在清查的最初阶段，主要关注的不是如何补足欠赋，而是确定它的成因和分派将来的补偿责任。雍正皇帝甚至发布了一道为期两年征收欠赋的上谕，在两年之内，要偿清所有的欠款，调查者要保证所有州县精确地编审赋税。[32] 不久人们认识到，即便要完成这一任务也需要更多的时间和人手。因此，调查人员首先集中精力清算

㉘ 《宫中档》22105，工部侍郎马尔泰，雍正七年闰七月十八日。

㉙ 《宫中档》19672，户部侍郎王玑等，雍正七年三月二十八日；《宫中档》17701，御史伊拉齐，雍正七年二月十一日。

㉚ 《宫中档》19672，户部侍郎王玑等人，雍正七年三月二十八日；《宫中档》17701，御史伊拉齐，雍正七年二月十一日；《宫中档》17706，御史伊拉齐，雍正七年闰四月初四日；《宫中档》16669，署理江西巡抚张坦麟，雍正七年四月二十四日。

㉛ 《宫中档》17701，御史伊拉齐，雍正七年二月十一日。

㉜ 《宫中档》10839，尹继善，雍正七年正月二十五日；《宫中档》22108，工部侍郎马尔泰，雍正七年闰七月二十四日。

陈年的旧欠并调查腐败行径。查证赋税编审册的工作开始后，人们认识到，需要有完整的土地清册，而且依靠现有的清查队伍是无法完成任务的。 232

分派到州县的官员的首要任务是，判断哪些欠赋属于百姓，哪些欠赋属于官侵，哪些欠赋属于役蚀。㉝ 为了增进清查人员的通力合作，雍正皇帝发布谕旨，准包揽侵蚀之人自首免罪。㉞ 允许带征，为的是避免逼使犯罪之人又一次转向压榨普通百姓。除此之外，雍正皇帝推迟这一地区欠赋的征收，并将之扩大到所有的赋税征收。通过这种方法，雍正皇帝希望，正项钱粮的征收不要妨碍正在进行的清查活动。㉟ 减少了需要补赔的债务并不意味着政府中止了欠赋的偿还，实际上，每个州县安设税柜，鼓励人们自投，尽可能多地赔补自己的欠赋。同时，每个州县都设局调查欠赋的成因，并编造所有未补赔赋税"清册"，将户划分为不同类型。又一次在每个村庄张贴皇帝的上谕，让百姓知道他们债务的数目。㊱ 清查官员也鼓励有欠赋的农户亲自赴局确认他们名下的数目并纠正簿册上的任何错误㊲，这大概是拿出他们已缴赋税的印票进行核对。在编制清册过程中，地方官员也被责成查对每一粮户的姓名及住处，便于以后逐户调查应缴赋税。㊳ 到了该年年中，大多数清查官员的意见是，欠赋相当大程度上是胥吏侵蚀的产物，而这是最难查清的一种。然而，

㉝ 《宫中档》20839，尹继善，雍正七年正月二十五日。

㉞㉟ 《宫中档》19630，户部侍郎王玑、吏部侍郎彭维新，雍正七年四月十三日。

㊱ 《宫中档》19630，户部侍郎王玑、吏部侍郎彭维新，雍正七年四月十三日；《宫中档》20839，尹继善，雍正七年正月二十五日。

㊲ 《宫中档》22283，清查太仓州属钱粮温尔逊，雍正七年七月。

㊳ 《宫中档》22105，工部侍郎马尔泰，雍正七年闰七月十八日；《宫中档》22277，清查太仓州属钱粮温尔逊，雍正七年六月。

当时人们心存希望，只要明确了百姓的欠赋以及鼓励官员承认侵挪，属于第三类的这类款项就可以水落石出。

233 尽管精心准备，但对于欠赋的清查并不像预料的那样顺利。一些事例中，对抗政府清查和自首免责间的选择，的确使这三种类型的罪犯浮出水面。负责太仓州欠赋调查的温尔逊，上报了截至雍正七年（1729）年中由此产生的直接效果。除崇明县欠赋无几、责成知县负责弥补外，温尔逊上报其余州县的情况㊴：

表6-1　　截至雍正七年（1729）年中太仓州欠赋　　单位：两

地区	积欠	自首	已完
太仓州	166 894	121 779	5 130
镇洋县	181 066	115 482	1 645
嘉定县	711 954	22 567	0
宝山县	768 909	83 215	0

然而，这些初步的结果只占全部欠赋的一部分，且大部分并没有主动地加以弥补。需要解决的问题还有：那些承认欠赋责任的人是否要向政府偿还？大部分无着亏空是否要溯根求源？

四、官员内部出现问题

在执行任务过程中，清查队伍立刻遇到了阻碍。一个是在调查队伍的最高层，另一个是在地方官僚的最低层。如此大规模的清查

㊴ 《宫中档》22283，清查太仓州属钱粮温尔逊，雍正七年七月；《宫中档》22277，清查太仓州属钱粮温尔逊，雍正七年六月。

要取得成功，需要地方官员的通力合作，那些处于监督位置上的官员要在提供信息和建立检查、弥补款项的规则方面，互相切磋和帮助。然而，清查工作一开始，在总理和分查官员内部就出现了敌对的和彻头彻尾的欺诈迹象。

马尔泰抵达江南伊始，就发觉该省清查官员间已滋长一种敌对气氛。尽管所有的行动只有大家意见一致时才能确定下来，但马尔 234
泰上报说，在调查问题上布政使赵向奎大权总揽，拒绝与派来监督调查的部院官员或分查官员一道商讨方案。出于对这种攫取权力的强烈不满，清查专员们完全无视赵向奎的命令并放弃了联合行动的任何努力。这给负责赋税审核的属下官员带来了重重麻烦，他们接连不断地收到相冲突的指令。马尔泰说，这种小规模的冲突至少使清查拖延了半年。[40]

马尔泰向皇帝的报告证实了各级清查官员早有的抱怨。王玑派任督察江南清查事务不久，就被任命为署理苏州巡抚。当御史伊拉齐被任命协助江苏同时还有安徽的欠赋调查时，总督范时绎命他与巡抚尹继善和王玑协同行动。他们势必要处理与户部所有的联系。然而，尹继善暂时署理河道总督并投身重大的工程项目，清查工作就完全由王玑负责。伊拉齐说，王玑尽施伎俩以颠覆自己的地位和权威。这位署理苏州巡抚在起草关于审查民欠的牌文时没有将伊拉齐包括在内，甚至草拟奏折，虽署有伊拉齐的名字，但并没有与伊拉齐会稿。更有甚者，伊拉齐的名字出现在公文里，但未提及他的职位和官衔。[41] 在吏部侍郎彭维新向伊拉齐展示了皇帝在其中一份

[40] 《宫中档》22105，工部侍郎马尔泰，雍正七年闰七月十八日。

[41] 《宫中档》17139，御史伊拉齐，雍正七年六月十一日。

奏折后面的措辞严厉的批答后，伊拉齐这才认识到王玑这个妨碍者的所作所为。

伊拉齐感觉到他作为钦差的角色正在遭到地方官僚的阴谋挑战。尽管确认亏空和欠赋的任务属于伊拉齐等清查官员以及他们的属员，但款项的补足却是地方官员的职责。弥补时间拖延一天就增加了犯罪团伙将财产挥霍或是藏匿的危险，如此一来，欠赋将永远无法得
235 到弥补。尽管从 170 多个案件中追回了 600 000 两，但伊拉齐计算，布政使手头的案件，仅与官员侵贪有关的就超过 600 个，仍未解释清楚的亏空总额超过了 5 300 000 两。尽管皇帝明谕加紧弥补欠赋，但布政使赵向奎在巡抚王玑的支持下，对此事“不过一审即完”㊷。巡抚和布政使不愿在此问题上投入任何精力，那些负责弥补这些款项的官员自然视他们的任务为一纸具文。

伊拉齐担心地方官员和钦差间的联系完全断裂，这将粉碎清查成功的任何希望。伊拉齐在给皇帝的奏折中，所列举的一些挫折并不算特别，而将责任归于自己身为官员的无能：

> 奴才在苏实属无用。奈奴才汉文不通，是以所缮奏折皆不能剀切详细。仰恳皇上天恩，降旨将奴才掣回京都，奴才将外省所见事件情形及种种掣肘之处，跪奏明白。再将奴才发部议处，以为奉差无能之戒。奴才甘心无怨矣。㊸

请求是如此谦恭，表现出的满腹牢骚和孩子气，是官僚们经常使用的一种伎俩。尽管伊拉齐确要冒被召回京师的危险，但如果认为皇帝对他没有信心的话，他可能就不会写这样一份奏折。确如伊

㊷㊸ 《宫中档》17139，御史伊拉齐，雍正七年六月十一日。

拉齐所料，这奏折将迫使皇帝采取某些行动，以巩固他的地位。

伊拉齐的大胆可能在于认识到，他并不是仅有的质疑赵向奎和王玑之人。在他上递奏折的同时，太仓分查官员温尔逊提交了一份 236 对该省两位大员更为严厉的指控材料。[44] 温尔逊也是怀着这样的想法，即所有总理和分查官员在实施清查时应会面协商，然而，当他抵达江南时，有人告诉他，在巡抚王玑和负责淮安府的分查官员钱兆沅间正进行着一场争论，结果，负责调查的全体人员未能聚众公议，分查官员就径直前往指派地区。温尔逊会见巡抚时对他加以劝说，但毫无效果。后来，温尔逊与钦差总理清查官员见面，他被告知，在未与这些人商议的情况下，布政使赵向奎向所有府州县地方官发布了具体指示。温尔逊如同伊拉齐一样，关心的是协查官员和地方官僚间的联系不要中断。总理官员已令属下的协查官员编制欠赋清册，温尔逊建议当这些完成和逐户调查开始后，应要求州县官前往省城与清查专员一同协商。

尽管王玑支持温尔逊，以加强协查官员和地方官僚间的合作，但他自己和省级清理官员间并没有什么合作。王玑没有帮助温尔逊熟悉江苏的形势，却将杂务留给了彭维新和伊拉齐，而他们仅初晓地方事务。温尔逊在抵达太仓后就听说，已有户部咨文令分查官员既搜查亏空，也清查欠赋。不仅这些文件一份也未曾送给温尔逊，而且，温尔逊亲自前往苏州就此事给王玑和赵向奎施压时，王玑和赵向奎在拒绝向他出示部文前，足足让他等候了十天。最后，温尔逊只能通过转抄彭维新衙门的文件得到消息，接着他前往伊拉齐衙门得到了太仓州相关的数字。

---

[44] 《宫中档》22281，清查太仓州属钱粮温尔逊，雍正七年六月。

温尔逊怀疑，巡抚和布政使的行为是受他们保护的官场朋友的愿望所驱使。例如，在由温尔逊所处理的案件里有前大学士王掞的
237 案子，王掞父子叔侄共亏空银 46 000 两，因为案件的记录材料还未到达太仓，因而温尔逊无法采取措施以弥补该款项。更为糟糕的是，温尔逊发现协查官员孙见龙，这位由布政使赵向奎派来帮助温尔逊盘查太仓的钱粮官员，是王掞的门生。温尔逊力请将孙见龙调往他处，但无济于事。[45] 最后，清查官员找到了布政使赵向奎和在江苏府县都任过职的官员许永祐公款私用的证据。王玑也因滥用巡抚权力以及因裙带关系任命他的表弟宁树业和太仓王掞的门生孙见龙为清查官员遭到弹劾。这两位官员被免职，对于其他由王玑和许永祐荐举的官员是否应解职也展开了调查。[46]

对于赵向奎和王玑的调查也使其他问题大白于天下，两人都犯有侵贪罪并与衙役串通收受属下门包，这种类型的陋规在实施火耗归公后严令禁止，因为它消耗地方资源并在官僚体制的不同层级官员间形成腐败依赖关系。镇洋知县陶士僙和署理新阳知县朱奎扬报告，他们与王玑因公来往，每一次在进入衙门之前要被迫缴纳 10 两至 12 两不等。有位典史说，至少有 30 次，他被迫向王玑属下一些人缴纳与此相同的银两数。[47] 考虑到这一数目达 300 多两，很明显对于典史本人能公正对待当地百姓会造成很大的冲击。

巡抚王玑和布政使赵向奎两人都被革职，这消除了地方官员和清

㊺ 《宫中档》22281，清查太仓州属钱粮温尔逊，雍正七年六月。

㊻ 《宫中档》22108，工部侍郎马尔泰，雍正七年闰七月二十四日。

㊼ 《宫中档》22108，工部侍郎马尔泰，雍正七年闰七月二十四日。应该切记，这次清查在皇帝同意实施火耗归公之前就已开始。

查官员合作道路上的很大障碍。然而，这并不是唯一需要解决的阻碍。地方书吏、衙役和士绅更为隐蔽和分散的阻碍活动，则更加难以对付。

五、基层官僚的破坏活动

衙门杂职官员和地方士绅所使用的精心构制之法，暗中破坏欠赋的征收，这在江南实施清查前就已存在。即便是这样的一种强有力的清查活动是否能对付得了这些手段，这样的发问不是无谓的话题。一旦政府和纳税人间的联系通畅，一些胥吏公开侵贪的不法行径，相对来说容易发现。举例来说，松江府某县的朱姓候选通判积欠超过了900两，作为清查的一部分，知县对他出票提究，当知县派衙役金用霖对他催征时，因害怕受到惩处，他立即主动偿还了全部的欠款。 *238*

这事发生在六月，在法定的征税时节之前。金用霖乘投税的银柜还未安置之机，诈取了朱某的这900两银子。知县第二次将朱某愿意弥补他的债务上报知府时，才发现这笔钱已经被金用霖据为己有。如果这笔钱没有递解中央，知县担心自己的声望受损，因此他迫使朱某重完这笔欠赋。一怒之下，朱某找到金用霖让他还钱，但未得到分文。在正常情况下，朱某可能讨不回他被偷窃的款项，但因该省正清查这样的不法行径，因此他就能够在更高的官僚层级上立即寻求到帮助。分查官员冯景夏派人将金用霖抓捕归案，他坦白不仅偷窃了朱某的钱，而且也从其他纳税人那里偷窃了 2 000 多两。马尔泰将金用霖交给新任布政使进一步讯问，也下令对所有“失察”属下不法行为的地方官进行调查，有问题的予以弹劾。⑱

清查官员在揭开地方官僚个人公开侵贪案件上，十分成功。在
239 雍正七年下半年，伊拉齐上报了苏州、松江、常州、太仓州等地此类案件调查进展情况。⑲ 在官侵类案件中，溧水县原知县赵向奎侵盗数千石大米而捏称放赈，昆山县王溯维伙同他人侵吞官地柴价 2 000 多两，华亭原知县林蝶捏报欠赋获银 8 600 两，武进知县陈绅使用同样的方法侵吞 4 200 两。在清查官员调查的压力之下，所有这些官员承认了他们的罪行。

经过清查官员的努力，也发现许多役蚀案件，这里可以引述几个。在娄县，一个收税经承被指控诓骗粮户银两。⑳ 无锡监生秦本恒，假串包侵钱粮，被褫夺监生的资格，他的案件转交给藩臬二司进行调查和处罚。㉑ 协查官员在和上海县知县的协作中也发现了相同的案件，范姓监生与地方甲首勾结，从事包揽和花分诡户的勾当。㉒ 在邳州和睢宁县，协查官员上报衙门的经承和地方里首串谋，盗取政府经费。在调查因涝灾而蠲免欠赋的地区时发现，至少有四个村庄在收获季节没有减产，但胥吏继续征缴欠赋并将之据为己有。㉓

这些零星的成功查办案件在新的发现即胥吏不法行径早已深深

---

⑱ 《宫中档》22106，工部侍郎马尔泰，雍正七年闰七月十八日。

⑲⑳ 《宫中档》11709，御史伊拉齐，雍正七年九月十五日。

㉑ 《宫中档》11709，御史伊拉齐，雍正七年九月十五日；《宫中档》22110，工部侍郎马尔泰，雍正七年九月初六日。

㉒㉓ 《宫中档》22110，工部侍郎马尔泰，雍正七年九月初六日。

地浸入地方赋税管理面前，变得无足轻重。最令人震惊的发现纯属偶然。最富有成效和最勤勉的分查官员之一是冯景夏。正是在他的 240
监督下，上述的许多罪行才得以揭露。在雍正七年年中，有消息传到冯景夏处，无锡县的一个叫李明儒的“区”书手侵贪了大量的赋税。冯景夏令他出示账册，完全出人意料，先前被李明儒雇用做书算的平民杨士玉，拿出了所有的私收底簿，这是李明儒 15 年间在天上区负责赋税征收时所编造的，冯景夏杨士玉将这些账册带往苏州，总共有 200 本之多。与县衙的账册相比，书办账册包括一个地区粮户的全部情况：他们土地的数目，每户应缴赋税的数目，已缴纳的数目，以及欠赋的数目。然而，经过两天的仔细检查，冯景夏和杨士玉发现，李明儒可以通过一套并不起眼、在每类旁边标记密码的办法在税收过程中做手脚。[54] 结果，这种密码使得书办有了这些账册的一套副本，这样，关于自己的活动就可以隐匿起来，不被州县官发现。只有通过破解这些密码，人们才能识破，是谁真正地欠政府赋税以及赋税是如何被侵吞的。[55] 当冯景夏问杨士玉其他区的书手是否也使用这种账册时，杨士玉回答，这些不仅存在于无锡的 15 个区，而且该地区的府州县无一不编造这种底簿。书办甚至出售这些账册，对象大概是刚上任的书手们，为的是使他们继续前任们的腐败做法。[56] 这些底簿的名称各异，符号也不尽相同，但是底簿对于那些希图从自己位置上获利的书手来说是不可或缺的。

有了冯景夏上述情况的帮助，伊拉齐会见马尔泰并决定召集附近所有的清查官员碰头，在巡抚衙门召开会议。抄没所有这种账册

---

[54] 《宫中档》17709，御史伊拉齐，雍正七年九月十五日。

[55][56] 《宫中档》22109，工部侍郎马尔泰，雍正七年八月二十九日。 352

成为他们的当务之急，关于这场行动的书面指令送达所有其他的地方和清查官员。不久之后，在苏州、松江、常州府就有底簿被没收，协查官员着手一本本地破解这些密码，如此就可以揭开侵吞的款项以及操纵税收的情况。[57] 到了雍正七年十月，马尔泰报告苏州、松江、镇江、江宁府底簿有60%～70%已被缴收。[58] 凡案件中侵吞和
241 欠赋一旦揭开，这些情况就转交给分查官员，他们对涉案地区突袭检查以确认事实。[59]

账册抄本的发现引发了新的一轮来自士绅、胥吏和普通民众的请愿活动，他们誓言要弥补他们的赋税，但请求将他们的欠赋从正在编制的账册中划掉并执行彻底的清查。[60] 一些官员担心，衙役承认大量侵吞可能是隐藏事实的一部分，有人向衙役行贿，让他们承担欠赋之责，而寄希望于一旦有人向政府偿还欠赋，调查将会停止。[61] 任何人如果心存此念，那他很快就会失望，因为从一开始，皇帝的意图就是要揭开基层腐败和欠赋的根源，并纠正导致这一切发生的不法行径。在当时，偿还欠赋乃第二要务。皇帝多次提醒江南的钦差们："汝等此番料理，当以清除积弊为要，不可以征收钱粮为务。"[62] 因此，马尔泰拒绝了这些请求并提醒江南公众，清查的目的是要减轻百姓的负担，彻底清理江南税收。找出那些登记不实的粮户并发现每一亩土地真正的负责人，这样就可以编制精确的簿册，

---

[57] 《宫中档》17709，御史伊拉齐，雍正七年九月十五日。

[58] 《宫中档》22112，工部侍郎马尔泰，雍正七年十月初三日。为给皇帝留下印象，没收账册副本的数目可能被夸大了。

[59][60] 《宫中档》1662，马尔泰，雍正七年十月初三日。

[61] 《宫中档》17709，御史伊拉齐，雍正七年九月十五日。

[62] 《宫中档》17709，御史伊拉齐，雍正七年九月十五日；《宫中档》22112，工部侍郎马尔泰，雍正七年十月初三日。

从而完成上述任务。[63] 因为这些人中的大多数现在主动弥补欠赋，就可能还会有所藏匿，故而马尔泰态度强硬，认为对于这些人的纳税应给予特别的关注。

在账册副本的帮助下，加之书吏、衙役、官员、士绅承认罪行，以及对普通村民的查访，清查官员能够勾勒出江南税收弊端的概貌。遵循皇帝所制定的方针，这些弊端分为三类：官侵、役蚀和纳税人自身的逃税。

六、剖析税收腐败

州县官所捏造的“民欠”是最容易被清查官员察觉的不法行为。他们的许多伎俩在伴随火耗归公改革的亏空调查时就已被发现。凡 242
仓库有亏空的州县官，他们的衙门常常伪造流水转根，将从百姓处收来的赋税转归他们自己的仓库所有。[64] 尽管在当时官员将他的账册交代给继任者，或者接受上司的当场盘查是通行的做法，但因自然灾害的原因官员还是能侵吞粮户已缴的款项。在一些案件中，州县官已得知所辖地区暂缓征税，但他们将皇帝的仁政隐匿，不让当地百姓知晓。这时政府不希望递解任何赋税，因此所有已缴纳的赋税都被州县官纳入私囊，而在他们的衙门账册上却记作“未完”。在其他的一些场合，州县官不愿冒未曾宣布赋税豁免而遭受惩处的风险，于是将公开皇帝豁免上谕以前所收的所有赋税据为己有。在这

---

[63] 《宫中档》1662，马尔泰，雍正七年十月初三日。

[64] 《宫中档》8284，彭维新、马尔泰，雍正七年十二月初四日。

两种情形中，粮户都会认为他们的赋税已经缴纳，这样一来，在衙门的账册上将侵吞的数目显示为抗粮所导致的民欠。[65]

自然灾害为胥吏也为粮户的不法行径提供了机会。州县官通常是将每户是否应享有赋税救济的决定权留给胥吏。胥吏经常夸大受灾程度以及要求豁免赋税的数目，这使得他们将那些未曾遭受财政困难的粮户的已缴赋税纳入私囊。对于胥吏来说，出卖证明粮户因旱涝减收而无力缴税的票据也是很普遍的做法。未曾遭灾的粮户可以出钱证明土地绝收即“买荒”来避税，而真正受灾的粮户在得到豁免前，可能要贿赂胥吏，这样的做法也很通行。书吏、衙役和官员也尽量为他们辖区内自己的土地寻求赋税上的豁免。这种假冒土地绝收的做法称为“冒荒”[66]。以上这些极为盛行，且已经实行了许多年，伊拉齐感觉到不可能将庄稼真正遭灾的农户与那些假冒受灾
243 而寻求豁免的人区别开来。为了避免加重无辜百姓的负担，停止了此种欠赋的调查。

官员用以侵吞的第三种手段涉及他们和当地经济与社会精英们的关系。它要求重新实施粮户前往衙门将赋税自封投柜的做法。在征税季节开始前，州县官经常以执行公务为借口向辖区内的绅衿富户借贷，他们通常保证将借款用于该年相关粮户赋税的缴纳，一旦到了州县官手中，这种借款极少归公。很自然，这一年因此而产生的欠赋不会归于最初出借这些款项的大户名下，而是被分割成极小的数目在小户应缴的赋税间分配。[67]

---

[65] 《宫中档》8284，彭维新和马尔泰，雍正七年十二月初四日。

[66] 《宫中档》20840，尹继善，雍正七年十二月初四日。

[67] 《宫中档》7565，协理清查苏州钱粮事务安修德，雍正七年十一月二十四日。

因腐败而产生的数额最为巨大的欠赋归因于胥吏。到雍正七年底，那些衙门胥吏已经供认攫取政府的赋税超过了 2 400 000 两。[68] 胥吏负责编审赋税并且是政府事实上派往农村监督税收的代表[69]，为了自己的利益而在税收制度上大做手脚，他们拥有得天独厚的条件。在许多案件中，衙门里的经承、柜书与官员串谋更改流水串根并直接偷盗已缴纳的赋税。[70] 然而胥吏有一些自己独有的手段来吸吮百姓已缴纳的赋税，州县官从来没有怀疑过这样的欠赋是因为赋税被侵吞所致。

胥吏有时仿效州县官的做法，尤其是当后者没有监督赋税编审造册的时候。在这些案件中，对于胥吏来说，将他们征收的部分赋税装进腰包，同时将所攫取的赋税作为欠赋分散到该地所有的民户中去相对容易。[71] 一种类似的名为“栽粮”的伎俩，是以极小的量增加最贫困农户的赋税额，这甚至是在催征开始之前就已实施。[72]

土地编审册掌握在衙门钱粮书办中，他们就可能在实际的土地分类上做手脚，改变征收土地赋税的科则，以中作下，或以下作中，244
这样，若以平时的税率征收赋税，在已缴数目和编审册应缴数目之间就会有差异。对于整个县来讲，税则被降低的土地，应缴赋税的

[68] 《宫中档》8284，彭维新、马尔泰，雍正七年十二月初四日。皇帝允许百姓以带征方式偿清他们债务的仁政也适用于这些胥吏的债务。然而，一些州县官极力压迫胥吏偿还侵贪款项，以致这些胥吏开始设计新的方法来筹措急需的经费。例如，江都当地的一群胥吏刊文为公共工程募捐，将借此征收到的钱款用于偿还指控他们从政府侵贪的经费。《宫中档》20840，尹继善，雍正七年十二月初四日。

[69] [70] 《宫中档》8284，彭维新、马尔泰，雍正七年十二月初四日。在江南，从衙门胥吏中挑选的负责征收田赋和漕粮的书吏分别称为粮总和漕总。

[71] 《宫中档》8284，彭维新、马尔泰，雍正七年十二月初四日；《宫中档》20833，御史高山，无具文时间（雍正时期）。

[72] 《宫中档》20833，御史高山，无具文时间（雍正时期）。

差异可以通过在编审册中提高该县别的地区的税率加以补偿。然而因为粮户仍以平时的税率缴纳赋税，所以对于改为重则的土地，实际缴纳赋役就与编审册间有差异，而这在衙门的簿册中将显示为欠赋，这种做法叫“改则”。[73]

胥吏还使用更改印票的侵吞方式。一个简单的攫取已缴赋税的方法就是不给对方印票。这种做法在整个江南地区很普遍，因为在许多地区百姓从不索要缴赋的印票，结果，粮户没有了反对腐败胥吏的追索权。与此相近的做法是攫取零星户缴纳的赋税并上报说这些粮户已经离开他们的土地以逃避税收。[74] 一些州县官的确执行了规定，要求使用三联或四联印票，但这些也容易被遮蔽绕过。例如大小票的做法，它发给粮户的一联，上面写的是实际缴纳数字。然而在送往县衙的一联中，上面只写缴纳赋税的10%～20%，其余的赋税就被胥吏所盗取。一些胥吏甚至觉得窜改印票也很麻烦，而仅仅是抄写他们自己的副本，完成后加盖伪造的官印了事。[75]

最难对付在赋税上做手脚的大概是绅官之家、豪衿劣监、地棍之类所使用的方法。并不否认江苏的士绅有自爱与急公好义之人，但清查官员发现他们中的很多人愿意逃税并将债务转嫁到普通乡村民众身上。一些人根本就不屑缴纳他们的赋税，及时将赋税中的火耗部分解送给州县官，就可以使他们的正项悬搁多年。也有人将应缴赋的10%～20%贿赂经承，借此，每当有催征欠赋，他们就可以免受督催之累。同样，也可以向中下胥吏行贿，窜改衙门账册，例

---

[73] 《宫中档》20833，御史高山，无具文时间（雍正时期）。

[74] [75] 《宫中档》8284，彭维新、马尔泰，雍正七年十二月初四日。

如，为了收取这种费用，有胥吏可能会同意让粮户缴银 40 两、50 两或是 60 两，而登记为缴银 100 两。下级胥吏对于实有银两和流水 245
串根银两间的差异不负责，而知县最终将对此负责。[76] 当然，这只是那些具有相当财富的地主们能够使用的办法。

乡村精英有着其他更为迂回的办法以逃避税收并从税收过程中获利。对整个赋税结构最具有破坏性的做法叫“诡立户名”，就是编审时登记假户口和假名字。[77] 在江南地区，对于大地主来说，将他们的财产分为几十份甚至数百份，以不同的家庭进行登记，每一户都只有极少量的土地，这种做法并不稀见。每一户户主的名字都是伪造的，使用已死去的祖先的名字、已经从该地区迁走的人的名字、寺庙的名字等。这使得追查土地的所有权变得十分困难，每一户很小数额的欠赋也阻碍了调查活动。即便将他们查了出来，但他们与不法官员和胥吏串通以及他们自身在本地区的影响，也逼迫官僚同意豁免差不多全部的赋税。正是这种力量鼓动地方士绅和无赖生监地棍从事包揽勾当。经常有这样的情况，如果当地一名士绅自己无财无地，他会邀请朋友或亲戚用他的名字登记财产，而后者将有希望依据一个更低的绅衿税率来缴税。当土地的真正主人将赋税让渡给当地豪强或是生监等让其缴纳时，后者将此据

[76] 《宫中档》8284，彭维新、马尔泰，雍正七年十二月初四日。

[77] 《宫中档》8284，彭维新、马尔泰，雍正七年十二月初四日；《宫中档》20883，御史高山，无具文时间（雍正时期）。这一做法也叫作花分图户（见《宫中档》8285，吏部侍郎彭维新，雍正九年六月二十六日）。绅衿们的报告也证实了这种做法的存在。例如来自江苏江南府句容县候补知县王锦的报告，《宫中档》20997，无
具文时间；江南举人王殿显，《宫中档》20395，无具文时间（雍正时期）；候选知县 353
商元柏，《宫中档》20395，无具文时间（雍正时期）；《宫中档》20450，具奏人姓名被裁去，无具文时间（雍正时期）。

为己有并拒绝向政府缴纳。当一些士绅出卖土地时也存在同样的机会。通过强迫买主将土地置其名下，土地原来的主人令新主人将全部赋税委托给他来处理。赋税包揽也扩展到了与那些当地精英没有直接联系的土地之上。他们像县衙里的书吏和衙役一样，利用平常百姓害怕卷进任何的官僚事务，来帮助他们完成将赋税投入到衙门银柜的任务。细民小户通常是全额上缴赋税，同时也给这些做善事的中间人一笔费用，然而这些上缴赋税只有一部分进入了州县的仓库。

246 从上面的讨论很明显可以看出，一般来说，小户不会逃税和侵吞赋税，实施这些手段完全依赖于财富、地位以及权力。开始的时候清查官员就预测，定为欠赋的有 80%～90%最后将被证明是衙门人员及地方有权势的人物胡作非为的结果。[78] 事实证明，这些赋役的征收远为困难，因为他们的偷盗行径被层层虚假编审和层层地方关系网所遮掩，并且在赋税到达地方政府之前就已完成。

所有这些弊端的根源可以追溯到土地和赋税编审制度。为编审每户的土地和确保个人的纳税义务，清朝制定了详尽的法律。即使如此，若不勤勉从事于州县的赋税征收，这些规定只不过是“一纸具文”而已。尽管逃税和土地隐匿在每个省都是问题，但在江南，土地和赋税编审制度已崩溃，一些地方几乎与明朝时旧的里甲制没有什么区别，这一制度不再发挥任何曾经承诺的保护作用。以征税

---

[78] 《宫中档》8284，彭维新、马尔泰，雍正七年十二月初四日。乡村精英能够不用缴纳赋税，部分是因为他们得到了地方官僚的特别优待。在整个中国，普遍的做法是，官员将纳税粮户分为大户和小户，或是别的形成对比的名称，以将这些人区别，由此分别对待。作为衿绅户也有着专门的税率。这解释了为什么人们愿意将他们的土地登记在地方上有势力和有功名之人的名下。

为目的的土地编审，与实际的土地拥有情况没有相符之处，江苏一些地区的赋税不是依户而是以地点来征收的。[79] 在一些事例中，一些地区作为赋税征收依据的实征额册上只不过写着该地区里长的名字而已，没有登记应缴、未缴和已缴赋税粮户的名字。[80] 甚至是在一些保存粮户名单的情况下，在乡村负责征税的书吏和衙役仅仅负责填写数额而已。州县官对地方了解甚少并且职责太多，他们不可能亲自到每一个乡村调查，也无法关注每一户应缴的赋税情况。因此当调查欠赋的时候，户册上经常没有一个真正的应纳税者。[81] 在乡村负责征税的书吏和衙役的叫法各地不同，但几乎所有的名称都揭示出它是由前一个王朝赋税催征头人演变过来的。[82]

书吏和衙役一直能操纵土地和赋税编审，最重要的原因可能在于，事实上许多税收职位已经变成了世袭。清初中央政府的胥吏已处于严密的审查之下，而在地方上所谓的世缺即父子相继、兄弟相传的做法，依旧流行。[83] 通过正规省内官僚的途径调查这些人胡作非为的努力也受阻，因为甚至是布政使的衙门也被世袭的胥吏所控制。雍正皇帝派往江南协助清查的御史高山奏报，布政使衙门的钱粮书吏已有分工，每名书吏独占一个州县的事务。只有这些书吏知 247

---

⑲ 《宫中档》8284，彭维新、马尔泰，雍正七年十二月初四日。

⑳ 《宫中档》7565，御史安修德，雍正七年十一月二十四日。

㉑ 《宫中档》8284，彭维新、马尔泰，雍正七年十二月初四日。

㉒ 《宫中档》8284，彭维新、马尔泰，雍正七年十二月初四日。在上元县和江宁县他们称为里歇催役，句容县称为催头，溧阳县称为运首，溧水、六合称为单头里长，兴化、如皋称为总催，嘉定、宝山、昆山、新阳称为排年，靖江称为户首，沭阳、睢宁称为保长、公正，邳州称为社总。

㉓ 《宫中档》5802，掌浙江道事、山西道监察御史汪继燝，雍正元年七月十二日；《宫中档》9135，湖北布政使徐鼎，雍正六年九月二十五日；《宫中档》8284，彭维新、马尔泰，雍正七年十二月初四日。

晓侵吞、盗用以及地方衙门超额开支的情况。如果布政使想要调查某些州县的赋税，他不得不依赖自己衙门里负责的书吏。如果由州县雇用的书吏操纵赋税的编审，那么省级书吏可以老练地在更高层次的账册上大做手脚，完全隐匿这些做法。大多数布政使的书吏或是与地方上的同行串通，从源头上盗窃赋税，或是与那些和士绅勾结的州县书吏共谋，从赋税征解上间接获得利益。这些钱粮书吏职位的世袭意味着省里许多地区的赋税最终变成了这些负责征税之人的世守产业。[84]

正因如此，清查官员发现江南的“鱼鳞册”——地方所有地丁钱粮以为基础的土地册——完全无用，就并不奇怪了。“鱼鳞册”被视为帝国土地丈量的产物。开始丈量时，一个地区的每一小块土地都被赋予一个编号，根据产量的多少归于或“上”或“中”或“下”，以此确定税率。要编印两套图册，一套保存在布政使衙门，一套藏于州或县库。现在人们发现，大部分江南的“鱼鳞册”已被烧掉、藏匿或是窜改得面目皆非。[85] 没有布政使的书吏和州县衙门
248 人员间的串通，事情不可能恶化到这种程度。

采用了两种办法以弥补赋税管理中的这些基本不足。一是更加严厉地监督书吏和衙役。火耗归公改革通过从公费中为胥吏提供薪水，已经朝正确的方向迈出了一步。现在决定将赋税过错惩罚扩展至既包括正式官员，也包括书吏和衙役。[86] 以前州县官向胥吏收取费用，胥吏借此得到监督征收赋税的权力，这种做法只会

[84] 《宫中档》20834，御史高山，无具文时间（雍正时期）。

[85] 《宫中档》20833，高山，无具文时间（雍正时期）。

[86] 《宫中档》7565，御史安修德，雍正七年十一月二十四日；《宫中档》20834，御史高山，无具文时间（雍正时期）。

刺激胥吏的腐败，现在应采取措施加以禁止。[87] 为了阻止胥吏间互相包庇，一些官员也赞成奖赏揭参腐败的制度作为惩治非法行径的补充。[88]

除了这些加强政府对于胥吏行为的控制外，也采取措施改善土地和赋税的编审，这样，侵贪将变得更为困难。这项工作困难之处很多，采取哪一种方法最好，人们没有取得共识。改革赋税编审的一个主要障碍在于赋税的厘定是建立在土地之上，向每户征收。在北方，相当多的土地由其所有者或由从邻近地主或农民那里租佃之人耕种，这对于管理而言不构成大的问题。然而，在江南地区，那里居外乡而在本地收租的在外地主是很多的，并且土地市场非常活跃，这为每户的赋税编审带来了严重的问题。

很清楚，为使清查取得长久效果，需要将本地区所有开垦的土地编制完全的土地清册，这样将绘制新的"鱼鳞册"。[89] 然而，对于如何收集资料，很好地组织以保证最有效地征收全额赋税，仍是问题。早在1723年，为了清除里甲制的残余并弥补《赋役全书》的不足，在数个地区试行了新的土地编审办法。[90] 这一方法，称之为顺庄之法或顺庄滚催，它将整个农村人口划入每个保甲之中，以此为基础，便于控制地方。所有乡镇居民每十户划为一甲，每甲开列在互保制度中所使用的烟户门单。然后这些名单从一户传向下一户， 249
粮户填写地方政府所要求的信息。项目有每户户主的真实姓名、住

---

[87] 《宫中档》7565，御史安修德，雍正七年十一月二十四日。

[88] 《宫中档》20824，御史高山，无具文时间（雍正时期）。

[89] 《宫中档》20833，高山，无具文时间（雍正时期）。

[90] 《宫中档》5573，太仆寺卿蒋涟，雍正十三年十二月初九日；《宫中档》13649，湖北布政使徐鼎，雍正七年三月初八日。

址、每户人口数、拥有的土地数、已耕地亩数、撂荒地数、每块土地应缴米石及银两数以及每户所属的村、图、甲。[91] 这一制度背后的原则是，即便一人的土地分散在许多“图”中，所有的赋税也会在他的居所一并登记。然后可由代理人管理赋税的缴纳并利用“滚单”进行催征。[92] 通过令掌管每一“图”赋税编审的书吏编制相同的名单，检验这些自报项目的准确性，接着将此与县衙门里的“实征额册”以及由百姓自己提供的数据进行比照。[93]

这一制度最薄弱之处在于，并非每一个人的土地都坐落在他生活的“图”中。[94] 在一些案件中，地主为了逃税，故意在远离他们土地的地方建立居所。这种情形之下，当填写顺庄表格时，他们不愿意上报自己的土地。这就要求负责一个图的书吏要花费大量的时间和精力去追踪居住自己“图”中的居民在他“图”的土地。因此这种在外地主常常逃避赋税，这种做法，所谓的“过户飞粮”，在一些地方像江南地区逃税特别有效，那里政府的土地编审册几乎毫无用处。

另一个问题来自江南地区土地所有权的频繁转让。当土地转手的时候，这种建立在民户之上而不是针对土地自身的编审制度令官员很难跟踪土地。为逃避赋税，富户普遍采用的做法是扮演向穷人租佃土地者的角色。穷户不是将土地绝卖，而是将它典当给富户。

---

[91] 《宫中档》13649，湖北布政使徐鼎，雍正七年三月初八日。

[92] 《宫中档》5573，蒋涟，雍正十三年十二月初九日。

[93] 《宫中档》13649，湖北布政使徐鼎，雍正七年三月初八日。

[94] 《宫中档》22270，清查太仓州属钱粮温尔逊，雍正七年六月；《宫中档》11534，湖广总督迈柱，雍正七年四月二十一日。温尔逊时常提及存在着一种基于一甲一户的编审制度，这说明在清查开始前，顺庄之法已在江南实施。温尔逊也提到在
354 这一制度之下，富户可以联合起来操纵甲内编审，为了包揽而迫使普通百姓将赋税转交给他们。

原来的所有者可以得到土地的一半价格，但在一个确定的时限内有权将它赎回。土地的使用通常转手到受业者手中，但土地的名分不需要过渡给富裕的一方。结果，土地原来的所有者失去了财产，但它的纳税义务却还保留着，即所谓“产去粮存”。典产者无力缴纳赋税，因为他已无地耕种，或者说只有通过向受业者缴付田租才能租 250
种土地。出钱借贷给典产者、以土地作为其担保物的受业者同样也不情愿缴纳赋税，因为从法律上讲，土地并不属于该人所有。结果，赋税无人缴纳，政府无法确定该土地的纳税责任。[95] 这种唯利是图的做法刺激了许多高利贷者甚至是在回赎到期后仍拒绝在名分上拥有这样的土地。甚至在土地绝卖中，也有不向政府上报土地交易，而免除了许多年赋税的事例。

为应对土地编审制度中的缺陷，采取了两种措施。一种是版图完粮之法，这是由江南分查官员温尔逊提出的。一个州县官辖区内的所有版图沿袭过去的划分，但是赋税编审的目的现在是建立在土地的基础之上，并不是建立于粮户之上。如果一块土地位于某一图，那么它的赋税就要在该图编审，而不论是谁拥有这块土地或是它的主人生活在哪个地方。如果一块田地不局限在一图之内，那么每一图分别编审属于各自部分的土地。一旦实施全面的土地调查，不论一块土地的转手多么频繁或是它的所有者迁居何处，记录将会清清楚楚，因为土地自身不能移动，也无法隐藏。这只是登记谁拥有每一块土地的问题。[96] 这使人

---

[95] 《宫中档》5573，蒋涟，雍正十三年十二月初九日。

[96] 《宫中档》22279，清查太仓州属钱粮温尔逊，雍正七年六月。最后，力图在江南将顺庄法与版图法合并。两种方式都得以实施。版图法在清查不法行径和欠赋方面最有效，而顺庄法通过滚单作为实际赋役的征收基础最为便利。《宫中档》8285，吏部侍郎彭维新，雍正九年六月二十五日。

感到是件容易的事，因为任何一块居外而在本地收租的在外地主的土地上的佃农总是知道他们该向谁缴纳田租。

为了确保土地和财产交易告知政府，以及州县官、胥吏或是粮户不再串通隐匿土地所有权，建立起了一项新的土地和财产文契制度。最早的方案由河南巡抚田文镜在雍正五年（1727）提出。从前，当土地和房屋交割时，在交易过程中，买卖双方随便用一张白纸书写文契。后来只有角上粘有官方给发的“契尾”的文契才是合法的。
251 契尾由每省的布政使向州县官发放，后者将它们向百姓出售并在契尾和文契上加盖官印以防止伪造。由州县官发出的契尾数对于布政使来说，就意味着该地区应缴的赋税数量。认可有契尾的契约是州县官决定谁来为他辖区内每一块土地纳税为数不多的方法之一。对于新主人来说，他的契约上拥有契尾就成为财产争议时所有权的合法根据。

到了雍正五年，这一制度已遭破坏。州县官将发放契尾作为一种收入的来源，常常一张索要白银五钱。大宗买卖的人可能不在乎这笔费用，但对于小土地所有者来说，他们的交易经常不值几个钱，因此就不买契尾，也就是不想缴税。而且，隐匿辖区内应纳税土地，对于州县官来说有利可图，因此许多地方官员漠视粘贴契尾的要求，在用完布政使所发契尾之后，也不再申请契尾。契尾作为购买的必需证明，逐渐停止使用，人们也愈加无视上报土地交易。[97]

为了确保人们上报土地的售卖，田文镜提议，使用一种契纸制度。他的方案是，当人们购买房屋或是土地时，不再允许使用任何空白的纸张来填报文契，取而代之的是专门的契纸，这与用于发行

---

[97] 《雍正朱批谕旨》，田文镜，雍正五年九月二十五日。

三联印票的带孔的纸张相同，由布政使印制。他根据所辖地区的大小和辖区内耕地亩数的多少，向州县颁发一定数量的契纸。契纸一叠一百张，并由印制人直接发送州县，避开布政使属下的任何腐败。每一张都有编号，这样布政使可以检查向州县官的发放情况。契纸到达后，州县官将契根裁存，并将契纸送纸店直接销售给百姓。为 252
防止在契纸上的加征，每张契纸上都印有“每契纸一张，州县卖钱五文解司以为油红纸张之费，毋得多取苦累小民”字样。向每个出售契纸的纸店颁发印簿，店主在其上记录每一个契纸买主的个人情况。如果出现错误，或是买卖没有成交，那么买家要将原始的契纸带回到纸店，店主再将它送给州县官，返给布政使，作为没有隐匿交易的证据。

购买契纸之后，财产的卖主在文契中书写“立卖契某人，今有自己户下或田或地或山或房若干顷亩间数，凭中某人，出卖于某人为业，当卖价银若干，其业并无重叠典卖、亲邻争执”等字样，并填写交易日期。一旦交易正式确定下来，新的主人将文契带到州县官那里。在缴纳了田房契税后，州县官在文契上和中间联上加盖他的官印，然后将中间联与田房契税一起送布政使。另外，他将在一联之上抄录契约的有关内容，并保存在州县衙门，作为调整田赋编审册的记录。[98] 如果文契没有使用官方的契纸，并且没加盖州县官印的话，契约是无效的。出售契纸的店铺保存着购买每张契纸的人的记录，州县官很容易找出任何一个带文契前来缴契税并办理财产

[98] 《雍正朱批谕旨》，田文镜，雍正五年九月二十五日。雍正皇帝极为赞赏这一方法，但要求田文镜稍后具题。凌焘的说法是，雍正六年初这一制度已在全国大部分地区实行。《宫中档》4351，署理江西按察使凌焘，雍正十二年八月初三日。

过户的人。

使用契纸的目的，是向州县官提供精确的土地交易情况，同时也便于控制州县官递解田房契税。但很难弄清楚这一制度在帮助纠正当地赋税登记错误上到底起到何种作用。然而，必须使用书吏收税和加盖官印似乎已创造了新的腐败机会。[99] 不过，人们希望这能与版图完粮之法一道，至少在清查江南土地和赋税簿册以及该地区不同寻常的积欠方面有一个好的开端。

七、清算

253 雍正八年（1730），江南各地区和全省的“清册”奏报皇帝，江南清查就此宣告结束。[100] 表6-1所列是清查人员在江苏所发现的府一级的积欠情况。[101] 江南清查人员所承担的巨大任务从这些数字中可以推断出来。最后的结论是，江苏省总欠赋额只有54％由民众的过

---

[99] 《宫中档》1981，海保，雍正十一年七月初三日；《宫中档》3451，署理江西按察使凌燽，雍正十二年八月初三日。这些不法行为包括胥吏加收购买契纸的费用和州县官向省里隐瞒田房契税收入。大部分的弊端似乎来自执行改革方案中的灵活性而不是方案自身的缺陷，这显示出在认真执行改革方案的地区，契纸制度确实可能有助于政府掌握有关土地所有权信息。应该指出的是，这里再一次说明了，旨在阻止胥吏腐败的改革是行政性的，而不是结构性的。这种和其他程序性改革的成功，最终依赖于要颠覆自己利益的那些人的有效贯彻。

[100] 《清朝文献通考》卷三，《田赋三》，雍正十年；《宫中档》15538，彭维新、安修德，雍正九年九月二十九日。

[101] 原始的黄册是逐年并按照各个府所属州县开列的。“役蚀”是指胥吏任何形式的腐败。“包揽”仅指那些非衙门人员而从事包揽之人所为。由此看出，这并不意味着包揽在江苏的赋税问题中的作用相对就小。而且，书吏和衙役侵贪赋税的比例很高，很可能在于他们与官员和当地精英分子相勾结，盗取百姓所缴纳的钱粮，而他们接受贿赂，自己担当了全部的责任。

表 6-2　**康熙五十一年（1712）至雍正四年（1726）江苏省的积欠**　单位：两

	最初的积欠	最初粮户自认积欠	清查出的所有积欠	清查所确认责任			实际的民欠	民欠占积欠百分比(%)
				官侵	吏蚀	包揽		
苏州府	2 579 594	125 536	2 454 058	3 740	978 287	3 967	1 593 600	61.8
松江府	2 309 457	65 470	2 243 987	17 679	877 873	263 997	1 149 980	49.8
常州府	1 967 198	15 086	1 952 112	7 226	745 426	55 849	1 158 697	58.9
太仓府	1 844 148	64 700	1 779 448	—	1 026 719	—	817 429	44.3
镇江府	680 259	15 594	664 665	—	114 987	53 253	512 019	75.3
淮安府	376 034	1 315	374 719	—	310 903	26 934	38 197	10.2
江宁府	332 877	15 540	317 337	751	106 435	196	225 495	67.7
扬州府	154 031	2 047	151 984	—	89 411	47	64 573	41.9
通州	44 599	2 969	41 630	—	18 489	1 762	24 348	54.6
徐州	40 060	882	39 178	—	360	47	39 653	98.9
所有卫所	38 655	434	38 221	17	2 291	—	36 347	94.0
邳州	36 061	506	35 555	1 071	12 457	—	22 533	62.5
海州	26 978	3 510	23 468	—	5 928	—	21 050	78.0
总计	10 429 951	313 589	10 116 362	30 484	4 289 566	406 052	5 703 849	55.0

资料来源：《清查江苏各属康熙五十一年起至雍正四年积欠粮钱年款清欠数目文册》，雍正八年十一月二十一日，《内阁大库现存清代汉文黄册》，第 598 号。

254

失造成，其余是一些官员及属下和地方精英的腐败所致。我们不知道在这些归类于真正“欠赋”中该省富裕和有权势地主逃税所占的比例是多少。但是，在调查前，这类欠赋中仅有0.5%被纳税人所承认，这一事实很好地证实了江南税收的混乱状态。

弄清楚这些数字以及算清所开列的每一两的责任归属绝不是容易的事。即便是州县书吏的私人账册被没收并解密，地方官员和他们的属下承认了侵吞，协查官员仍旧不得不在许多地区实施挨家挨户的调查以验证他们所找出的问题。[102] 这些调查者偶尔还会遭受地方百姓的暴力。当官员被派往安徽一个指控为得到赋税的豁免而捏造旱涝灾害的地区时，“当地百姓”发生骚乱将他们赶走。[103] 一些抗议有可能是正当的。派往江南的一位钦差报告，冯景夏过分热衷于追查常州府的欠赋，这迫使书吏们承认本不存在的侵贪和包揽。海保的说法是，冯景夏甚至迫使百姓承认的欠赋已超过了他们最初应缴的赋税额，结果常州所征收的赋税超出原来亏短额约60 000两。不论海保对这一情况的记述是否准确，“该府百姓”很显然对这样的
255 清查不会高兴。当现任江苏巡抚尹继善视察常州府城时，一大群人围住他喊冤，巡抚在附近的一座寺庙里与心怀不满的纳税人代表见面后，人们的情绪平静下来并答应回家。[104]

官员也不得不与那些希望避免缴纳被认为是民欠而进行的抗议做斗争。清查结束之际，一位新任知县被派往上海县，通过查阅衙门簿册了解到，数个图的百姓仅缴纳了他们欠赋的10%～20%，许

---

[102] 《宫中档》8521，分查松江府钱粮王溯维，雍正八年四月十二日。

[103] 《宫中档》9684，安徽巡抚徐本，无具文时间（雍正时期）。

355 [104] 《宫中档》1976，海保，雍正九年六月初六日。

多人根本就没有缴纳任何赋税。这位知县两次差人催征，但两次当地人都发生骚乱。接着，这位知县指派甲首赵维臣协助抓捕抗税之人。不过，当他发现赵维臣也是长期欠赋之人，就将他抓捕。赵维臣的老妻恰好目睹丈夫被抓，又听说暴动的人群攻击知县的差人时，一时情急而自尽。不久，知县由衙役护卫着，巡查这一地区，遭遇了以赵维臣妻子的侄子们为首的一大帮人。他们一起向知县的随从扔掷石块并将知县逐出村镇，这至少暂时中止了向该地区人们征收欠赋。[105]

江西安福县知县亲赴上西乡征收旧欠时发生了同样的骚乱。知县返回县城，遭遇一群村民，他们围住县衙并开始殴打那些伴随知县巡查的衙役。暴动的头人抱怨，知县使用三个“自告奋勇”的恶棍前去强征赋税，这些歹徒，还有正规的衙役，对村民极尽朘削之能事。调查人员后来发现，这些人从前都是土匪，所使用的强征欠赋方法的确对当地百姓的滋扰过甚。即便如此，人们还是认为必须处置为首的奸民，因为他们未能通过向州县官的上司请愿以促成此事的和平解决。[106]

像这些公开的、多人参与的事例还是很少见的。更多的是不起眼的对于清查的抵制，然而这对调查人员的工作也造成了阻碍。一些居民期冀着在定罪之前偿清欠赋从而避免清查。这样的一个事例发生在安徽徽州府。[107] 不知何故，一群盐商自愿偿付县里仍未付清 *256*
的积欠 26 549 两，为首的是歙县人黄光德，声称这些都是由那些已

---

[105] 《宫中档》15489，署理苏州巡抚乔世臣，雍正十年正月二十八日。

[106] 《宫中档》15068，署理江西巡抚谢旻，雍正八年七月初八日。

[107] 《宫中档》17142，御史伊拉齐，雍正八年三月二十六日；《宫中档》14484，署理两江总督史贻直，雍正八年九月初七日。

经逃离本地或是绝户，或是老、少、妇、病的农村人口的欠赋，黄光德和他的同人请求盐运使转达他们的心愿，利用这次机会表达他们对皇帝仁慈的感激之情。省里督抚大员对他们的姿态极为怀疑，坚持认为即便盐商偿清了百姓的欠赋，彻底清查仍将进行，要弄清欠赋的来源和防止将来的不法行径及逃税的发生。而且，尽管商人已经提议用四年的时间偿还欠赋，但政府要求他们应遵守最初的两年清偿期限。面对来自安徽巡抚的压力，商人们同意在一年内缴清所有的款项。然而，在还款期限内，实际上只有 1 980 两缴送藩库。

在省里上层官僚争论是否应接受这一捐献的同时，人们发现前任歙县知县早已在他的衙门内立起了一通石碑，上面刻有盐商的名字以及他们发誓要捐献的赋税数目。在县里，无人不知商人们的此次善举。官员们面临两难选择。一方面，即便欠赋已由第三方支付，在歙县执行清查仍是他们的职责。另一方面，如果他们现在向该地区派遣一组协查官员，这将会引起公众的不安。尽管赋税还没有偿还，但对人们而言，这件事情已经完结。当地的人们会如何看待那些不但对信息感兴趣，而且也对更多榨取他们辛辛苦苦挣得的金钱感兴趣的政府代言人呢？为了避免造成这样的情势，即盐商看起来像是百姓的救世主，而政府官员却像是要吸干百姓最后一滴血的贪婪之徒，歙县的清查被取消了。

257 商人们是真心存有帮助穷苦老乡之意，还是希望隐匿他们自己的土地，可能永远无人知晓。政府在派遣清查队伍上很犹豫，担心会扰乱百姓，在决定派人之前至少进行了六个月的争论，这一切都揭示出他们对因调查而可能引起的暴力是多么敏感。我们现在能找到的极少事例，可能揭示出一种情况，即到了 18 世纪，民众无法辨别政府到底是在帮助他们，还是在压迫他们，这种情况普遍存在。

当“清册”做完后，清查官员开始忧虑，他们对于欠赋和侵贪的估计可能并不准确。原始的江南地丁钱粮簿册极为混乱，大量的调查工作依靠的是口头声明和从当地百姓那里得到的文契。由此产生的一个问题是，普通民众时常将他们的土地以士绅家庭的名字进行登记，政府希望对这种土地征收欠赋的运动一经开展，就可以知道谁是土地的真正主人。但是，江西布政使王纮甚至怀疑那些近来被作为证明土地实际编审的文契的真实性。这些弄虚作假可能来自士绅力图保护他们的包揽行径，或是出自普遍民众希望能得到当地豪强的保护而逃税。不论哪种情形，如果百姓没有前来并承认事实的话，政府就无法弄清事实。[108]

另一个阻碍对欠赋准确分类的情况，来自每一州县的赋税是由书吏把持的，他们是当地人并因其既得利益而要破坏清查。这些人的背景不一，一些人是士绅，一些人是普通人；一些人自己有相当多的土地，但60%～70%的书办是无地的。政府制定的条例规定，如果无地的书吏承认对欠赋负有责任，那么这些欠赋就必定划归侵贪，并且必须编制他们所盗窃的“图”的户主的名单，以证明那些被指控有欠赋的粮户是无辜的。如果有地的书吏承认欠赋，且他能证明没有从别的粮户盗取赋税，那么他的债务被划归为 258
民欠。[109]

考虑到虚假编审、包揽以及“产去粮存”的频繁发生，这样的

[108] 《宫中档》2824，江西布政使王纮，雍正十年六月初六日。清查在江西似乎比江苏、安徽结束得要晚，这可能因为在该省开始得也较晚。

[109] 《宫中档》8287，彭维新、安修德，雍正九年六月二十六日。皇帝在一道上谕中警告清查人员，任何侵贪的款项不能错误地归作民欠，由此促成了这些分类。

结论不易做出。在土地被典当的事例中，人们认为，原来的所有者仍旧负有纳税责任并将亏短的经费归入民欠。然而，如果一块土地已经出售，新的主人为了逃税或包揽，事先就阻止改变赋税编审，那么亏短的赋税就归入侵贪，这不只是一个语义学的问题。我们将会看到，这些赋税清偿进度完全依赖于清查官员对于它们的归类。而且，这些调查人员必须极小心对待他们所依靠的、用以纠正赋税编审错误的地方人员。如果调查落入了侵贪者的掌握之中，那就根本不可能判定谁是土地的真正主人。另一方面，如果清查官员热情过高，他们接受了大众对于无辜衙役和书吏的指控，同样会有风险。[110]

书吏也干预欠赋责任的判定工作。已有人发现通过将已缴赋税改为欠赋并伪造应负责任的纳税人的姓名和地点，他们中的一些人能够掩盖他们赋税征解的盗窃行径。使用这些所谓的毁坏印票即“宕票”的手段，就无法追查欠赋的源头，书吏也就成为无罪之人。[111] 在清查过程中，一些衙役对他们并没有侵贪的民欠宣称负有责任，实际上是寄希望于清查官员离去之后，他们将真正有罪者所缴纳的赋役据为已有。一无所有的衙役和他们的亲戚，甚至为了得到贿赂，承担了本该由那些失职的纳税者承受的惩罚。最终，真正的有罪之人从未被拘押过，赋税常常得不到偿还。[112]

当了解了清查官员要确定江苏十五年积累的、超过一千万两的欠赋责任所面临的问题时，就不会对他们的许多发现并非由他们专业的调查技术所致而感到奇怪了。所有亏短赋税的至少67%被归入

---

[110] [111] 《宫中档》8287，彭维新、安修德，雍正九年六月二十六日。

[112] 《宫中档》13320，总督、署理苏州巡抚高其倬，雍正十二年三月初六日。

侵贪，是因为一些人主动站出来并承认负有责任。如果对不法行为 259
的独立查证如此困难，那如何才能有效根除雍正皇帝所感觉到的挡在江南实施火耗归公改革之路上的弊病呢？

皇帝本不会被江南大员的忧虑触动，期望着清查已使江南的腐败得到了极大的改观。随着调查的结束，雍正皇帝下令将 100 000 两的正项钱粮储存在那些繁忙的府州县，为的是当发生紧急情况时便于支配。总督史贻直并未接受这一恩惠，认为江南利用内部的经费存储可以应对任何紧急情况。如果皇帝坚持这一慷慨做法，史贻直表示最好将这些存储在藩库，当出现情况时，江南极为便利的河运系统可以对之迅速调度。总督真正关心的是，如果经费存储在地方仓库，那么它将会被侵吞掉。即便执行严厉清查，史贻直也认为很难保证不发生腐败。如果经费存储于地方，当发生情况需用之时它们可能已搁置多年。同时，州县官将操纵簿册，盗用这些经费，而派往盘查这些存储的道员也会“扶同捏结”来掩盖缺失的经费。[113]真正用钱之时，将无钱可用。

总督并非谨慎过度。描述江南欠赋清查结果的有限资料揭示出，任何真正改变地方权力和赋税管理的变革都要失败，这最终注定了清查是一次徒劳的运动而已。在最初归于侵贪的 4 726 102 两之中，仅有 86 583 两约合 2%，在 1730 年之前得以偿还。[114] 随着清查的结束，从有罪官员那里清偿所盗取赋税的巨大努力不断地遭到阻挠。即便是抄没官员财产也未能保证亏短经费的偿还。主管官员的偏袒

[113] 《宫中档》14494，左副都御史、署理两江总督史贻直，雍正八年十二月初二日。

[114] 《清查江苏各属康熙五十一年至雍正四年积欠钱粮年款侵欠数目文册》，雍正八年十一月二十一日，见《内阁大库现存清代汉文黄册》，第 598 号。

往往高估了抄没物品，在一些物品的售卖中，可怜的存货和长时期的羁留使得它们实际上不值多少钱。在一些案件中，书吏和衙役偷
260 盗抄没物品，并以次换好。允许佃户继续耕种没收的土地直到它被售出为止，为的是利用他们向原来的主人缴纳的田租抵充欠赋。然而，佃户不履行职责的报告极为常见，必须要进行额外的调查，以判定佃户实际上从何时起就拒绝缴纳田租以及田租何时被负责的衙门人员所侵贪。[115] 直到1735年雍正皇帝去世，这些问题仍没有得到解决。

雍正十年（1732），雍正皇帝发布一道上谕，允许所有在江南清查过程中有欠赋责任之人以带征的形式向政府缴纳他们的债务。该年初，给所有发现有侵贪和包揽罪行的人十年时间以偿还他们的欠款。而另一方面，已证实是由普通纳税人不履行职责所造成的短缺将在二十年的时间内偿清。为激励诚实和为公的精神，任何缴纳了指定年份带征欠赋的人将被豁免来年的相同数量的税额。同样的原则也适用于那些犯有腐败罪行的人。[116]

这些规定特别宽大，人们认为粮户、官员、书吏、衙役遵守政府规定应该没有什么问题。然而，至雍正十二年（1734），在首个两年带征到期后，期内偿付的应缴赋税不足10%。这部分是由于州县官对此漠不关心，他们更为关心的是关乎他们官位升迁的现时赋税的征收。虽然如此，许多人尤其是衙役，利用户部的一项规定，即若有罪之人已死且没有财产，就可以免除偿付，结果，

[115] 《宫中档》20821，尹继善，雍正八年三月二十二日；《宫中档》20822，尹继善，雍正九年六月初六日；《宫中档》13324，苏州巡抚高其倬，雍正十三年三月初三日。

[116] 《清朝文献通考》卷三，《田赋三》，雍正十年上谕。

衙役病死报告的数量每县上升了110%。大多数是伪造的，朝廷一面下令严惩那些未能加强欠赋征收的州县官，一面下令对此严查。[117]

另一群抵制欠赋缴纳的是在外地主。人住在一个县，而他拥有的土地坐落在另一个县，这样的土地叫作寄庄田。[118] 这种地主能够继续抗税，是因为州县官员很难越境缉拿那些居住在其辖区以外 261
的欠赋的粮户头人。而且，这些抗税之人居住地的州县官员，常常拖延追捕，因为即便抓捕到了这些人也不会对自己的升迁带来什么机会。[119] 在这次清查成为人们回忆之后很久，这一问题继续存在着，可能是对那些考虑在遥远城镇中心居住的土地所有者的一个更深层次的诱因。[120]

甚至连清查的主要目的，即重组和整顿江南的赋税编审册，似乎也没有持久的效果。雍正皇帝去世后相关材料很少，来自江苏某县、时间为乾隆十八年（1753）的报告，指出了二十五年前所打击的问题的持续性。镇江府金坛知县的说法是，他每年负责大约72 000两的赋税额，尽管被划归为一个中等县，纳税人全额缴纳赋税也有着巨大的困难，乾隆元年至十三年，欠赋总数达244 100两，除了皇帝特别予以蠲免外，依然有未予偿还的，而且，尽管知县以及督抚做了最大的努力，但从乾隆十四年始又有15 800两的欠赋。造成这种令人震惊情况的一个主要原因，是土地和赋税编审册的不

---

[117] 《宫中档》13321，苏州巡抚高其倬，雍正十三年三月初三日。

[118] 寄户钱粮有时指这种土地上的赋税。

[119] 《宫中档》4794、掌江南道事监察御史朱士伋，雍正十二年八月二十五日。

[120] 参见《皇朝食货志·赋役十五》，乾隆四十八年，这里引用了一份山东布政使陆燿有关在外地主欠赋的奏折。

完备。[121]

江南清查过程中出现的问题并不是这三个省所独有的。伪造编审册、书吏弄虚作假、官员松懈以及彻头彻尾侵贪的例子在中国随处可见[122]，但这些问题对当地生活的影响都没有江南地区这样深刻。至少在这个世纪剩余的岁月中，其他省份的欠赋并未出现像对江苏省所产生的破坏性影响，以及对安徽和江西相对弱些的影响。但是不论18世纪初的改革如何帮助减轻地方和官员身上的财政压力，只要通信手段仍旧落后以及官员职责的重担使得任何人都不可能对他
262 的辖区“处处察看”的话，帝国政府建立合理化改革的能力总是要受到限制。

劣绅地痞攫取政府权威以及颠覆地方政府的问题并不是中国在19世纪和20世纪所独有，它深深植根于帝国的统治结构。扮演这些角色的特殊演员们可能发生了变化，他们操纵的权力可能已壮大，但是他们的存在必须视为传统中国政治晚期内在的根本矛盾之一。江南清查证明，清王朝既没有意识到这一问题，也不愿采取强有力

---

[121] 《宫中档》乾隆3797，江苏巡抚庄有恭，乾隆十八年五月十一日。直到嘉庆时期，江苏仍是亏空和欠赋最多的省份，参见《皇朝食货志·赋役二十》，嘉庆十八年上谕。

[122] 参见《宫中档》20564，候选知县王以曜，无具文时间（雍正时期），关于胥吏的腐败；《宫中档》5082，掌浙江道事、山西道监察御史汪继燝，雍正元年七月十二日，《宫中档》9135，湖北布政使徐鼎，雍正六年九月二十五日，关于衙役和书吏职位的承袭转让；《宫中档雍正朝奏折》，云南巡抚杨名时，雍正二年二月初四日；《宫中档》4987，浙江宁波府诸暨县知县张淑郿，无具文时间（雍正时期）；《宫中档》4977，礼部侍郎景日昣，无具文时间（雍正时期），关于广东需要编制最新的编审册；《宫中档》5548，掌陕西道监察御史白起图，雍正十三年十月十六日，关于直隶的士绅包揽；《宫中档》16495，湖南巡抚布兰泰，雍正五年八月初九日，关于湖南包揽；
356 《宫中档》12613，山西巡抚觉罗石麟、布政使蒋洞，雍正八年十一月初九日，关于山西的腐败。

的行动予以对抗。不进行社会的改革，对一个致力于改革的王朝来说，能够得到的仅有的工具就是官僚政治。官僚政治的方法在通货膨胀和别的因素开始腐蚀实施火耗归公改革所获得的利益之前，对于消除各省行政等级内部的腐败十分成功。然而在县级官僚以下，它仅意味着文牍的大量增加而已：如果在赋税征收中三联印票不足以制止腐败，可能四联印票可以做到；如果契尾不能保证土地交易的真实登记，可能契纸可以做到；如果州县官不能控制他们属下的侵贪，可能持有三套簿册以备互相核对可以做到。

在河南、直隶等北方省份，土地占有与使用情况相对简单，土地买卖不活跃，士绅控制人民的力量较弱，18 世纪阻止欠赋和亏空的方法出奇得有效。在南方，尤其是在江南，土地占有与使用情况复杂，个人土地规模小，土地交易极为活跃，有大量的在外地主，乡村士绅和胥吏间密切联系，这种复杂性使得任何官僚政治的解决之道都不可能奏效。没有一个极为庞大的、有能力取代非正式地方权力体系的官僚机构，任何王朝都不可能指望使用官僚政治的办法来解决地方争夺资源的问题。

乾隆皇帝不论是否认识到了这些问题，还是以传统的手段来树
立自己作为仁慈统治者的形象，他登极后最早的谕旨之一就是宣布 263
蠲免所有时间在十年以上的积欠和雍正十二年以及更早的所有民欠。[123] 同时，乾隆皇帝开启了对乃父在短暂却生机勃勃的雍正王朝煞费苦心所取得的改革成果的再检讨之路。如此一来，在政治上及社会各方面都对火耗归公改革构成了威胁。

---

[123] 《宫中档》5573，太仆寺卿蒋涟，雍正十三年十二月初九日。

第七章

前瞻：火耗归公改革的失败

264 即便是在专制主义的政体之下，也没有行政制度能恰如其分地按照设计它的人们所期望的那样发挥作用。来自精英内部和外部的反对，常常迫使设计者修正最初的想法，正如同激进的变革在面对为社会广泛认可的规范时必然要做出调整一样。除此之外，一个国家的经济、政治、社会和自然环境会发生变化，这是改革的创始者所始料不及的，甚至这些可能是改革自身的副产品。① 即便它们没有完全颠覆先前的变革，但对于一项制度，后来的统治者和管理者常常不再持有与他们的前任相同的看法，也不再对其原则有同样的信守。最后一点是，在一个社会政治体制内部，各种矛盾和缺陷令改革寸步难行，并和时间一道，销蚀了先前改革取得的成就。

① 前文已述，这样的过程在一条鞭法改革实施后发生过。由税收日益货币化引起的经济和财政管理的变化，与改革所要取代的、在更少合理性的体制之下相比，可能会产生更多的腐败。

随着雍正皇帝的去世，出于对儒家仁政原则的重新关注，实施了一些措施，这致使火耗归公到了 18 世纪末就已无法实行。然而，在中国，简单的传统哲学并未成为强大中央集权国家发展的障碍。在儒家轻徭薄赋以及爱护“子民”的训诫背后是更为根本 265
的清朝后期经济和社会的现实。

即便是在雍正朝，经济和社会条件的千差万别，造成各省在实施火耗归公时多种多样的变化。与欠赋和亏空相关的一些附加问题导致了针对官僚的大范围改革，以消除政府官员的不法行径，但是它未能解决书吏和衙役的中饱问题。而且，在外地主所有制和土地的集中，特别是在富庶的江南数省，开始对政府赋税征收能力形成新的威胁，而这些赋税是火耗归公改革成功的必要条件。

在 18 世纪中国经济中，农业部门占主导地位，国家必须依靠来自土地的收入。由于这种依赖，自然就会关心政府的需求不能超过人民的缴付能力。一方面，传统的轻徭薄赋论调的再度出现反映出政府和地方精英为农村的生产而展开争夺，但它也显示出这样一种意识，即清王朝统治人口的增长将减少中国正在增长的人均收入。

要使火耗归公继续发挥震慑腐败以及使政府更大程度地参与地方经济发展的作用，必须做两件事。必须保护地方对火耗收入管理的自治，以确保经费的征收和分配的灵活性。同样重要的是，地方政府必须有能力提高收入水平，以满足随着经济和人口的增长必然带来的政府服务开支的增长。在雍正以后，这两个条件都不复存在。通信技术的落后以及征收农业赋税所遭遇到的种种困难驱使官僚要控制地方公费的支出。同时，担心提高赋税将引发不稳定甚至是大众的反抗，也限制了地方政府合法收入的提高。

乾隆时期对于火耗归公的修正不是刻意要毁掉改革，但对改革
266 的破坏恰好就是它们所带来的后果。到了乾隆末年，地方官恪尽职守甚至比五十年前更为困难，而腐败成为统一的中国政府生存的绝对威胁。

一、乾隆初年关于火耗归公的争论

与宋朝的王安石变法不同，雍正时期的改革并没有造成官僚集团的极端分化，雍正皇帝去世后并没有将以他的名义进行的改革彻底颠覆。部分原因归结于废除丞相所带来的"内阁政治"的衰落。尽管雍正皇帝努力使人相信他统治时期改革的实施是顺应"基层"的要求，但在皇帝之外，政策的形成并没有一个明确的讨论场所，因此任何对于火耗归公改革的直接攻击看起来都是针对皇帝本人的。考虑到清朝太监、皇室成员以及中央各部院大臣都受到极大抑制，情况更是如此。此外，雍正皇帝过早去世，他创立的不会带来争议的任命皇位继承人方法，排除了围绕皇位继承的派别之争，而这曾使得康熙皇帝在他的统治晚年心力交瘁。雍正皇帝对奏折制度的精妙运用以及大员的简任制度确保了大多数掌权的官员支持他的改革并忠心耿耿地执行改革达十年以上。其中许多官员在乾隆继承皇位二十年后仍然身居津要。

然而反对火耗归公者大有人在。

在新皇登极后最初的数月内向他进言的大员并不少见，接受这样的忠告是新统治者愿意广开"言路"并以圣明姿态统治的一个标

志。随着雍正皇帝的去世，很多奏折上报乾隆皇帝，尽管有一些确实对于纯洁政府问题提出了特别建议②，但它们大多只是要求提升 267
官员操守的老套说辞，其中有一些是关于火耗问题的。

尽管看起来没有人大胆建议立即废除雍正改革，但是许多具奏人公开地批评火耗改革的一些方面。旧有的火耗合法化将导致新的、超过火耗额的非法加派的说法再起，咄咄逼人。③ 即便勉强承认火耗作为公费和养廉的来源是必需的，改革的批评者仍坚持这仅仅应视作权宜之计。他们声称，即便是雍正皇帝也发过誓言，当亏空弥补清楚和库储丰盈之时，火耗将逐渐地减少乃至最后禁止。直到这时，人们强烈要求新皇帝减少火耗征收，只要满足养廉和公费的最小需求即可。如此一来，即便是那些想侵贪的人也无从置喙，并且所有人都知道火耗只能减少而绝不能增加。

这些上折人对政府的本质有一些基本的认识。首先，他们的全部争论反映的是在一个静止社会里的信念。许王猷是以传统的善政之道作为他奏折的开始。确保国库丰盈，首先是确保人民生计的丰盈，而确保百姓生计丰盈在于轻徭薄赋，用许王猷的话说就是：“天地生财止有此数，不在官则在民。”④ 他认为一文钱不作为赋税上缴

---

② 在这些取消编制财政簿册腐败的建议中，有的呼吁官员应在他们的职位上有更长的任期，以对辖区有更全面的了解；并建议要求那些已被豁免赋税的地主，也要向他们的佃农收取更低的田租，使佃农一体享有恩惠。参见《宫中档》5550，御史福敏，雍正十三年十月二十六日；《宫中档》5543，御史蒋炳，雍正十三年十月初十日；《宫中档》5555，工科给事中杨安，雍正十三年十月二十四日。

③ 参见《宫中档》5627，御史薛韫，雍正十三年十一月十九日；《宫中档》5634，御史鹿迈祖，雍正十三年十一月十三日；《宫中档》5008，大理寺少卿于广，无具文时间（雍正时期）；《宫中档》5599，詹事府少詹事许王猷，雍正十三年十一月二十日。

④ 《宫中档》5599，詹事府少詹事许王猷，雍正十三年十一月二十日。

政府，就是为普通百姓造福的一文钱。

这种信念与地方行政的无为思想密切相关。作为京官，这些人对于公共服务的真正需求没有什么了解，他们似乎也认识不到这些可能给百姓带来的好处。有给事中后来甚至建议减少火耗使其等同于养廉，他的理论是，任何用于地方开支的经费应从正项的存留部分支用。⑤

最后要说的是，尽管火耗归公的批评者承认改革在消除官员的
268 腐败上具有效果，但他们仍对地方官员极不信任。在他们看来，州县官总是寻找新的方法剥削人民。此外，他们认为在贪婪的官僚眼中，火耗归公这种加派形式合法化的结果就是使所有加派的合法化。

值得注意的是，大多数奏折都显示出对改革某种程度的无知，尤其是关于改革是如何出台的。其中包括一些细小的错误，比如认为倡议改革之时，田文镜已是河南巡抚。⑥ 而其他的错误则严重得多，比如说，雍正皇帝即刻令所有州县官将火耗直接解送布政使⑦，或说，朝廷赞同在各地迅速并统一实施改革⑧。似乎没有人认识到，长期的酝酿和适应过程才使改革达到了今天这样的状态。这些和其他一些错误观念，无疑更容易在体制内倡导变化，这将从根本上改变改革最初的意图。

在这些奏折的大多数送达乾隆皇帝时，他还在服丧期，它们主要是由大学士处理。在大多数情况下，官员的善意只是被简单地以“无

---

⑤ 《朱批奏折·财政·经费》，舒赫德，乾隆二年十二月二十一日。如前所述的，存留的地丁钱粮不足以满足地方管理的开支，是实施火耗归公改革的主要原因之一。假如舒赫德的建议付诸实施，会即刻导致非正式财政体系的翻盘。

⑥ 《宫中档》5599，詹事府少詹事许王猷，雍正十三年十一月二十日。

⑦ 《宫中档》5634，御史鹿迈祖，雍正十三年十一月十三日。

⑧ 《宫中档》5599，詹事府少詹事许王猷，雍正十三年十一月二十日。

庸议”予以否决，这几个字是用墨笔书写，表明这一决定并非皇帝做出*。然而，至少有两份要求降低火耗的奏折，朝廷感觉到需要详尽的讨论。它们一致认为，百姓将从火耗征收的减少中获益，但也关心消除了这一加派，州县官的养廉就没有了来源。大学士没有同意降低火耗的要求，但确实建议皇帝发布一道措辞强硬的上谕，斥责超出法定额度的盘剥并且认可具奏人的火耗只能减少而绝不能增加的提议。⑨

乾隆皇帝自己对于火耗的看法模棱两可。一开始，他努力向臣
民表明要效仿乃祖康熙皇帝，做仁慈君主。许多人认为他豁免积欠
是对于雍正朝后半期实施的严猛清查的批判。⑩ 乾隆皇帝也取消了
对于火耗收入的清查，这清查是雍正皇帝去世前不久制定的。⑪ 同 269
时，他听取了大学士的意见，发布了一道禁止以后增加火耗的上
谕。⑫ 数省遵循了新的统治精神，降低了火耗征收率。⑬ 四川火耗
率为 25%，是帝国中最高的，降到了 15%，与贵州、甘肃持平。⑭

---

* 皇帝在服丧期用墨笔批答奏折，是正常之举，作者理解有误。——译者

⑨ 《宫中档》20419，内阁议覆，无具文时间（雍正时期）。此奏折是对许王猷、谢旻所提建议的答复。

⑩ 《大清高宗纯皇帝实录》卷一七，乾隆元年四月庚辰。

⑪ 《大清高宗纯皇帝实录》卷一〇九，乾隆五年正月乙丑。

⑫ 皇帝关于火耗的部分上谕可以在王庆云《石渠余纪》中找到，见该书卷三，
302～303 页；《大清高宗纯皇帝实录》卷七，雍正十三年十一月癸亥。我找到的最完 357
整版本是《彰德府志》，见该书卷一，53～55 页。

⑬ 在江南采取这一措施是因为随着火耗归公改革的实施，这里的火耗率实际上已被提高。因为这一地区的税率已是帝国中最高的，因此人们认为火耗负担对纳税人不公平。《宫中档》20419，内阁议覆，无具文时间（雍正时期）。

⑭ 《朱批奏折·财政·地丁》，署理苏州巡抚王士俊，乾隆元年十一月初六日；《朱批奏折·财政·地丁》，川陕总督刘於义，乾隆元年六月二十四日；《朱批奏折·财政·地丁》，贵州总督张广泗，乾隆四年三月十五日。

然而，两年以后，皇帝同意所有的省份以平余的形式增加它们的公费，平余是最初向部解送钱粮时的一小笔加派。⑮ 这一做法的采纳，是承认地方政府正承受着公费预算的短缺。

在整个统治最初几年，乾隆皇帝从未质疑过乃父的改革对于打击各省腐败的重要性，也没有支持那些奏请废除火耗之人。即便如此，他在火耗问题上为数不多的声明反映出他基本上同情对火耗归公的批评，即各省对于新创立的地方经费制度处置不当。

即便是不能彻底清除火耗归公，它的诋毁者至少可以游说，对地方财政进行更为严格的监督。这使人想到在雍正时期，火耗的收支完全听命于各省政府。除了 1730 年的一道上谕要求户部通过养廉额的调整外，没有要求各省向中央上报任何火耗事宜。这种经费的存储、审查以及递解和分配的办法，完全由各省督抚以及布政使掌握，尽管在皇帝督促之下，大多数省份已采纳了将火耗直接提解布政使的做法。允许地方政府在处理它们自己的收入上拥有前所未有的自由，目的是同意地方财政有足够的灵活性以适应地方的需要和变动的财政状况。

不相信地方官员能公正地管理他们自己的财政，这种担心甚至在雍正皇帝去世之前就出现了。1735 年，福建布政使张廷枚发现他的前任账目上有一笔 87 000 两的差错，这促使张廷枚提议对
270 存储于藩库的所有公费和养廉进行奏销。⑯ 结果，雍正皇帝同意对所有火耗展开清查，这一命令后来被乾隆皇帝取消。然而，雍正

---

⑮ 《大清高宗纯皇帝实录》卷一九，乾隆五年正月乙丑；《朱批奏折・财政・地丁》，安庆巡抚陈大受，乾隆五年三月十一日。这里的平余大概是指用以弥补解往户部赋税银两成色不足的费用。

⑯ 《宫中档》3406，福建布政使张廷枚，雍正十三年闰四月二十七日。

皇帝未同意张廷枚的第二个请求，即各省将每年的公费和养廉编制簿册，与每年正项钱粮奏销册一起送往户部进行核销，这将会极大破坏改革提供给各省的财政自治。

雍正皇帝尸骨未寒，各种意在强化对地方财政控制的措施纷纷出台。首先是对火耗征收整齐划一。雍正时期，官员已成功地固定火耗征收率并降低了现存的习惯性加派的水平，但是火耗征收占正项钱粮的比率，各省之间以及部分省份内部仍不一致。例如在直隶，数个州县根本不征收火耗，而其他的州县火耗征收率为5%～16%，这取决于正项钱粮的多少及百姓的缴付能力。⑰ 户部承认地方条件的差异造成了各省不可能一致。然而，御史杨嗣璟上折，建议各省内部的火耗率应该相同，这样方便中央政府对于地方财政的监督并且使得操纵征收率、牺牲粮户利益更为困难。⑱

各省迅速地抵制了对它们财政事务的干预。在那些火耗率已经统一的省份，这种提议被斥为对省财政自由支配原则的恶毒侵害。一些火耗率确实不一样的省份官员则主张，地方状况各异，统一是不可能的。⑲ 这一提议最终失败了⑳，但是某种统一的标准对于预防帝国将近两千名地方管理者的腐败是必需的，这种观念继续拥有许多拥护者。

在此问题上经过了四年的沉寂后，新皇帝以对火耗归公改革政

---

⑰ 《朱批奏折·财政·经费》，直隶总督李卫，乾隆元年十二月初三日。

⑱ 《朱批奏折·财政·地丁》，山西巡抚觉罗石麟，乾隆元年八月初四日。

⑲ 参见《朱批奏折·财政·经费》，直隶总督李卫，乾隆元年十二月初三日；《朱批奏折·财政·地丁》，山西巡抚觉罗石麟，乾隆元年八月初四日；《朱批奏折·财政·经费》，贵州总督张广泗；乾隆二年二月初十日；《朱批奏折·财政·地丁》，两广总督鄂弥达，乾隆元年十二月二十八日；《朱批奏折·财政·地丁》，署理湖广总督史贻直，乾隆元年十一月初六日。

⑳ 十年后，仍有官员奏请有必要征收统一的火耗额。参见《朱批奏折·财政·地丁》，河南按察使王丕烈，乾隆十年十月初一日。

策的重要声明开启了他的第五个统治年头。[21] 声明开头哀叹大小官
271 僚缺少廉洁，这与中国王朝统治史上数以百计的皇帝表示不满的谕旨并无不同。这道上谕含有的不寻常的事实是，乾隆皇帝第一次将火耗和其他从法律上和通行做法上都是中央政府独有财产的其他形式赋税相提并论。雍正时期，人们在论及与火耗有关的税收腐败时，总是认为这是火耗与正项钱粮和杂税不同所带来的后果。至此，乾隆皇帝已经实现了总有一天火耗将与正项同等对待的预言的第一步。

此并非无心之举，乾隆皇帝的目的是对以前的改革予以革新，对于这些革新的实施，就需要比乃父的时代更为中央集权。尽管乾隆皇帝承认火耗归公在将官员从财政困境中解脱以及使百姓摆脱赋税重担方面很成功，但他也对许多官员继续沉湎于过度、不必要的开销大为光火，为了整饬地方收入的管理不善及滥支，他下令户部全面重新评估地方政府的财政运作。

要完成这一任务，就要求巡抚和总督评估他们辖区内每一笔开支，并厘定章程。一经户部同意，这些支出款项将作为一种预算，地方每年的收支将与此进行比较。每一位官员的养廉也将以此种方式加以对待，尽管分配数目会依官员在任时间和是否署理这个官缺的情况有所变化。[22] 依靠这些数字，巡抚和总督将决定哪些官员耽

---

[21] 《大清高宗纯皇帝实录》卷一〇九，乾隆五年正月乙丑。

[22] 雍正时规定：署理一个以上职位的官员只能拿所署理职位的一半养廉。这一决定背后的假设是，尽管官员要求额外的经费以维持第二个衙门的运转以及额外属员的开销，但不需要用于生活部分的支出，这已由头一个职位的养廉所支付。剩余的养廉归还藩库，向所有官员提供公费。参见《宫中档》17130，刑部侍郎、署理陕西巡抚张保，雍正五年九月二十五日；《宫中档》16467，山东布政使费金吾，雍正七年六月初八日；《宫中档》13095，四川巡抚宪德，雍正八年三月二十日；《宫中档》0686，岳锺琪、西琳，雍正六年五月初七日。

搁了经费的征解或是超出了法定的火耗支付数目。每年年终，省里将提交地方收入节余、已支以及亏欠的清册，供户部核销。[23]

按这种做法，皇帝授户部全权对各省火耗的开支进行核销，这与对于正项钱粮的或准或驳一样。同时，这道上谕要求将开支分类， 272
并为每一项公费开支设定合理的数额，这极大地限制了地方政府官员改变省里的款项以适应变化的财政需求的权力。火耗归公的批评者对地方官员不信任，以及对火耗合法化将产生新的加派的关注，使他们赞同加强中央政府对于各省的收入和支出的监督。皇帝对他们的这种担心也表示赞同。但始料不及的是，正是强化对于各省收入更为严厉的控制，可能产生他们本来想要反对的结果。我们将会看到，户部对于火耗全面核查的结果，极大阻碍了地方财政平稳运行，确实使得火耗看起来等同于正项。

火耗管理方法上的改变未能使最坚定的雍正改革的诋毁者平息下来，一个关键的问题依然没有解决。火耗的合法化征收和提解藩库的做法是否遵循了人们所接受的传统善政的信条呢？对于忠诚的官员和普通民众来说，它是可怕的苦难之源吗？这一问题似乎长久萦绕在总是关注自己的明君形象的新皇帝心头。最终，在1742年初，乾隆皇帝决定通过将是否继续实施火耗归公作为贡士们殿试题目的一个部分，将此公之于众，进行讨论。

在给士子所出的试题中，乾隆皇帝公开地表明自己对于父亲改革评价的游移不定[24]，主要的原因是火耗归公改革可能与古人之道不符。乾隆皇帝引经据典，承认轻徭与薄赋作为统治者对人民的仁

[23] 《大清高宗纯皇帝实录》卷一〇九，乾隆五年正月乙丑。

[24] 《大清高宗纯皇帝实录》卷一六四，乾隆七年四月庚寅。

爱表现的重要性。清朝没有力役之征，因此绝不会侵犯头一个即轻徭的要求，但是乾隆皇帝疑虑：将正项钱粮之外的火耗合法化是否构成对后者即薄赋的侵害呢？如果它在古代不存在，那今天何以能被宽恕？另一方面，它仅仅是近来才置于官方的监督之下，那我们怎样才能知道它在圣贤的时代就不存在呢？在走出了最初的两难困
273 境后，乾隆皇帝转向了由分析仁政的经典表述所带来的现实问题：目前的财政政策会对政府和人民产生怎样的影响？

乾隆皇帝很快反驳了改革的反对者所声称的，雍正皇帝利用行政手段制止腐败是他作为皇帝无法激励官员操守的结果。㉕ 不容易反驳的是谴责火耗的征收构成了加赋，这不仅是对古人反对重赋的亵渎，而且也是对 1710 年康熙皇帝永不加赋承诺的践踏。违背先人至高无上的仁慈法令，正是这个帝国不再纯洁的标志。即便如此，总是存在着这样的可能，即那些改革恰好是王朝提高百姓的生活必须做的事情，而正在叫嚷的批评事实上是那些希望通过使火耗回归个人加派状态以从中捞取好处的人做的勾当。

正是这种混乱，促使皇帝将火耗归公的命运问题交给殿试的士子们。身为有品望之人，他们最近才从地方抵京，能够判断改革是对百姓有利还是有害，他们可能帮助皇帝下决心是否要改变法律。

看起来乾隆皇帝征求对火耗意见的愿望是真诚的。在殿试的开场白中，他要求士子们坦诚相告，不用担心因表达了与众不同的意见而受到惩罚。在同一天所发的另一道上谕里，他指示大学士鄂尔泰和张廷玉，令阅卷官特别关注答卷中有关火耗的部分。凡是提出

---

358 ㉕ 当然，这种批评的依据是儒家为政之道在于人治而不在于法治的古训。

有实施价值建议的作者将被选出，获得陛见的荣耀。[26] 此外，另有单独的命令下达给九卿、翰林、科道和各省督抚，要求他们分析雍正皇帝的改革。[27]

然而，乾隆皇帝在火耗归公问题上的犹豫不决，可能在于他对改革利益的质疑要低于被人视作与雍正皇帝一样的残暴和不义的统治者的担心。他是否真的寻求对火耗利弊的公开讨论，还是希望下 274
令继续改革，可能只是做些微调而已？与乃父不同，乾隆皇帝不愿大张旗鼓地向“舆论”挑战。雍正皇帝从未利用古代的先例或是帝国整齐划一为借口来提出公共政策问题。可能乾隆皇帝正考虑要废除改革，但如果是这样，我们如何解释当他看到所期盼的意见之时的出奇愤怒呢？从乾隆七年四月十六日的上谕可知，没有一份答卷认真思考了眼前的这件事。一些试卷东拉西扯，全然与火耗无关。那些提到改革的人似乎也对它懵懂无知，即便有所建议，用乾隆皇帝的话说，也是万难见诸实行。总之，乾隆皇帝认为他们的回答是愚蠢的和毫无见地的。

不可能如同乾隆皇帝让我们相信的那样，全部的答卷都是空洞无物或远离主题的。他上谕的大部分内容更强调官员需要遵守法律，特别警告那些“陈奏纷纭”、质疑政体的官员。他说，这些官员本应受到惩罚，但是因为这些奏折是响应号召建言的上谕而上奏的，因此他格外施恩。然而，这类举动以后会被视为“妄言”而受到惩处。[28] 这种痛恨本不该针对提出其他无关事情的官员，但乾隆皇帝的确提到了利用这一时机要求开捐的官员和另一位提出铸币建议的

[26] 《寄信档》，乾隆七年四月初一日。

[27] [28] 《大清高宗纯皇帝实录》卷一六五，乾隆七年四月乙巳。

官员。然而，尽管原始的奏折已不复存在，但皇帝打击“妄言者”，尤其是他对那些怀疑政体的官员的严正告诫，显示出相当一部分官员没有对火耗归公的改善提出建议，反而径直要求将它废除。

谭行义的奏折证实了这一点。仅在皇帝号召官员和士子们协助他决定改革的命运提出两个月之后，他就上了这份奏折。谭行义提
275 出，现在火耗归公的反对者很多，并将他们分为两类：赞成将它作为一项公共的加派彻底废除的“归民”派，赞成州县官保留它而不必向藩库提解的“归官”派。[29]

数年后，御史赵青藜上奏，揭示论辩两方所提论点的本质，并对双方进行了驳斥。[30] 归民，实际上意味着火耗，不论是作为公共的还是私人的加派，都将不再征收。这可以称为纯化论论者的观点(purist view)，因为所有的人都会同意火耗起源于一种非法的、一开始就不应征收的加派。赵青藜承认从道德的观点来看这种立场是正确的，并且如果贯彻实施的话，有很多的好处。但“格于时势”，终不可行。现在，利用火耗，政府的支出和每位官员的养廉有了稳定的收入来源。他希望，皇帝不要忘记这一事实，并从国家和社会的长远福祉予以考虑，而不是试图迎合当前的舆论。

那些赞成火耗归官的人并不是要将火耗全部废除，只是希望它回到私人征收的状态，由州县官员自己征收并使用，这是改革之前就已存在的方式。对于这种方法，有人主张，官员仅仅征收他们所需要的火耗并根据需要对火耗率有所通融。很显然，归官派与散布归公就是加赋思想的是同一群人。但是，令赵青藜困惑不解的是，

---

[29] 《朱批奏折·财政·地丁》，谭行义，乾隆七年六月二十二日。

[30] 赵青藜：《耗羡请仍归公疏》。

既然没有外部规章制度的制约，这种方法如何能保证民众缴纳的火耗不会增加。

赵青藜在四个方面对归官派予以回击。首先，如果火耗定额被取消，州县官有权自主征收火耗，那么没有什么能保证将来的州县官不会对百姓重新进行无节制的剥削。其次，如果火耗归于州县官，它将再次变成他们的私人财产。当地方公务增多，他们将不得不向人民进一步加派以弥补已经用于他们个人花销的经费。大小官员因 276
需用经费将回到彼此庇护的做法上来，从而不可能对地方财政进行核查。再次，如果一个人赞成火耗归于州县官，那么这个人也就同意回到向上司呈送规礼以及伴随这种陋规的偏袒和行贿的老路上。最后，赵青藜指出，火耗归公有着再分配的作用，如果州县官持有他们的火耗，那么在税额高的地区就有所剩余，而在那些赋税低的地区，执行公务就有很大的困难。

除了对于那些愚蠢的回复意见表示愤慨外，乾隆皇帝数月都没有对耗羡问题采取任何行动，可能是让人们知道他对先前的回答表示失望，并正等待进一步的讨论。《皇朝经世文编》收录了数份为改革辩护的奏折，它们可能是这第二批回应的一部分，因为这年底大学士上奏说“舆论”压倒性地站在赞成保留改革的一边，正如同这些奏折所表述的一样。[31] 概括而言，它们要表达的是：(1) 火耗并不是雍正朝的一项发明或产物；(2) 对于百姓的赋税负担，火耗归公没有增加而是有所降低；(3) 火耗作为地方政府收入的来源不可或缺；(4) 不存在火耗合法化将导致火耗被视为正项的危险，从而

㉛ 《大清高宗纯皇帝实录》卷一七八，乾隆七年十一月乙丑。

会刺激额外加派。[32]

这些论点并不新鲜，但是它们表达的方式却凸显了更为激进的改革赞成派与保守的反对者之间的不同。考虑到帝制晚期火耗的推广与经济货币化和多样化之间的联系，那些寻求禁止征收火耗的人与那些著述中充斥着对中国古代农业怀旧情愫的人常常是同一类人，就不足为奇了。在土地被划分成井田[33]的年代，每个人都心满意足地从事耕作，不需要争论什么讨厌的东西诸如火耗的优缺点，人们的生活也不会受到不平等的土地分配的威胁。至少有一位改革的拥护者曾恰如其分地指出，这一无差别的农业天堂从未存在过，既不是天堂的消逝，也不是强征火耗应对中国大众的困境负责，现在所
277 需要的是努力提高农业生产力并认识到，正是勤奋和辛勤劳作可以带来经济的繁荣，而不论人们占有多少土地以及与土地的关系如何。事实上，继续实施火耗归公有助于增进大众的福祉。分散开来，火耗只不过是成百万的个体纳税者口袋里的一些不能增殖的铜板而已；但集中在仓库，作为一种收入，它对于公共事业和其他有益于大众的项目的意义则是不可估量的。[34]

乾隆七年（1742）十一月，内阁宣布了对于火耗问题的裁决。[35]应征意见从帝国四面八方纷至沓来，一致的看法是火耗归公保持不变。据大学士们讲，他们收到的一两个不同的意见表明它们没有认

---

[32] 钱陈群：《条陈耗羡疏》；孙嘉淦：《办理耗羡疏》；彭端淑：《耗羡私议》。

[33] 井田制是一种国家管制的土地分配方法，土地分割成九块，人们耕种中心以外的私田，并共同为他们的统治者耕种中间的公田。这一制度据说源于周朝，在以后的诸王朝常常被寻求在全体百姓间分配土地的改革者所引用。在传统的政治经济中，土地是物阜民丰的关键。

[34] 彭端淑：《耗羡私议》。

[35] 《大清高宗纯皇帝实录》卷一七八，乾隆七年十一月乙丑。

清形势，并未理解“量入为出”的需求。最终要保留火耗归公，是承认了没有别的政策可以解决地方和省里正规经费紧迫的需要。那些反对它的人所持的正义是于时无补的过时想法。

此次内阁并未对火耗归公给出详尽的解释。然而，它确实阐明了一个由改革的支持者提出的问题。几位具奏人认为，户部对于火耗收入的强行检查背离了雍正皇帝的初衷，其中，特别是孙嘉淦，指出现在管理火耗归公分配的日益严厉的章程将破坏改革在消除地方腐败上已有的全部成效。㊱ 未经户部批准的开支仍将不得不加以弥补，不论是通过克扣属下，还是底层的官员向百姓征收附加税。已过世的雍正皇帝坚决抵制任何取消地方对火耗经费处置权的提议，并非没有理由。内阁认为户部对地方财政全面督察无力，在运用权威极力阻止地方官员行动自由上同样如此。然而，他们最为关心的仍然是对地方官员道德的不信任。每年对各省火耗簿册进行奏销是他们能够真正控制侵贪和养廉及公费过分支出的唯一办法。

在听取了内阁的意见后，乾隆皇帝发布了自己对于火耗归公前途的声明。他也得出结论，认为改革对于国家及其人民的管理来说绝对必需。在评说了改革的历史和改革对于地方财政的重要性之后，乾隆皇帝更试图回答批评者对于他父亲最具有争议的政策指责，他的腔调几乎就是一位受到了伤害的父亲向他忘恩负义的孩子在倾诉。 278

乾隆皇帝首先使臣民相信，火耗归公是怜爱人民和保持统治秩序的愿望的产物，它并不像有些人所认为的，是专为了增加中央政府的收入。若国家同意地方政府向自己的人民榨取资源，它是不会从中受益的。乾隆皇帝接下来说道，事实上，在整个帝国仅有两三

㊱ 孙嘉淦：《办理耗羡疏》。

个省份，它们征收的火耗可以满足省里和地方的全部开支；在其余省份，中央拨付正项以弥补那些不足。乾隆皇帝沉痛地说，这一点官员和百姓并未完全意识到。

乾隆皇帝向官僚论及自己在此事上的犹豫和思考的痛苦，特别是他怀疑，那些赞同火耗"归官"的人实际上意在满足他们个人的贪欲。乾隆皇帝以劝诫所有官员廉洁作为结尾，再一次表示，对火耗归公坚信不疑。改变现有章程不仅会使人们贪心，而且更为糟糕的是，它将取消已去世的雍正皇帝对于人民的仁慈和对于官员教导的遗产。对于火耗归公来说，前途似乎得到了保证。但是那将是怎样的前途呢？为了更好地理解雍正皇帝遗产的命运，我们必须考察火耗归公在接下来的一百年间的实际运作情况以及政府政策和外部环境对它产生了怎样的影响。

二、乾隆时期的火耗归公

表面上，乾隆朝前半期的财政情况给人留下了深刻印象。在最
279 初的争论之后，火耗归公成为地方财政日常管理的一部分，一些省份的火耗盈余似乎在这个世纪后半叶都消失不见了，对于这种情况，也没有很清晰的解释模式。随机抽取这些年份的财政资料，可以看出，支出后的全部库存随着收成、国家的赋税蠲免以及特殊省份紧急情况的费用支出的不同而变动极大。即便如此，在那些有资料保存下来的省份，火耗存储报告呈现出的是一派繁荣景象（参见表7-1），尽管中央政府的帑银可能没有改革初期丰盈。[37]

---

[37] 在为庆祝乾隆皇帝母亲九旬万寿恩免赋税时，宣布户部银库存银超过7 000万两。《皇朝食货志》，乾隆四十二年。（应是乾隆母亲八旬万寿。——译者）

养廉额大体与雍正时期持平。为新增设的官缺提供养廉[38]，一些有限的材料也证明，一些官员因职责的增加也相应地增加了养廉银。乾隆六年规定，河南的州县佐贰官员如果在正常职责之外还要监督河工，就要给予额外的养廉。[39] 当浙江某一区域加强防务时，也会提升该地武职官员的养廉。[40] 在湖南，对一些官员的养廉也进行了调整，尽可能与他们官缺事务的繁简相一致。[41]

乾隆时期，在处理养廉问题上有一重大的革新。对于官员腐败，一个经常提及的原因是从京师到各省上任时的路费。许多官员仅仅因为没有这笔经费就被迫向京师的高利贷者借贷。这些贷款，名为京贷，利息一般为20%～30%，且预先从本金中扣除。[42] 而官员抵任之后，还债压力就成为盗用公共经费的强大动力。[43]

承认官员能从火耗归公改革中获得充裕经费，这也势必要求人们关注上述问题。在雍正时期，有几个建议提出要取消这一腐败之源，但直到乾隆朝也没有采取什么行动以减轻新任官员的压力。乾隆十四年（1749），给事中葛峻起上奏，请求严惩那些向私人贷款之人，同时对那些通过这种向官员预借款项而谋利的人处以同样的惩

---

[38] 参见《宫中档》乾隆5814，河南巡抚蒋炳，乾隆十九年二月初九日；《宫中档》乾隆2549，署理河南巡抚范时绶，乾隆十七年九月二十四日；《大清高宗纯皇帝实录》卷七一，乾隆三年六月丙未。

[39] 《大清高宗纯皇帝实录》卷一四八，乾隆六年八月乙巳。

[40] 《宫中档》乾隆2927，浙江巡抚觉罗雅尔哈善，乾隆十七年十一月二十一日。

[41] 《宫中档》乾隆2549，署理河南巡抚范时绶，乾隆十七年九月二十四日。

[42] 佐伯富：《雍正朝的养廉银研究》，155页。佐伯富引用了顾炎武《日知录》对此的论述。

[43] 《宫中档》21201，翰林院侍读学士陈邦彦，无具文时间（雍正时期）。

280 **表7-1　乾隆时期一些省份火耗存储额**　单位：两

	乾隆二十年	乾隆三十八年、四十一年或四十二年
直隶	175 158	55 363
山西	357 118	347 340
陕西	180 486	168 876[c]
河南	379 098	506 918
山东	263 966	179 798
湖北	322 311	76 876
湖南	25[a]	
江苏	362 396	160 372
江西		260 060
广东	148 924	273 590
广西	9 308	45 279
贵州	582 725	525 185
云南	408 572	235 135
四川	154 548[b]	

注：[a] 只有乾隆十九年的数据。
[b] 只有乾隆二十一年的数据。
[c] 只有乾隆四十三年的数据。

资料来源：《宫中档》乾隆9425，河南巡抚蒋炳，乾隆二十年五月二十四日；《宫中档》乾隆9317，广西巡抚卫哲治，乾隆二十年五月十三日；《宫中档》乾隆9598，直隶总督方观承，乾隆二十年五月二十九日；《宫中档》乾隆9594，贵州巡抚定长，乾隆二十年五月二十九日；《宫中档》乾隆9475，广东巡抚鹤年，乾隆二十年五月二十八日；《宫中档》乾隆9457，云南巡抚爱必达，乾隆二十年五月二十六日；《宫中档》乾隆9981，江苏巡抚庄有恭，乾隆二十年七月十三日；《宫中档》乾隆6824，湖南巡抚胡宝瑔，乾隆十九年五月二十九日；《宫中档》乾隆10075，署理陕西巡抚台柱，乾隆二十年七月二十五日；《宫中档》乾隆12200，四川总督开泰，乾隆二十一年六月二十二日；《宫中档》乾隆9482，山西巡抚恒文，乾隆二十年五月二十九日；《宫中档》乾隆9761，山东巡抚郭一裕，乾隆二十年六月二十二日；《宫中档》乾隆38423，陕西巡抚富纲，乾隆四十四年五月初一日；《宫中档》乾隆35091，江西巡抚郝硕，乾隆四十三年五月二十九日；《宫中档》乾隆35121，湖北巡抚陈辉祖，乾隆四十三年六月初三日；《宫中档》乾隆28934，云南巡抚李湖，乾隆三十九年五月二十七日；《宫中档》乾隆28999，河南巡抚何煟，乾隆三十九年六月初八日；《宫中档》乾隆28951，广西巡抚熊学鹏，乾隆三十九年六月初二日；《宫中档》乾隆31408，山东巡抚国泰，乾隆四十二年五月初九日；《宫中档》乾隆31598，山西巡抚觉罗巴延三，乾隆四十二年五月二十六日；《宫中档》乾隆31630，直隶总督周元理，乾隆四十二年五月三十日；《宫中档》乾隆31629，江苏巡抚杨魁，乾隆四十二年五月二十九日；《宫中档》乾隆31588，广东巡抚李质颖，乾隆四十二年五月二十六日。

罚。然而，乾隆皇帝同情这些官员，认为他们求助于高利贷者只是因为他们身处窘境。乾隆皇帝并没有一并剥夺他们的借贷之路，提出可以从政府借贷。只有那些在京的月选官员才有资格得到这样的资助，布政使和按察使要通过特别的程序进行遴选，而微员不需要 281
到京师拣选，因此都被排除在外，所有其他的人都可以从他们的养廉中得到一笔预借款，根据他们的职位高低和任官距离京师的远近来计算（参见表7-2）。[44] 一旦官员抵达新任，提前支取的养廉将分四次缴还，如果官员的养廉银少于或刚好等于贷款额，则可以分六次带征归还。[45]

事情总是如此，旨在制止腐败的规定发生了变化，若干年后就产生新的弊端。起先的规定是，如果官员不能向户部偿还他的借款，那么责任将落到全省所有的官员身上。[46] 许多官员使用了这些贷款而未予归还，因此乾隆二十七年（1762）皇帝不得不下令将这项规定废止。不久又重新实施，然而，有着更为严格的偿还规定，阻止那些捐纳和未能偿还以前的养廉预借款的人得到这些经费。[47]

另一项革新，最早出现在雍正朝，是对公费款项进行营运生息。雍正时期皇帝决定赏赐正项钱粮给数省的军队。这些经费，称为生息银，给予商人营运，一般是盐商或是典当商。所获利息供给士兵，资助他们的婚丧嫁娶等。本金自身不能动用，这为全国士兵的福利提供

---

[44] 佐伯富：《雍正朝的养廉银研究》，156页。

[45] 佐伯富：《雍正朝的养廉银研究》，157～158页。

[46] 《大清会典事例》卷二六三，官员预借养廉路费，乾隆十四年。

[47] 佐伯富：《雍正朝的养廉银研究》，159～161页。

了一项永久性的资助。[48] 雍正十三年，皇帝赏赐江西官员1 000两用以开办一所书院，他们就将这种筹措经费的方法扩展到了民间。按传统的做法，这种赏赐将被投资于土地，土地的田租用于资助书院和在读学子。虽然照此行事，但是来自田租的收入不足以提供书院的全部开支。省里的官员没有使用当前的公费弥补年复一年的亏缺，而是决定从省库里拨一大笔贷款并将它有息贷给盐商和典当商，利息就用于资助书院及逐渐偿付从省里借来的本金。[49]

282 **表7-2　　官员路费预借养廉额　　单位：两**

	云南	贵州	湖南、甘肃、福建、广西、广东、四川	陕西、江苏、安徽、湖北、江西	山东、山西、奉天、湖南	直隶
道、府	1 000	900	800	700	500	300
州、县	600	500	500	300	200	150
同知、通判	400	350	300	250	150	100
州同、州判	200	150	120	100	80	60
在部领佐杂官	60	50	40	40	40	30

资料来源：佐伯富《清代雍正朝的养廉银研究》，157页。

283 其他省份也使用这种地方开支融资的现代方法。当中央政府取消了以前作为江苏巡抚衙门收入补充的陋规供应时，有胆识的官员决定对保存在省库的陋规进行营运生息，利息可以用于支付将来出

---

⑱ 《宫中档》4114，广州副都统毛克明，雍正十一年八月二十八日；《宫中档》19678，福州将军阿尔赛，雍正九年十一月二十日；《宫中档》5513，湖广提督岳超龙，雍正十年四月二十八日；《宫中档》2452，广西提督张应宗，雍正九年十一月初
359 一日；《宫中档》4621，西安布政使杨馝，雍正十二年六月初八日；《宫中档》4234，江西南赣总兵李涟，雍正十一年十一月初九日。

⑲ 《宫中档》3475，江西布政使刁承祖，雍正十三年六月初六日。

现的开支。[50] 湖南采取了同样的做法，每年产生额外的 9 000 两白银以备地方公共开支紧急之需。[51] 甚至内务府也将来自盐业的盈余收入交给盐商营运生息，为皇帝的赏赐和其他开支提供经费。[52] 这一切明白无误地表明，创造财富的商业形式在 18 世纪中国的官僚圈内已完全被接受。这一时期经济普遍繁荣，财政制度稳定，对于早期近代欧洲和日本来说，各级政府正从私人商业组织大规模地借贷，而在中国，政府自身仍旧是这块土地上最大的流动资本的来源。[53]

然而，千万不能夸大这一种财政制度的繁荣状况。在 18 世纪末，腐败的迹象已经开始显现，问题的部分原因可以直接追溯至火耗制度自身的演变。在乾隆皇帝统治时，雍正改革的首要原则之一，即各省对于火耗收入的自由支配权遭到破坏。与正项不同，火耗收入来源于一省，它是该省独有的财产，我们已经看到，雍正皇帝反对任何将火耗用于国家或是一省之外的军事目的或是资助他省的主张。然而，乾隆统治初期，他开创了先例，即中央政府将火耗收入在省与省之间协拨并最终将之纳入国库。

在乾隆朝最初几年，上谕蠲免了直隶、安徽和江苏的大部分正项钱粮。这些蠲免是为了减轻那些受自然灾害影响的粮户的负担，因此这些赋税之上的火耗也被免除，结果，三个省面临着官员养廉及公费银的短缺。为了解决省里的财政困难，直隶布政使上折，奏

---

[50] 《朱批奏折·财政·经费》，江苏巡抚张渠，乾隆四年六月二十四日。

[51] 《朱批奏折·财政·经费》，湖南巡抚蒋溥，乾隆九年二月二十八日。

[52] 《议奏档》，乾隆十五年十一月二十五日。感谢白彬菊惠示此材料。

[53] 这对于中国资本主义发展可能产生的影响，为比较经济史研究提供了一个令人感兴趣的视点。然而，在一些事例中，为生息而投资也是削弱传统经费安排的一个标志，江苏的情况就很明显。

请将河南400 000两火耗盈余中的100 000两拨付以帮助直隶。乾隆皇帝不仅同意了这一请求，而且令户部决定河南资助江苏和安徽的
284 盈余数目。乾隆皇帝知道他正破坏着一项重要的规则，但是感觉到作为权宜之计，他有理由这样做。毕竟，这仍然是使用帝国百姓的财富以帮助帝国的百姓。[54]

不久以后，这种“权宜之计”就变成了通行的做法。乾隆十六年（1751），皇帝下令山东、山西以及河南将它们部分的火耗盈余送往直隶以资助该省修建城垣。[55] 第二年发现湖北和安徽的省库有大量的火耗和杂税盈余后，命两省巡抚计算他们能拿出多少以资助其他省份。[56] 我们不知道安徽拿出了多少，但接下来的几年，湖北从它的火耗收入中拿出150 000两协拨他省。[57] 乾隆二十三年（1758），这一做法被正式确定下来。户部在分析各省提交的火耗章程后，认为13个省的火耗足已自给，贵州、湖南和甘肃的火耗收入无法自给。为补充它们不足用的库藏，河南、山东和山西，这些有着火耗盈余的省份，得到指令每年要拿出6 000两来帮助它们的穷邻居。[58] 其他临时性的协拨，比如嘉庆十七年（1812）因受灾蠲免赋税耗尽了安徽的火耗存储，就从河南和江苏协拨了150 000两火耗[59]，这种临时性的火耗协拨贯穿着清王朝，尽管我们看不到

---

[54] 《大清高宗纯皇帝实录》卷九三，乾隆四年五月乙丑；《朱批奏折·财政·田赋》，安徽巡抚孙国玺，乾隆四年五月十五日。

[55] 《宫中档》乾隆515，直隶总督方观承，乾隆十六年九月初九日。河南送去150 000两，山东和山西各捐助100 000两。

[56] 《宫中档》乾隆1552，湖北巡抚恒文，乾隆十七年四月二十四日。

[57] 《宫中档》乾隆1927，湖北巡抚恒文，乾隆十七年五月二十九日；《宫中档》乾隆9501，湖北巡抚张若震，乾隆二十年五月二十九日。

[58] 《大清会典事例》卷一七〇，耗羡动支，乾隆二十三年。

[59] 《大清会典事例》卷一七〇，耗羡动支，嘉庆十七年。

记载。

这样一来，中央政府没有以慢性亏短的形式增加各省财政基础的负担，而是选择了利用现有的经费水平。各省所记录的盈余已不再代表着一个缓冲器，以应付该省变化着的需求。更为重要的是这样的事实，即各省将不再能够依据它们觉得合适的数量来扩大他们的盈余，一些仓库有着巨额的盈余，而同时官员也开始面临亏短。

这种吊诡产生的原因是户部对各省收支的强制督查。这种督查不仅是给予户部以核销和拒绝各省火耗开支的权力，也涉及建立支出章程，其中所有的收入和开支被划分为固定的类别，而每一类拨付经费的数目都是预先制定的。将所有的开支分为有定项和无定项时有一些灵活性。[60] 无定项的火耗经费就是“随时动用之项”，是指该项有着自由支配的经费，可以做不可预见的支出。[61] 另外，一些省份也有叫“现款”的项目，尽管数目很小，但出现紧急情况时可以自由支配。[62] 这些经费实际上的来源不是火耗，而是来自出售仓米和没收财物所获的利润。[63] 各省火耗章程中的有定项也分为有定数和无定数两类。后者包括的款项如囚犯的衣食和用钱，这些每年都有变化。事先拨款，额度高于该项五年的平均数字。[64] 285

从一开始就应预料到困难的存在。各省对财政需求的认识与户

---

[60] 参见《宫中档》乾隆 9475，广东巡抚鹤年，乾隆二十年五月二十八日；《宫中档》乾隆 31629，江苏巡抚杨魁，乾隆四十二年五月二十九日；《大清会典事例》卷一七〇，耗羡动支，乾隆二十三年。

[61] 《大清会典事例》卷一七〇，耗羡动支，乾隆三十三年。

[62] 参见《宫中档》乾隆 2567，河南巡抚蒋炳，乾隆十七年九月二十六日。

[63] 《大清会典事例》卷一七〇，耗羡动支，乾隆五年。

[64] 《大清会典事例》卷一七〇，耗羡动支，乾隆三十三年。

部想法间存在着巨大的差异，以至于户部花费了将近十年的时间通过了乾隆五年（1740）下令编纂的所有耗羡章程。[65] 一旦实施这些章程，若一项开支没有包括在章程之内，那么官员就必须上报户部请求同意拨款，未得到户部的同意而对章程内没有的项目拨款，将遭到弹劾。[66] 因为许多这种类型的开支都是紧急事情，官员常常没有时间走完上面所描述的烦琐程序。这种情况下，即便开支是合法的，相关官员也要为动用经费承担赔偿责任。[67]

在确定的章程之外被认可的开支称为常例外应行动用之项。一些包括在常例外应行动用之项的款项证实了耗羡章程的僵化。在河南，为新近创设的两个官缺拨付养廉被认为是“常例之外”。[68] 在一些省份，用于弥补送往京师货物的部价与市价间差价的额外经费也
286 被归于“常例之外”，并且不得不年复一年地具折上奏。[69] 有份请求在直隶耗羡章程之外支出的奏折，生动地表现了征求户部同意支出的多样性和小数额，这些支出包括密云县两条河流上卫兵工食银48

---

[65] 《大清会典事例》卷一七〇，耗羡动支，乾隆二十三年。户部驳回各省耗羡章程并责令修改了许多次，直到乾隆十五年（1750）才通过了全部最终的方案。

[66] 《大清会典事例》卷一七〇，耗羡动支，乾隆三十三年。

[67] 硕色在河南巡抚任上就出现过这种事情。乾隆十三年（1748）初，他发现部拨经费不足以购置贡物，就从省库闲款借支1 000两。该年晚些时候，出现了紧急公务，没有足够的时间请示部里拨款，硕色从闲款又借支1 000两。这位巡抚，尽管改任了云贵总督，在乾隆十七年（1752）时还在偿还这些款项。《宫中档》乾隆2567，河南巡抚蒋炳，乾隆十七年九月二十六日。

360 [68] 《宫中档》5814，河南巡抚蒋炳，乾隆十九年二月初九日。

[69] 参见《宫中档》乾隆163，安徽巡抚张师载，乾隆十六年七月二十一日；《宫中档》乾隆2063，直隶巡抚方观承，乾隆十七年七月十四日。同样的程序也适用于山西囚犯衣食等。《宫中档》乾隆232，山西巡抚阿思哈，乾隆十六年七月二十八日。

两、水手工食银105两，赏赐给两名节妇的官方津贴银12两。[70] 这种请求不断增多的一个原因是，一旦制定了这些方案，就不会考虑新的开支或是因通货膨胀及其他外部因素引起的财政需求变化而对之加以修订。

向户部请求开支不能确保全都批准，即便是合法的开支。广东巡抚鹤年面临的困境可能不是特例。广东省负责为京师购置白蜡。然而，部价定为三钱，比市价少六钱五分三厘。另外，这一价格还不包括运输费用和部里人员的饭食银。在雍正时期，差价由省里的火耗加以弥补。而此时，当巡抚将此上报户部请求从火耗中为这一无定项支出进行额外拨款时，户部予以否决，原因是额外的数目超过了部价两倍之多，这定是不实的计算，他们下令巡抚减少他的数字。鹤年再一次试图解释如此巨大差异的原因，但终属徒劳，户部将他的题本驳回，同时令他重新核对数字。[71]

结果，在户部的强制核查之下，不仅有关处置火耗的文牍大量增加，而且因“错误处置”火耗收入遭受处罚或是弹劾的危险也大大增加了。从这一点看，处置火耗成为官员晋升的一个标准[72]，因此许多在处理地方财政时富有创造性和革新精神的官员反而遭到处分，也就不足为奇了。

尽管乾隆十五年制定的原始章程都没有保存下来，但是我们很

---

⑳ 《宫中档》乾隆2063，直隶巡抚方观承，乾隆十七年七月十四日。

㉑ 《宫中档》乾隆6612，广东巡抚鹤年，乾隆十九年五月初三日。这位巡抚说，价高的原因在于广东并不生产白蜡，必须到江西购买，而那里的价格在上涨。尽管从购买地的官员那里拿到了具结并从江西巡抚处得到了没有多报价格的保证，但户部仍然推延了核销。万般无奈之下，鹤年向皇帝求助，但不清楚是否使户部不再坚持。

㉒ 《钦定户部则例》卷九，《田赋三·钱粮考成》。

幸运地看到一份保留至今的户部于光绪年间（1875—1907）编制的耗羡簿册。[73] 这份材料解释了雍正皇帝去世后强加给地方财政的僵
287 化的核销制度。这似乎是乾隆初制定的章程的复本，对以后各朝细微的变化都有注解。[74] 很显然，直到清末，在火耗的分配上面对满足政府日益增长的开支，或是同意地方上有新的开支类型方面，没有什么重大的调整。

特殊年份的预算的确存在着变化。这些是通过开支的分门别类等加以实现的，比如“支出多于（或少于）定额之款项”和“不可预见支出”。对于前一种情况的考察证实，在所有开列此项的省份里，减少的固定支出远远超过了额外增加的部分。例如在河南，最初的有定项拨款中减少了 9 000 多两，同时新增经费只有 2 300 多两。更令人吃惊的是湖南的情况，那里 26 143.2 两从乾隆时的定额中减去，大多是因为养廉的大幅度减少，而同时新增的固定支出只有 205 两，这些几乎都是部费和公务人员的盘费。

在“不可预见支出”项下，我们希望能找到那些火耗作为地方收入在其中起到至关重要的项目——赈济、工程、水利等。事实上，这种情况只是偶尔一见。大部分随时动用之款包括那些因某种原因而导致上下浮动的日常开支，这些包括囚犯衣食、盘费和运输费用、部分养廉的分配，以及很少见的情况，如供应牺牲、抓捕罪犯等方面补充性的地方开销。而且这份簿册所开列的四个省份中，只有河南和浙江有专门的公费用于下属单位。我们只能设想，别的地方政

---

[73] 《光绪二十七年分耗羡银两册》，见《内阁大库现存清代汉文黄册》，第 942 号。这似乎是此门类黄册仅存的一件，它仅包括河南、浙江、湖南、安徽。

[74] 人们对比此黄册“公费”项下开列的种类，很显然可以看出这一点。

府也许又一次被迫着或是依靠非正式的经费模式，或是极大限制非正式经费在地方事务中的作用。

章程条文中没有提及的最后一种经费类别，出现在数个省份簿册的结尾部分。补给之款是在以前的年份中应划拨而未划拨的款项，其中大量是养廉银。养廉银的缺乏必定会给有关官员带来困难。这 288
一类经费没有划拨的原因，可能是簿册中明显的高火耗拖欠。预算的开支常常超出每年的收入，并且任何一年的征收总是包括一定数量的过去应缴赋税。无能力征收全额地丁钱粮在清王朝的后半段成为一个日益严重的问题，严重地阻碍了火耗归公改革的效果。[75]

通过火耗在省与省之间的协拨和制定僵化的支出章程，中央政府证明了它的观点，即省级财政需求基本上是永恒不变的。前一种情况下，乾隆时期朝廷没有扩大政府服务以及它对地方社会的贡献——如同雍正皇帝所做的一样——而是坚持认为，在支付养廉和公费后，任何的盈余都是多余的。后一种情况下，朝廷确定的章程可能适应了乾隆十五年的最低需求，但未能适应经济、人口和行政需求的变化。这些方案不是不断修订的预算或是原则，而是章程。为了应对僵化，一些官员敷衍了事，仅满足于遵循这些章程，以逃避行政处分。其他一些人，我们将会看到，更是改变或是避开这些规定，并寄希望于不被抓住。

其他的几个因素从反面影响了火耗归公的功效。不论什么灾害，只要皇帝发布蠲免正项钱粮的上谕，那么作为这些赋税一定比率的

---

[75] 在一些省，养廉通常只是按州县官能够征收赋税数目的比例发给。参见《朱批奏折·财政·经费》，查郎阿、刘於义，乾隆元年九月初六日，奏报甘肃的情况；《朱批奏折·财政·经费》，福建巡抚卢焯，乾隆元年正月十八日。

火耗也就被免掉了。那些不只是依靠田赋获得收入的省份还有“缓冲器”，可以在饥馑年份维持地方运转。相比较而言，那些收入大多数从火耗而来的省份常常没有经费支付养廉和公费。很显然，这就是为什么在雍正时期河南巡抚田文镜所主张的，将大批火耗存留在各省藩库的原因。假设某年某省未征收火耗，那么该省仍可以支配
289 过去积累的火耗盈余支付该年的开支，这恰恰是乾隆十六年（1751）发生在直隶和陕西的事情。[76] 然而，如果某省的资源匮乏，或是一次灾荒时间超过了一年，那么该省就没有什么资源可以支付地方和省里的开支和薪俸，上面已解释过，政府通过将火耗在省与省之间协拨来解决这一问题。不幸的是，这将耗尽援助省份的库储且极易使其面对邻近穷省所面临的相同问题。

这些问题特别严重，以致有偿付能力的省份如河南，到了乾隆末年也面临着极大的困难。[77] 河南连年歉收，正项都征收不上来，结果，不得不划拨省库的火耗经费支付河工的人夫和物料费用，而这些平时本应由正项钱粮支付。沿河州县也每两加派 69 文，以偿付工程的开支。然而，乾隆四十三年（1778）年以后，黄河沿岸地区发生涝灾，需要太多的紧急修建，这一小笔费用提至每两 3 钱。要说省里火耗储备还很丰富，那必被视作骗人之举。旱涝时节，它们很快被消耗掉，而且，它们常常是些不能动用的款项，因为有严格的条文禁止将特定用途的火耗挪作他用。结果，到了 18 世纪后期，为了公共开支而强行加派，再一次变得司空见惯。

---

[76] 《宫中档》乾隆 956，直隶总督方观承，乾隆十六年十二月十二日；《宫中档》乾隆 3273，陕西巡抚锺音，乾隆十六年二月十八日。

[77] 《皇朝食货志·赋役十五》，乾隆五十一年。

乾隆时期地方财政面临的另一个问题是征税以供皇帝出巡。康熙时期，出巡的主要负担自然是由省里承担，它们利用的是敲诈百姓而来的“捐助”。雍正朝，在新的经费制度之下并未出现支付皇帝出巡的问题，因为皇帝几乎没有离开过京师。比较起来，乾隆皇帝以南巡而闻名，这样做表面上是为取悦他的母亲。这种巡游的开支只能落在皇帝和皇太后游历的那些省份头上，江南地区的开支尤巨。为了准备一次南巡，命令下达给江苏巡抚庄有恭，要求修缮好皇帝路经的所有桥梁道路。尽管恳求商人捐输，让他们负责皇帝一行的参观景点并予以款待，但省里的公费也要用于此目的。这次经核准的花销总 *290* 计 568 351 两，其中 149 796 两来自省库中的正项收入，其余的来自商人的捐输（150 000 两）以及闲款与罚金（268 555 两），这些本可以用于该省自身的开支。[78]

尽管中央政府对于火耗支出控制严格，但是火耗归公的一个关键因素多次改动，以致它可能完全失去了效果。到了雍正朝结束的时候，大多数省份已实行火耗直接提解布政使，进行养廉和公费的再分配。但是在乾隆三年（1738），户部下发咨文，令各省允许州县扣除州县官及以下官员的养廉，他们不必前往省城从布政使处领取他们的廉俸。[79] 乾隆四十八年（1783），在山东布政使陆燿的请求下，这一规定又改了过来。[80] 陆燿报告说，新规定只要求将正项钱粮送达省库。州县官自己的火耗以及购买谷物的经费储存在他们自己的仓库里，结果州县官任意侵蚀这些款项，地方政府的亏空

---

⑱ 《宫中档》乾隆 4230，江苏巡抚庄有恭，乾隆十八年七月十三日。

⑲ 《大清高宗纯皇帝实录》卷六五，乾隆三年三月辛巳。贵州并没有遵旨行事，因为来自火耗的收入仅能解决每位官员的一小部分养廉和公费。

⑳ 《皇朝食货志·赋役十五》，乾隆四十八年。

再度增加，而这正是火耗提解布政使，即所谓归公所要防止出现的问题。即便如此，提解与不提解间的游移似乎还在继续，《苏州府志》里的一篇文章指出，道光五年（1825）之前，所有州县官及以下官员的养廉在县上就被扣除了，从那以后，要求州县官直接从布政使处领取他们应得的火耗份额，但是微员的支付仍然是就地解决。[81]

具有讽刺意味的是，可能正是最贫穷省份的改革还保持着它们最质朴的形式，因为在那里，作为补充的商业收入和火耗归公的再分配机制发挥着最重要的作用。广西和贵州的督抚们强烈反对州县官扣除火耗，理由是在他们省内几乎没有州县可以征收到足够多的、
291 支付所有的行政开支的火耗。户部也曾希望解决这一问题，令贫穷的州县官直接从富裕一些的邻近州县官那里获得额外的津贴，但这是一种只能增加腐败和财政投机的制度，因为在西南的多山地区，落后的交通条件经常造成前往省城要比去距离较近的邻县更为容易。[82] 更重要的事实是，在广西和贵州，只有通过额外的关税收入才可能满足地方所需的经费。在广西，平均说来，直接扣除火耗只能提供一位州县官养廉额的20%，更不用说有结余以供地方行政的其他支出。[83] 因此，要求整齐划一再一次与中国各异的地方情形相冲突。

---

[81] 《苏州府志》卷十五，《田赋四》。

[82] 在火耗收入超过了当地养廉和公费的地区，往来于多山地区的困难正是同意州县官们扣除他们自己养廉的原因。参见《朱批奏折·财政·经费》，署理四川巡抚王士俊，乾隆元年七月初四日。

[83] 《朱批奏折·财政·经费》，贵州巡抚杨超曾，乾隆三年九月十六日；《朱批奏折·财政·经费》，贵州总督张广泗，乾隆三年三月十五日。

整齐划一占据优势的，是一些不断努力寻找到新的收入来源以满足不断上涨的行政开支的省份。一些省份承受着中央政府不断要求降低火耗率的痛苦。[84] 江苏不仅要降低火耗率，而且因为诸如免除浮粮和减少白粮等仁政措施，火耗收入损失了 100 000 两。[85] 当中央政府取消广东对军屯大米的额外加派[86]或将省内的平余宣布为非法加派[87]时，这些作为该省收入的补充来源就会失去。上述经费有时通过其他途径得到抵补，但当中央政府增设新的行政区，却没有为它们的经费提供新的来源时，极少有省份能够应付因此而增加的开支。

这种情况在西南最为严重，18 世纪时，这里在从前的荒地和土著地区建立了许多新的府州县。将火耗率降到 15%和取消商业税的税耗，造成贵州在乾隆初年就面临 23 418 两的经费短缺。大部分短缺来自必须支付给边地新设官员的养廉和公费。[88] 在湖南，增设了永顺府，它下属 4 个县官员的养廉，一年花去省里 4 000 两。有一些年份，这些银两由关税盈余支付，但在 1734 年，关税盈余转变为正

---

[84] 《朱批奏折・财政・地丁》，署理甘肃巡抚刘於义，乾隆元年六月二十四日；《朱批奏折・财政・地丁》，署理四川巡抚王士俊，乾隆元年十一月初六日；《朱批奏折・财政・经费》，贵州总督张广泗，乾隆四年三月十五日。19 世纪火耗征收率的细 361
目参见《钦定户部则例・耗羡定额》。

[85] 《朱批奏折・财政・经费》，两江总督那苏图、江苏巡抚杨永斌，乾隆三年五月二十四日。

[86] 《朱批奏折・财政・经费》，两广总督鄂尔泰、广东巡抚王謩，乾隆三年九月十二日。

[87] 在一些省，当州县打开他们的税柜之后，可以积攒一些零星的银两，作为正项钱粮的一小部分，通常约是 3%。这种"余平"表面上用于支付书吏和衙役的工食银。参见《朱批奏折・财政・经费》，安徽巡抚赵国麟，无具文时间。四川更有一笔用于同样目的的可观收入，达到正项钱粮的 6%。这在乾隆年间被宣布为非法。参见《朱批奏折・财政・经费》，四川巡抚杨馝，乾隆三年正月二十八日。

[88] 《朱批奏折・财政・经费》，贵州总督张广泗，乾隆四年三月十五日。

292 项钱粮并解送中央。下一年另外一个府和驿盐道也要求新添养廉。至 1744 年，已“挪移”了 40 000 余两用以弥补官僚机构重组所带来的越来越多的短缺。[89] 甚至那些长久以来一直是经济中心的省份，像江苏，因为增设了新的府州县，也感觉到了财政的压力。[90]

然而，地方官员不得不应对的最困难问题，却是国家政策间接的副产品。当 18 世纪后半期米价和人口明显上升之时，对于地方官僚来说，以固定的薪俸和僵化的地方经费制度去应对，似乎没有什么比这更为困难。

地方开销上涨的一个明显的指示器，是送往京师的采买地方物品所需的款项。户部为各省的采买设定了可以动用的正项钱粮比率。清初，如前文所介绍过的，地方官员经常通过市价采买而获利，它通常要比部价便宜。然而，到了乾隆初期，许多省份发现别说有所盈余，就是采买的部价也已不敷使用。相反，现在变成了需要从省里的火耗划拨额外款项，以弥补这些物品部价和市价间的价差。[91]

早在乾隆十年（1745），御史柴潮生就曾上奏，关注政府财政有限的运作空间问题。[92] 柴潮生承认财政困难总是困扰着政府，但他声称，过去的解决之道在于节约，可以通过裁减冗兵和冗官以及消

---

[89] 《朱批奏折·财政·经费》，湖南巡抚蒋溥，乾隆九年二月二十八日。

[90] 《朱批奏折·财政·经费》，两广总督那苏图、江苏巡抚杨永斌，乾隆三年五月二十四日。

[91] 整个乾隆时期，有许多事例，官员请求同意使用火耗弥补贡物部价与市价间的价差。这里只是一些例子：《宫中档》乾隆 163，安徽巡抚张师载，乾隆十六年七月二十一日；《宫中档》乾隆 118，江苏巡抚王师，乾隆十六年七月十三日；《宫中档》乾隆 882，两江总督尹继善，乾隆十六年二月初三日。这样的补充经费拨款常常达到数千两。

[92] 《皇清奏议》，掌浙江道事山西道监察御史柴潮生，乾隆十年。

除政府浪费来实现。但现在朝廷既没有冗官也没有靡费，而且，使用一切可能的办法从百姓那里榨取盈余。直到明朝后期，也仅期望官员征收赋税额的80％～90％，但到了张居正时代，足额征收赋税成为官员升迁的标准。现在，省里不仅对赋税少有存留，而且，293
他们自己也以地丁钱粮火耗、关税盈余以及盐课溢额的形式捞取所有可能的收入，然而，可以支配、用以管理国家的数额几乎不敷使用。他担心，将来的支出肯定超过收入，因此现在必须开源节流。

对于这个问题，柴潮生提出了几种解决方法。首先是在东北地区屯田，提供给那些无事可做、背井离乡之人。其次，政府应该向绿营发放数年的薪水并将之遣散。最后，他提议，捐监应该放开，由此而来的收入可以补充公费。柴潮生也认为户部对于各省火耗管理过严，会引起官员担心自己有所作为而造成簿册的驳回并影响升迁，从而阻碍了地方财政运行和主动性。至于这些对于经济带来的影响，他指出在广东还有大量的土地未被开垦，陕西的水利已经恶化到从古迄今闻所未闻的程度，而且，尽管湖广的稻米生产对于供应东南市场至关重要，但在湖广地区湖堤却被人忽略。所有这些工程本应由地方官员使用公费维护，但因官员的畏惧加之经费短缺，他们并没有做。此外，柴潮生声称，分配给官员的养廉也不足，只够提供私人幕宾和长随的薪金、招待费用以及车马、烛炭的开支。没有任何剩余，官员很难开展任何有益于农业、养蚕和百姓教育等的项目。

柴潮生可能夸大了乾隆初期官员正在承受的财政紧张状况，但是官员和士绅对过去的回忆却清楚地显示出通货膨胀、米价的上涨。

贵州道御史孙灏在奏折中，反对政府从市场上大量地采买大米，因为这种做法造成了米价上涨。他展现了一幅东南地方百姓困苦生活的生动画卷。他回忆说，在他的家乡浙江，数十年前，一石米仅值
294 八钱[93]，现在米价翻番，每石需银一两五钱至一两八钱，一个原因是人口增长，而土地并未有相应的增长，另一个原因是 18 世纪初困扰着中国的严重的铜钱短缺。[94]

后来的作者证实了 18 世纪持续的严重通货膨胀趋势。在写于乾隆五十七年（1792）的著作中，汪辉祖说道，一斗米在一百八十文到三百一十文间浮动。而他回忆说，他十多岁的时候（乾隆十年前后），每斗米的价格只有九十文到一百文，偶尔米价上涨到一百二十文，每一个人都会因价格腾贵而震惊。乾隆十三年（1748）后，米价涨至一百六十文，饥馑已不稀见。但是最近十年左右，即便是每斗二百文也被认为很便宜了。[95]

对江南的米价问题，钱泳也提供了相同的证言。他说，雍正和乾隆早期，每升米，也就是十分之一斗，大约是十文。然而，乾隆二十年（1755）因遭受蝗灾，苏州、松江、常州、镇江的米价涨至三十五六文，数不清的百姓饥饿而死。即便是经过数年的正常收成后，米价也稳定在十四五文。在乾隆五十年（1785），因遭遇严重的旱灾，米价升至难以置信的五十六七文。此后，即便是丰产，米价

---

[93] 《皇清奏议》，兼管山东道事贵州道监察御史孙灏，乾隆四年。

[94] 陈昭南：《雍正乾隆年间的银钱比价变动》。也见《宫中档》乾隆 6207，江西巡抚范时绶，乾隆十九年四月十一日；《大清高宗纯皇帝实录》卷一五一，乾隆六年九月己卯，对于钱贵的讨论。

[95] 汪辉祖：《病榻梦痕录》，乾隆五十七年，引自陈昭南：《雍正乾隆年间的银钱比价变动》，58 页。

也从来没有低过二十七文，有时上涨至三十四五文，这已是雍正时期通行米价的三倍多。[96]

钱泳也注意到了土地价格的变化。[97] 他的记述说，顺治朝初年一亩地的价格不会超过二三两。康熙时期每亩上升至四五两。雍正时期，土地价格降至清朝初年的一般水平，可能是因为在这些年间推行了许多垦荒项目。乾隆初年，每亩价格上升至七八两，偶尔甚至有十两。到了乾隆后期和嘉庆初年，土地已升至平均每亩五十两。

对于18世纪中国正在发生的通货膨胀最令人感兴趣的解释，是 295
乾隆十三年（1748）由湖北巡抚杨锡绂提出的。[98] 杨锡绂认为，现在盛行的大米和其他粮食的高物价，主要不是由自然灾害或是囤积所造成——这是通常给出的米价上涨的解释，而是由于购买粮食的人口过多所引起的，他们购买食物，因为他们是穷人。这不是突然间发生的事情，而是杨锡绂称之为四个“渐积之势”的结果，它们分别是（1）户口繁滋；（2）风俗日奢；（3）田归富户；（4）政府采买仓谷。

关于第一点，杨锡绂指出，大部分能开垦的土地已被垦殖。现在人口的增长超过了可耕地的增长，当需求超过供应时，结果必然是米价上涨。杨锡绂回忆自己在农村长大，他家数代务农，康熙时期，稻谷每石不过二三钱；雍正时期，米价已升至四五钱，并从未回落到康熙时的价格；现在米价更高，每石五六钱，雍正时期的米价也已成了人们的记忆。

奢靡生活也驱使粮食价格上涨。清朝入关之初，秩序混乱，生

---

[96] 钱泳：《履园丛话》卷一，《米价》，引自陈昭南：《雍正乾隆年间的银钱比价变动》，58页。

[97] 钱泳：《履园丛话》卷一，《米价》，引自王庆云：《石渠余纪》，82页。

[98] 《皇清奏议》，湖北巡抚杨锡绂，乾隆十三年。

活困顿，百姓必须养成节俭的习惯。一旦重见和平，百姓乐业，人们就开始向往精美的衣饰，追求婚丧的排场，这一趋势始于大都市和城镇，并向偏僻的村庄蔓延。杨锡绂提供了不止一种传统的反对奢华生活和浪费习惯的做法。因为他认识到出售粮食购买奢侈品的一个后果就是使农民进一步卷入市场经济。杨锡绂当然没有用这些术语进行表述，不过他对农业的日益商业化的结果很是悲观。更多的人在收获之后出售粮食并被迫在该年的剩余时间内购买大米，当在市镇上购买大米的百姓增多时，这种重要商品的价格就会上涨。

土地集中到富户的手中也造成了粮价的上涨，且与上面两个因
296 素密切相关。巡抚杨锡绂对这些结果的描述包含着后来被称为垄断资本主义的敏锐见解：

> 国初地余于人，则地价贱；承平以后，地足养人，则地价平；承平既久，人余于地，则地价贵。向日每亩一二两者，今至七八两；向日七八两者，今至二十余两。贫而后卖，既卖无力复买；富而后买，已买不可复卖。
>
> 近日田之归于富户者，大约十之五六，旧时有田之人，今俱为佃耕之户，每岁所入难敷一年口食，必须买米接济。而富户登场之后，非得善价不肯轻售，实操粮价低昂之权。夫一物也，一人市之，价不能增也；十人市之，则一时顿长矣。十人出售，价不能求多也；一人独售，则任其高勒矣。如是而米谷安得不贵乎？[99]

最后一点，政府为应付紧急情况而采买仓米储备粮食的政策加剧了已经普遍存在的粮食严重短缺问题。杨锡绂说，百姓生产的粮

---

[99] 《皇清奏议》，湖北巡抚杨锡绂，乾隆十三年。

食差不多有一半通过政府采买而从市场上拿走，而按严格的规定，在青黄不接的季节储备粮只允许出粜 30%。

政府即便尽其所能，对于改变这些趋势也无计可施。事实上，正是政府的宽仁政策和清朝统治所带来的和平，导致了 18 世纪人口的巨大增长。尽管有几个民间的节育方法在那一时期实行过，但它们在控制中国 18 世纪人口增长上没有明显的效果。而且，政府和百姓都视高出生率为有积极意义的好事，应予鼓励，不应禁止。土地集中也向政府提出一个无法解决的难题。只有平均土地，政府 297
才可以结束大地主利益势力垄断并帮助实现数量众多的自耕农的古代理想，但是那些拥有土地的人仍旧是王朝权力主要的支柱，这一事实使得哪怕是最温和的缓和财产和土地不平均的努力也要大打折扣。杨锡绂认为这一政策“更难实施”，他只是一笔带过。作为最后一着棋，清王朝可以回到古老的鼓励节俭的策略上来，但杨锡绂认为，即便如此，不会即刻见效，因人的本性就是如此。

虽然如此，杨锡绂并没有彻底悲观。政府过度存储粮食所带来的问题可以通过减少库存和应用出粜弹性机制得以缓解，更为重要的是，他建议加强促进生产的政府行为。尽管大部分可耕地得到开垦，但农业生产仍然可以通过政府更多的鼓励和参与灌溉工程的方式得到提高。然而，杨锡绂所强调的同时实施诸多举措，总的说来，已超出了 18、19 世纪中国政府的能力。仓储不可能减少，因为它是政府抵御饥荒的措施。这与因火耗账目是官员政绩评定的组成部分所以他们极不愿意开启新项目一道，意味着缓和通货膨胀趋势的希望实在渺茫。

到了乾隆中期，一个新的重要因素开始造成中国通货膨胀的不断升温。中国和西方的贸易，特别是和英国贸易的增长，导致了白银大量流入经济领域。由于流通领域内货币的增加，这一贸易引起了商品甚至最基本商品的价格上涨。[100] 如果当时官员所引用的数字是精确的，我们就可以认定从火耗归公最初实施至乾隆初期价格的上涨是真实可信的。雍正时期和乾隆末嘉庆初的价格差异巨大，王业键根据整个 18 世纪官员的零星记录，估算出这一时期物价差不多增长了三倍。而且，考虑到几乎没有为处于财政困境中的官
298 僚进行接济的时期，他推测这一通货膨胀趋势是稳定的。[101]

通货膨胀对于火耗归公改革的影响不可低估。生活支出增加，养廉额却不变，官员在经济上极为紧张，而且建设物料、劳役工食的支出，还有幕宾、胥吏的薪金都必定增长很多。除此之外，王业键已经指出，人口增长了，就需要更多的胥吏应对地方管理，并且要求越来越多的经费用于诸如贫民赈济的支出。[102] 整个乾隆时期官吏腐败的报告层出不穷。然而，直到嘉庆朝，火耗归公才开始呈现出积重难返之势。

三、嘉庆时期的火耗归公

如果参与乾隆初年火耗争论的人能活到嘉庆朝，将会看到他们

---

[100] 全汉昇：《美洲白银与十八世纪中国物价革命的关系》。墨西哥银圆早在雍正年间就在广东流通，参见第二章“关差和盐政的捐献”。

362 [101] 王业键：《清朝价格的长期趋势》，362 页。

[102] 王业键：《1750—1911 年的清代田赋》，58～60 页。早在 18 世纪 30 年代，直隶和广东就已请求拨给合法款项以支付“额外”胥吏工食银，该请求一再被户部拒绝。见《朱批奏折·财政·经费》，两广总督鄂弥达、广东巡抚王謩，乾隆三年九月十二日；《朱批奏折·财政·经费》，直隶总督高斌，乾隆九年三月十七日。

所有最坏的预测都成为现实，通货膨胀、人口增长以及日益增多的政府管理地方财政的规章制度，都造成了很大的危害。尽管没有完全死亡，但地方财政改革的万能药再也不能像将近一个世纪以前最早实施时那样处处有效。

亏空不是地方财政困窘的唯一标志。[103] 直隶的财政特别紧张，蠲免赋税之际，中央不得不向该省提供借贷。然而，因为取消了旧有的地丁钱粮欠赋，直隶发现自己很难归还这些经费。[104] 江苏省正项钱粮的储备很少，巡抚被迫预支省里的火耗，用以支付平时本应动用正项的支出。[105]

一些地方亏空日益严重，全省每个官员要摊扣养廉，以归还前任官员的积欠。这种做法可能出自嘉庆皇帝个人的意愿，以阻止官员对地方款项的滥用。到了嘉庆中期，安徽省的亏空总数已超过二百万两，尽管制定了清偿方案，但截至嘉庆十四年（1809），这些欠 299
款只偿还了四分之一。巡抚认为亏空不可避免，因为公务繁忙州县的负担远远超过它们的财政资源。然而，皇帝视这些亏空是偿还过程中超支和奢侈的结果。嘉庆皇帝坚持应为每一项可以接受的公共支出做出经费预算，下令该巡抚鼓励属下实施进一步的撙节措施。允许那些不是因侵贪而造成亏空的官员，在四年内归还他们的欠款。但对于以前的欠赋和亏空，嘉庆皇帝指示巡抚扣除藩臬、道府州县

---

[103] 各省亏空的例子，见《皇朝食货志·赋役十七》，嘉庆六年上谕；《皇朝食货志·赋役二十》，嘉庆十四年针对安徽巡抚奏折所发谕旨；《皇朝食货志·赋役二十》，嘉庆二十年针对山东巡抚奏折所发谕旨；《皇清奏议》，两江总督孙玉庭，嘉庆二十五年。

[104] 《宫中档》嘉庆 3194，直隶总督梁肯堂，嘉庆二年九月二十四日。

[105] 《宫中档》嘉庆 10467－1，江苏巡抚汪日章，嘉庆十三年四月十二日。

官半数养廉，直到欠款偿清为止。[106]

雍正朝，一省的无着亏空是使用全省火耗加以弥补的，从不允许动用官员个人的养廉。到了嘉庆末年，摊扣养廉弥补亏空似乎已经制度化。嘉庆二十三年（1818），贵州道监察御史吴杰痛斥对官员养廉提出的名为“摊赔”的要求。[107] 按照这种方法，以前官员的无着亏空每年按比例从全省的每位官员中摊派分征。恶性循环由此开始。如果地方收入的短缺造成亏空，那么，通过剥夺官员赖以生存和维持衙门运转的大部分经费加以弥补的制度只能增加地方财政的困难。

为弥补亏空，对摊扣养廉的多少并没有限制。到了嘉庆时期，中央政府自身也面临着短缺，并且转向地方官员，以“捐输报效”的形式寻求支持。尽管这些从法律上讲是自愿的，但各督抚很清楚，他们的仕途取决于向中央政府提供额外款项上的表现，特别是补充帝国军事的开支。这些大员给朝廷送“礼”，再一次强令
300 摊扣全省官员的养廉。[108] 在这个和上面的事例中，不仅摊扣官员养廉的严格禁令被打破，而且不能剥夺各省火耗的规定也遭重创，这比当年乾隆皇帝发布上谕同意火耗盈余在省际协拨还要严重。

即便没有火耗的流失，各省官员也开始注意到，可支配的火耗收入对于省内的行政和公共服务而言已严重不足。我们已经看到，安徽巡抚董教增认为该省亏空是繁忙的州县经费不足的结果。[109] 江

---

[106] 《皇朝食货志·赋役二十》，嘉庆十四年针对安徽巡抚董教增奏请改变赔补安徽亏空方案的谕旨。

[107] [108] 《皇清奏议》，掌贵州道监察御史吴杰，嘉庆二十三年。

[109] 《皇朝食货志·赋役二十》，安徽巡抚董教增，嘉庆十四年。

苏的大员指出，自乾隆十二年耗羡章程在该省实施以来，诸如纸张和食物的开支已经增长了数倍，而分配的经费却没有任何增长。[110]嘉庆六年（1801），户部下令每省削减公费开支，情况变得更加糟糕。在山东，包括用于县一级单位的心红支出和胥吏工食的公费削减了20%。[111] 在江苏，户部要求官员们减少督抚和两布政使衙门胥吏的心红纸张、工食以及督抚标兵和巡抚属下执行公务的盘费等数额。[112] 这些削减对于官员而言并不是头一次，并且这些似乎也曾遭到抵制，尽管我们不知道结果怎样。

我们知道的是，自从乾隆初年争论以后，中央政府对于火耗的看法已极大地改变了。第一次不再谨防火耗与正项间的区别，嘉庆皇帝宣布它们实际上已完全一样："各省耗羡银两，系随正项征收，即与正项钱粮无异，不得任意支销。"[113] 不仅要求各省分配火耗经费应行请旨，而且认为现今火耗是最后的支出手段，并且不是人们最初认为的那样，它业已是各省经费的正式来源了。嘉庆皇帝的说法是，一个省需要公共支出，它首先应用完省库里的闲款，"如有不敷，方可借支耗羡"[114]。

这给各省财政带来的压力可想而知。当大员们发现自己实际的收入在减少，就开始将开销重担转嫁到属下身上，如同火耗归公前一样，公差官员开始责令他们路经地界的官员供应食物、炭薪、仆人、车马、宴请以及规礼。摊扣官员养廉不仅弥补无着亏 301

[110] 《宫中档》嘉庆8586，费淳、岳起，嘉庆七年七月二十六日。

[111] 《宫中档》嘉庆8586，山东巡抚惠龄，嘉庆七年六月二十五日。

[112] 《宫中档》嘉庆8586，费淳、岳起，嘉庆七年七月二十六日。

[113] [114] 《皇清食货志·赋役十七》，嘉庆六年上谕。

空，而且支付各省高层官员的公共支出。[115] 嘉庆二十五年（1820），剥夺低层官员的养廉过多，正如嘉庆皇帝上谕所言："养廉只此定额，而差务之费，捐摊之款，日益加增，往往有全行坐扣，禄入毫无者。"[116]

大量合法收入来源被剥夺，地方官员开始求助于不合法的加派、强制性的捐献、陋规、银钱比价上的投机等办法来筹措经费，这没有什么可奇怪的。[117] 甚至嘉庆皇帝也被迫承认，地方官员除了依靠陋规外别无选择。他没有同意任意剥削百姓，而是做出了不同寻常的建议：陋规应合法化，制定征收章程。[118]

在一百年的时间内，历史就这样完成了一个循环。火耗实际上已等同于正项，同样无法满足各省和地方政府的需求。火耗归公的"教训"似乎已使嘉庆皇帝的再一次将陋规合法化的计划不可能贯彻实施，但是从那时起，收受陋规成为官员甚至是廉洁官员的污点。从这点上讲，政府的任何提升官员操守的努力都注定要失败。合理的财政管理已经死亡，非正式的经费体系又一次成为中国官僚体制的特点。

---

[115] 《皇清奏议》，掌贵州道监察御史吴杰，嘉庆二十三年。

[116] 《皇清奏议》，两江总督孙玉庭，嘉庆二十五年，引用该年早些时期皇帝的一道上谕。（这是道光皇帝即位后发布的上谕，不是嘉庆皇帝的上谕。——译者）

[117] 参见《皇朝食货志·赋役十七》，御史彭希洛，嘉庆四年；《皇朝食货志·赋役十八》，嘉庆十二年上谕；《皇清奏议》，掌贵州道监察御史吴杰，嘉庆二十三年；《皇清奏议》，两江总督孙玉庭，嘉庆二十五年。

[118] 《皇清奏议》，两江总督孙玉庭，嘉庆二十五年，引用该年早些时期皇帝的一道上谕。（这是道光皇帝即位后发布的上谕，不是嘉庆皇帝的上谕。——译者）

结 语

年来农村经济破产，为举国一致公认之事实，推其根源，虽有多端，然田赋附加税之重重压迫，实为最直接之原因。吾人以为欲救济农村经济之没落，当先减轻农民之负担；而欲减轻农民之负担，则徐谋田赋附加税之废除，自属当前之急务。

——葛寒峰：《清代田赋之耗羡》，载《农学》第1卷第5期（1939年5月）

用这种充满激情的呼吁，葛寒峰为最早的火耗归公改革研究的学术文章结了尾。葛寒峰在对末代王朝雍正时期的火耗合法化研究的基础上，批评了20世纪30年代过度的加派征收，为此，他重复着那些早期改革的反对者的担心，警告将加派制度化只能引起合法的、已确立的界限之外的更多的加派。历史证明他们是正确的，但不只是因为地方官员的见利忘义。葛寒峰所描述的20世纪30年代无节制的加派确实是对中国政治和经济的扼杀。而加派只是让在四分五裂的政治体制之内有幸占据权位的那些人大发其财罢了。到了葛寒峰的年代，中央集权的官僚体制在对以土地为生存之道的千千万万的中国人的赋税征收中只是次要的角色。附加税的强征依然继续着，但现在它们被中饱私囊，为有势力的军阀、地方豪强以及各省半独立的官员们的军事机器提供燃料，这与 18 世纪 20 年代的形势大相径庭。

304 雍正皇帝的改革，是加强官僚统治制度建设的第一次和最重要的一次尝试。它的成功，并不是听任腐败势力信马由缰，而是将它们置于政府法定的各级机构控制之下。火耗归公的主题是将中国的剩余生产能力用于促进公共事业。来自火耗合法化的收入不但用于扩大政府资助的工程，改善中国的交通、公共福利、水利设施，而且也用以提高行政管理水平。这标志着近代国家发展的重要一环，即对政府职责的认识已超越了征收赋税和维持公共秩序。而且，通过确保各级政府有着充裕的收入，火耗归公缓解了中央与地方行政间的紧张关系——这在过去总是威胁着中国政权的稳定，且奠定了腐败不在其中起根本性作用的合理化统治制度的基石。

如果 20 世纪中国的财政无序状况的根源要在雍正皇帝改革中寻找的话，那么肯定要在它的失败中去找，而不是在它的设计之中。18 世纪晚期非正式经费的回归以及和珅的擅权使情况进一步恶化，毋庸置疑是 19 世纪清朝衰落的重要原因。到了嘉庆末年，火耗归公不再是一种地方财政管理的有效制度。为了支持镇压太平天国起义，中央政府侵占了官员大部分的养廉，而这只是火耗归公改革不可能取胜的这出戏的最后一幕。19 世纪的官员有时回首 18 世纪 20 年代的财政改革时期，视之为清朝统治的黄金岁月。然而，财政资源和行政权力的分配，因受咸丰朝农民起义的影响而发生了极大的改变，不可能有 18 世纪初那样成功的改革方案。

火耗归公的失败很大程度上是中国农业经济结构的结果。在工业革命之前，每一个国家必须面对来自土地生产的收入短缺。低人均产值，对耕种着小而分散土地的广大农村人口进行赋税的编审和征收困难重重，这些不是中国王朝所独有的问题。一些国家，比如 305
法国，依靠专门的包税商以确保国家定额的征收，并将地方社会的管理交付世袭的和拥有教职位置的上层人士。这一制度对于发展统一的政府机构的阻碍是明显的。至少，在原则上中国拒绝这样的妥协，但是以农业为基础的赋税现实使得这种迁就成为一种需要，即使它侵蚀了国家政权。

在英国，主要依赖间接税的决定推动了中央集权的君主制。18 世纪英国的强大，在许多方面看来，是由于其收入来自商业税，尤其是海外贸易。清朝也承认商业税的潜能，它既从国内也从国际贸易活动中征税。而且，与数额固定、清朝 268 年统治期间几乎没有升幅的田赋不同，商业税的征收达到了贸易所能承受的最大限度。英国主要是用沿海的关税利润填充国库，这一事实意义重大，因为只有国家的边境税关可以保证这种关税收入直接进入中央财政。中国在帝制晚期的贸易主要是国内贸易。在某种意义上，中国试图通过建立国内的税关，模仿多个政权共存的情况以分享商业利润，而实际上在中国，商业税更多地被地方所占有，这与西方不同。

一方面，火耗归公是对这种趋势的承认。通过认可地方对商业收入的需求，中央政府希望确保它自己的田赋和关税的份额。

来自商人阶级的陋规和来自沿海和国内贸易的盈余收入，两者对于各省及其所属州县改革后的财政预算做出了重要贡献。然而，差不多直到清朝结束时，沿海关税、盐课和杂税加在一起的收入
306 还没有超过地丁钱粮，这一事实显示，在清朝不可能放弃其农业课税基础。

前面已经看到，征收田赋——地方政府的火耗收入依赖于此——所遇到的困难，是清朝中期财政改革的主要障碍。常常有人认为中国帝制晚期的官僚在诸如税收等方面的平庸表现是由其规模过小所造成的。正如施坚雅所指出的，18 世纪 20 年代中国的县级行政单位甚至比汉代还要少，而后者的人口规模和疆域都要小得多。尽管有人偶尔提及增加县的数目的问题，但对于这样建议的经济学意义稍加分析就明白这为什么无法实行。雍正朝，中国有 1 360 个县，若依中国帝制初期通行的人口与行政单位之比计算，此时县的数量需要增加到约 8 500 个。① 如果我们为县官提供养廉，让他们完成最基本的行政任务，那么每县至少 3 000 两。就 18 世纪 20 年代县级人口水平而言，这意味着大约 4 080 000 两要用于地方管理，这是考虑到当时的经济水平所得到的数字。要是向足够多的县提供财政支持以确保对当地人口有效的控制，清朝的拨款将必然超过 25 500 000 两，这还不包括对县官和他们属下的活动进行监督的上级行政单位的拨款。就此开支而言，18 世纪初整个王朝几乎所有的地丁钱粮收入都要用于地丁钱粮的征收。

官僚统治向基层社会的渗透不是中国帝制晚期所能做到的。即便是在现代，领土管理的制度建设也并不比当年清朝已有的向下延

① 施坚雅：《导言：中华帝国城市的发展》。

伸了多少。18 世纪 20 年代的改革者试图以他们所能做的最有效的办法解决当时领土治理的局限性：（1）提高地方政府的经费，州县官不必再依靠下属的非法活动来执行地方管理；（2）向那些更基层的、分散管理所依赖的衙门人员支付薪水；（3）衙门胥吏接受同官员一样的行政处分；（4）改造赋税的征收，清除政府和个体纳税者 307
中间的经纪人。

火耗归公是达到这些目标的强有力工具，但是只依靠火耗归公自身是不够的。在地方上有着势力和影响的非正式经费体系保存了下来，而它在改革之前助长了基层官僚的腐败。考虑到 18 世纪的通信技术，官僚体制的小规模，以及对于农业赋税的持续性依赖，政府已不可能从农村攫取更多的收入。地方政府财政的合法化为防止挥霍从纳税人那里征得的收入卓有成效，但对于防止减少赋税征解的逃税和包揽却无能为力。士绅的抵制以及政府收入的低微共同阻止了彻底的土地清查，这本可以使政府更充分地汲取农业经济的内在潜能。但是即便做到了这一点，逃税最严重地区的土地交易，也会在很短的时期内使得这样的清查变得毫无用处。

农业部门在中国经济中占优势地位也从另一方面解释了清朝中期改革为什么会失败。火耗归公到了乾隆末年不再起作用的主要原因之一是，中央政府拒绝同意定期增加火耗的征收，而这样本可以使地方官员应付由通货膨胀和人口增长所带来的支出的增加。如果儒家思想对于强大的现代国家的演进是障碍的话，它的影响就体现在这里。儒家的仁政观念阻止税收增长达到一个有可能毁坏小农经济的水平。18 世纪农村人口增长过于迅猛，政府对于人均收入的任何进一步剥夺所带来后果的担心，是有理由的。② 然而，对于无法扩展财政基础的再度肯定只能引起地方和中央政府间重新争夺有限的资源。财政事务上的地方自治确保了成功实施火耗归公改革所需要的灵活性，但是没有提供制度性的措施来控制省里官员的不法行
308 径。考虑到20世纪以前通信技术的低下，政府仅有的控制其组成部分的财政活动的方法是收支有常的制度，然而，中央政府严格控制，清除各省对县级的财政支配权，将不可避免地削弱改革的效果。两种方法都不能完全被接受。虽然如此，中央政府最为关注的是保护国计民生，因此选择了后一条道路，带来的是我们已描述过的有害的结果。

造成中央集权的中国政府崩溃的，并不是缺乏眼光或意志力，而是缺少办法。合理的财政管理的失败预示着地方行政腐败，官僚道德堕落，以及对于中国农村无效控制的一个新时代的到来。中国农村人口的贫困促成了火耗归公的失败，反过来，晚清财政的不稳定削弱了王朝维持之前的水利设施和其他对于中国农村经济福祉至

② 看到20世纪二三十年代的农民所承受的剥削程度，人们会想到帝制时期赋税水平可能更高。然而，在20世纪二三十年代发生过骇人听闻的关于农民被迫提前缴纳数十年的赋税，以及税率超过了他们正常收成的一半的事情，这可能不是
363 普遍的事件，因为这种极端的压迫不可能在一个地方持续很久，更不用说整个国家。更为重要的是，我们必须认识到这两个时期收税者之间存在的差异。清朝的赋税征收者，用目前的标准看，不论他显得多么卑劣，毕竟没有20世纪初收税人的强制力量，他是庞大官僚机器中的一员，即便侵贪，也不得不遵守某些法定的程序，或者至少是要对之做些手脚。20世纪初的收税人，没有这种约束，税收的权力源自枪杆子，没有对正统的认同感。征收赋税时，不问时间，不分对象，单凭个人意志为所欲为，应缴赋税数额、土地所有权、产量等等全都抛之脑后。毋庸置疑，一些农民在收税人的逼迫之下饥饿而死。20世纪初野蛮的方法从土地中为中国的统治者和大小官吏创造的人均收入要比在帝制晚期政权所使用的相对文明的方法所创造的要高，这实在匪夷所思。

关重要的服务设施的能力。作为近代中国的研究者，我们不必将 19 世纪作为我们的帝制晚期变化可能性的模式。19 世纪，伴随着地方主义的抬头，国内叛乱以及对于社会和官僚体制控制的日益衰弱达到了始于明朝的循环统治的一个顶点。火耗归公向我们展示的是帝制晚期的一个具有创造性和合理化的改革例证，我们现在才刚刚开始探究其影响。如果我们准备真正地理解清政府的衰亡以及近代中国自身的瓦解问题，我们就必须考虑导致这一财政制度失败的原因，以及 19 世纪重新走向失控的财政竞争所带来的后果。

原始资料的使用说明

309 本书所利用的大部分材料是台北“故宫博物院”收藏的清宫档案。这些名为《宫中档》的档案，包括了40余万件臣工上奏皇帝的奏折，是奏折这一文书制度的组成部分。征引这些文献的格式是：档案的编号（如《宫中档》19901），具奏人名字和具文日期。雍正朝以外的奏折，在《宫中档》之后注明年号（如《宫中档》乾隆489）。有一些情况，所使用的奏折是从18世纪中叶名为《雍正朱批谕旨》的资料汇编中最先找到的，对于这一文献的征引也采用了同样的格式。少部分有关火耗的奏折被我遗漏了，这是因为我在台湾查阅档案的时候，从目录上看不出它们与本研究有关。影印出版的《宫中档雍正朝奏折》一书包括了这些奏折，这已是我返回美国之后的事了，此书的出版保证了我能全部利用台湾所藏的原始材料。

雍正时期的奏折以及乾隆和嘉庆时期的一小部分奏折，是我所
310 能得到的关于火耗归公实施最完整的材料。然而，它们却未提供足够多的有关政府日常运作的信息。为了探究清初财政管理改革的效

果以及腐败的影响，有必要考察台湾所看不到的一些档案，这些档案有许多保存在北京的中国第一历史档案馆。在那里，我找到了一些理解乾隆初年对于改革反应的关键奏折。这些材料归类在《朱批奏折》中。此外，我还查阅了《内阁题本》，最有价值的是有关贪污的材料。与奏折不同，这些材料是依文件号和存放的文件盒号进行编目的。在北京的档案馆中，第三种新的资料是《黄册》。它们是一些簿册，常常有成百上千页之多，上面是有关人口、财政等向皇帝奏报的事务的数据。这些材料的目录由两部分组成，每一件都包括了文件名和编号。

征引文献

（嘉庆）安阳县志

彰德府志．学生书局本

寄信档．台北“故宫博物院”图书文献处

钱大昕．十驾斋养新录．中华书局

钦定户部则例

清朝文献通考．台北，1958

朱批奏折．中国第一历史档案馆

皇朝食货志．内府本．台北“故宫博物院”图书文献处

皇清奏议．台北“故宫博物院”图书文献处

议奏档．台北“故宫博物院”图书文献处

宫中档．台北“故宫博物院”图书文献处

宫中档雍正朝奏折．士林“故宫博物院”，1977

国朝耆献类征初编．光绪年间版本

满洲名臣传．无日期

内阁大库现存清代汉文黄册. 中国第一历史档案馆

沈端恪公遗书. 台北：文海出版社，1969

(同治) 苏州府志

(雍正) 大清会典

(光绪) 大清会典事例

大清高宗纯皇帝实录. 台湾重印本. 1964

大清世祖章皇帝实录. 台湾重印本. 1964

大清世宗宪皇帝实录. 台湾重印本. 1964

田文镜. 抚豫宣化录. 1727

田文镜. 钦颁州县事宜. 同治七年重印本

从政观法录. 道光十年版

王先谦. 东华录. 光绪十年版

汪辉祖. 佐治药言. 上海：商务印书馆，1937

雍正朱批谕旨. 文渊书局，1965

雍正朝内阁汉文题本. 中国第一历史档案馆

赵青藜. 耗羡请仍归公疏//皇朝经世文编：卷二七：户政二

钱陈群. 条陈耗羡疏//皇朝经世文编：卷二七：户政二

皇朝经世文编. 台北：国风出版社，1963

孙嘉淦. 办理耗羡疏//皇朝经世文编：卷二七：户政二

彭端淑. 耗羡私议//皇朝经世文编：卷二七：户政二

陈昭南. 雍正乾隆年间的银钱比价变动. 台北，1966

陈登原. 中国田赋史. 台北，1966

全汉昇. 美洲白银与十八世纪中国物价革命的关系. “中央研究院”历史语言研究所集刊，1957，28 下

庄吉发．清世宗与奏折制度的发展．“国立台湾师范大学”历史学报，1976，4

萧一山．清代通史．台北：商务印书馆，1972

岩见宏．雍正时代的公费问题．东洋史研究，1957，15（4）

安部健夫．清代史研究．东京，1971

安部健夫．耗羡提解研究．东洋史研究，1958，16（4）

荒木敏一．田文镜和雍正二年的罢考事件．东洋史研究，1958，16（4）

北村敬直．清代社会经济史研究．大阪：大阪城市大学经济研究所，1972

葛寒峰．清代田赋之耗羡．农学，1939，1（5）

缪全吉．清代幕府人事制度．中国人事行政月刊社，1971

宫崎市定．亚洲史概说．东京

宫崎市定．雍正帝禁捐俸工银研究．东洋史研究，1963，22（3）

西村元照．清初的包揽．东洋史研究，1976，35（3）

商鸿逵．略论清初经济恢复和巩固的过程及其成就．北京大学学报，1957（2）

佐伯富．中国史研究．东洋史研究专著第21种．1969

佐伯富．雍正朝的养廉银研究．台北：商务印书馆，1977

稻叶君山．清朝全史．但焘，译．台北：中华书局，1970

王庆云．石渠余纪．近代中国史料丛刊：第8辑第75种．台北：文海出版社，1974

韦庆远．清代前期的商办矿业和资本主义萌芽．北京：中国人

民大学出版社，1981

Bartlett, Beatrice, "Ch'ing Palace Memorials in the Archive of the National Palace Museum," *National Palace Museum Bulletin*, 13. 6, January-February 1979.

白彬菊.“国立故宫博物院”档案中的清代奏折.“国立故宫博物院”通讯，1979，13（6）

Beattie, Hilary, *Land and Lineage in China: A Study of T'ung-cheng County, Anhui in the Ming and Ch'ing dynasties*, Cambridge: Cambridge University Press, 1979.

希拉里・贝蒂.中国的土地和宗族：明清两朝安徽桐城研究.剑桥：剑桥大学出版社，1979

Chang Chung-li, *The Chinese Gentry: Studies in Their Role in Nineteenth Century Society*, Seattle: University of Washington Press, 1955.

张仲礼.中国绅士：关于其在十九世纪中国社会中作用的研究.西雅图：华盛顿大学，1955

Chang Te-ch'ang, "The Economic Role of the Imperial Household in the Ch'ing Dynasty," *Journal of Asian Studies*, February 1972.

张德昌.清朝内务府的经济作用.亚洲研究杂志，1972，2

Ch'u T'ung-tsu, *Local Government in China under the Ch'ing*, Stanford: Stanford University Press, 1962.

瞿同祖.清代地方政府.斯坦福：斯坦福大学出版社，1962

Dennerline, Jerry, *The Chia-ting Loyalists: Confucian Leadership and Social Change in Seventeenth Century China*, New Haven and London: Yale University Press, 1981.

邓尔麟. 嘉定忠臣：十七世纪中国士大夫之统治与社会变迁. 纽黑文和伦敦：耶鲁大学出版社，1981

Ho Ping-ti, "The Salt Merchants of Yang-chou: A Study of Commercial Capitalism in Eighteenth Century China," *Harvard Journal of Asiatic Studies*, June 1954.

何炳棣. 扬州盐商：中国十八世纪商业资本主义研究. 哈佛亚洲研究杂志，1954，6

Hsiao Kung-chuan, *Rural China: Imperial Control in the Nineteenth Century*, Seattle: University of Washington Press, 1960.

萧公权. 中国乡村：十九世纪的帝国控制. 西雅图：华盛顿大学出版社，1960

Huang Pei, *Autocracy at Work: A Study of the Yung-cheng Period, 1723-1735*, Bloomington: Indiana University Press, 1975.

黄培. 雍正史之论. 布鲁明顿：印第安纳大学出版社，1975

Huang, Ray, *1587, A Year of No Significance: The Ming Dynasty in Decline*, New Haven and London: Yale University Press, 1981.

黄仁宇. 万历十五年. 纽黑文和伦敦：耶鲁大学出版社，1981

Huang, Ray, *Taxation and Government Finance in Sixteenth Century*

Ming China, Cambridge: Cambridge University Press, 1974.

黄仁宇. 十六世纪明代中国之财政与税收. 剑桥：剑桥大学出版社，1974

Huang, Ray, "Fiscal Administration during the Ming Dynasty," in Charles O. Hucker, ed., *Chinese Government in Ming Times: Seven Studies*, New York: Columbia University Press, 1969.

黄仁宇. 明朝的财政管理//贺凯，编. 明代的中国政府：七论. 纽约：哥伦比亚大学出版社，1969

Hummel, Arthur, ed., *Eminent Chinese of the Ch'ing Period* (reprint), Taipei: Ch'eng-wen Publishing Co., 1972.

恒慕义主编. 清代名人传略（重印本）. 台北：成文出版公司，1972

Kahn, Harold, *Monarchy in the Emperor's Eyes: Image and Reality in the Ch'ien-lung Reign*, Cambridge: Harvard University Press, 1971.

康无为. 皇帝眼中的君主：乾隆朝的形象和现实. 剑桥：哈佛大学出版社，1971.

Liang Fang-chung, "Local Tax Collectors in the Ming Dynasty," in E-tu Zen Sun, ed., *Chinese Social History*, New York: Octagon Books, 1966.

梁方仲. 明代地方税吏//孙任以都，编. 中国社会史. 纽约：八角形书系，1966

Metzger, Thomas, "The Organizational Capabilities of the Ch'ing State in the Field of Commerce: The Liang-huai Salt Monopoly," in

Willmott, ed., *Economic Organization in Chinese Society*, Stanford: Stanford University Press, 1972.

墨子刻. 清代政府的商业组织能力：两淮盐业的垄断//威尔莫特，编. 中国社会的经济组织. 斯坦福：斯坦福大学出版社，1972

Oxnam, Robert, *Ruling from Horseback, Manchu Politics in the Oboi Regency, 1661-1669*, Chicago: University of Chicago Press, 1975.

安熙龙. 马上治天下：鳌拜辅政时期的满人政治（1661—1669）. 芝加哥：芝加哥大学出版社，1975

Skinner, G. William, "Introduction: Urban Development in Imperial China," in Skinner, ed., *The City in Late Imperial China*, Stanford: Stanford University Press, 1977.

施坚雅. 导言：中华帝国城市的发展//施坚雅，编. 中国帝国晚期的城市. 斯坦福：斯坦福大学出版社，1977

Spence, Jonathan, *Ts'ao Yin and the K'ang-hsi Emperor, Bondservant and Master*, New Haven and London: Yale University Press, 1966.

史景迁. 曹寅和康熙皇帝：奴才和主子. 纽黑文和伦敦：耶鲁大学出版社，1966

Sun, E-tu Zen, *Ch'ing Administrative Terms*, Cambridge: Cambridge University Press, 1961.

孙任以都. 清朝行政术语. 剑桥：剑桥大学出版社，1961

Wakeman, Frederic, *The Fall of Imperial China*, New York:

The Free Press, 1975.

魏斐德. 中华帝国的衰落. 纽约：自由出版社，1975

Wakeman, Frederic, "The Shun Interregnum," in Spence and Wills, ed. , *From Ming to Ch'ing: Conquest, Region, and Continuity in Seventeenth Century China*, New Haven and London: Yale University Press, 1979.

魏斐德. 大顺的统治//史景迁，卫思韩，编. 从明到清：十七世纪中国的征服、区域和连续性. 纽黑文和伦敦：耶鲁大学出版社，1979

Wang Yeh-chien, *Land Taxation in Imperial China, 1750-1911*, Cambridge: Harvard University Press, 1973.

王业键. 1750—1911 年的清代田赋. 剑桥：哈佛大学出版社，1973

王业键. 清雍正时期（1723—1735）的财政改革. "中央研究院"历史语言研究所集刊，1961，32：47～75

Wang Yeh-chien, "The Fiscal Importance of the Land Tax during the Ch'ing Period," *Journal of Asian Studies*, 30. 4, August 1971.

王业键. 田赋在清朝财政中的重要性. 亚洲研究杂志. 1971，(30) 4

Wang Yeh-chien, "The Secular Trend in Prices during the Ch'ing Period (1644-1911)," *The Journal of the Institute of Chinese Studies* (The Chinese University of Hong Kong), 4. 2, December 1972.

王业键. 清朝价格的长期趋势. 中国文化研究所学报（香

港中文大学），1972，4（2）

Watt, John, *The District Magistrate in Late Imperial China*, New York: Columbia University Press, 1972.

约翰·瓦特．中国帝制晚期的县官．纽约：哥伦比亚大学出版社，1972

Wu, Silas, *Communication and Imperial Control in China: Evolution of the Palace Memorial System, 1693-1735*, Cambridge: Harvard University Press, 1970.

吴秀良．通信与帝国控制：1693—1735年清朝奏折制度的发展．剑桥：哈佛大学出版社，1970

索　引*

* 索引中的页码是英文原书页码，即本书边码；为阅读方便，已将原书的书后尾注改为页下注，原序号保持不变。

译后记

美国学者柯文在《在中国发现历史》一书中介绍了美国汉学研究模式的转变，1986 年他在该书中译本前言中提到了当时美国最新的四部“中国中心观”的代表性学术著作：曾小萍的《州县官的银两》(1984 年)，罗威廉的《汉口：一个中国城市的商业和社会(1796—1889)》(1984 年)，艾尔曼的《从理学到朴学》(1984 年)，以及黄宗智的《华北的小农经济与社会变迁》(1985 年)。

上述后三种著作曾在中国学术界产生过巨大的影响，艾尔曼和黄宗智的著作也早有了中译本。尽管时至今日，美国学者似乎又在突破“中国中心观”的模式，但我想这部《州县官的银两》自有其价值，定能引起中国学人的兴趣。翻译这本书，还在于我个人认为在火耗归公等问题的研究上，到目前为止还未有别的著述超越它。

1995 年一位美国朋友将《州县官的银两》作为礼物赠予我，这是我拥有的第一本英文清史专业书。未曾想到近十年后，竟由我来将该书译成中文。

该书中译本能够问世，首先感谢曾小萍教授同意并授权我翻译这本著作，她还为中译本写了前言，在翻译过程中也给予了我许多的帮助。

中国人民大学财政金融学院何平教授通读了译稿，提出了很好的意见，本书的编校人员也付出了许多辛劳，在此一并表示感谢。

译文概由译者本人负责，欢迎批评指正。

董建中

2004 年岁末于中国人民大学

此次出版，增补了原书索引的翻译，修订了译文。

董建中

2019 年 4 月

The Magistrate's Tael: Rationalizing Fiscal Reform in Eighteenth-Century Ch'ing China
By Madeleine Zelin

图书在版编目（CIP）数据

州县官的银两：18世纪中国的合理化财政改革/（美）曾小萍（Madeleine Zelin）著；董建中译. —北京：中国人民大学出版社，2020.4
（海外中国研究文库·一力馆）
ISBN 978-7-300-27873-5

Ⅰ.①州… Ⅱ.①曾… ②董… Ⅲ.①财政改革-财政史-研究-中国-清代 Ⅳ.①F812.949

中国版本图书馆CIP数据核字（2020）第043664号

海外中国研究文库·一力馆
州县官的银两：18世纪中国的合理化财政改革
［美］曾小萍（Madeleine Zelin） 著
董建中 译
Zhouxianguan de Yinliang: 18 Shiji Zhongguo de Helihua Caizheng Gaige

出版发行	中国人民大学出版社		
社　址	北京中关村大街31号	**邮政编码**	100080
电　话	010－62511242（总编室）		010－62511770（质管部）
	010－82501766（邮购部）		010－62514148（门市部）
	010－62515195（发行公司）		010－62515275（盗版举报）
网　址	http://www.crup.com.cn		
经　销	新华书店		
印　刷	北京联兴盛业印刷股份有限公司		
规　格	148 mm×210 mm　32开本	**版　次**	2020年4月第1版
印　张	12.5 插页2	**印　次**	2024年12月第5次印刷
字　数	272 000	**定　价**	79.00元